浙江中医临床名家

总主编 方剑乔

临床名家

罗秀素

庄海峰 主编

科学出版社

北京

# 内 容 简 介

　　本书是"浙江中医临床名家"丛书之一,介绍了浙江名医罗秀素。罗秀素是第六批全国老中医药专家学术经验继承工作指导老师,浙江省名中医。本书共分六章:中医萌芽、名师指引、声名鹊起、高超医术、学术成就、桃李天下。重点介绍了罗秀素教授治疗血液系统疾病的学术成就、学术思想及临床经验,全书涉及血液病各个领域,结合具体病例展现了中医中药在血液病治疗中的特色和优势。

　　本书可供中医临床、科研人员及在校学生阅读使用,也可供中医爱好者参考。

**图书在版编目（CIP）数据**

浙江中医临床名家 . 罗秀素 / 方剑乔总主编；庄海峰主编 . —北京：科学出版社，2019.7

ISBN 978-7-03-061855-9

Ⅰ. ①浙… Ⅱ. ①方… ②庄… Ⅲ. ①罗秀素 - 生平事迹 ②血液病 - 中医临床 - 经验 - 中国 - 现代 Ⅳ. ① K826.2 ② R259.52

中国版本图书馆 CIP 数据核字（2019）第 141125 号

责任编辑：刘　亚 / 责任校对：王晓茜
责任印制：徐晓晨 / 封面设计：黄华斌

**科 学 出 版 社** 出版
北京东黄城根北街 16 号
邮政编码：100717
http://www.sciencep.com

**北京捷迅佳彩印刷有限公司** 印刷
科学出版社发行　各地新华书店经销

\*

2019 年 7 月第 一 版　　开本：720×1000　B5
2019 年 7 月第一次印刷　　印张：13 3/4　插页：2
字数：232 000

**定价：68.00 元**
（如有印装质量问题，我社负责调换）

个人照

集体照

门诊照

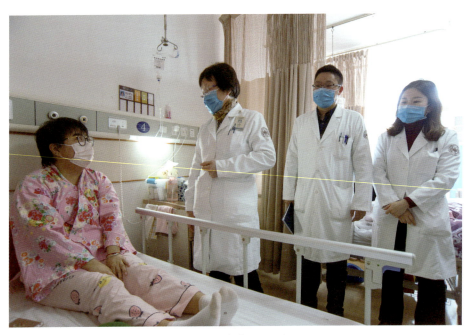

查房

# 浙江中医临床名家

# 丛书编委会

# 总　序

中华医药，博大精深，源远流长。灵兰秘典，阴阳应象，穷万物造化之妙；《金匮》真言，药石施用，极疴疾辨治之方。诚夷夏百姓之瑰宝，中华文明之荣光。

浙派中医，守正出新，名家纷扬。丹溪景岳，《格致》《类经》，释阴阳虚实之论；桐山葛岭，《采药》《肘后》，载吴越岐黄之央。固钟灵毓秀之胜地，至道徽音之华章。

浙中医大，创业惟艰，持志以亢。忆保俶山下，庠序进修，克艰启幔；贴沙河干，省立学府，历难扬帆；钱塘江畔，名更大学，梦圆字响。望滨文南北，富春秋冬，三区鼎足，一校华光；惟天惟时，其命维新，一德以持，六艺互襄；部省共建，重校启航，黾勉奋发，踵武增华。

甲子校庆，名医辈出，几代芳华。值此浙江中医药大学建校六十周年之际，特辑撰"浙江中医临床名家"丛书，以五十二位浙江中医药大学及直属附属医院名医为体，以中医萌芽、名师指引、声名鹊起、高超医术、学术成就、桃李天下为纲，叙名家成长成才之历程，探名家学术经验之幽微，期有益于同仁之鉴法、德艺之精进。

时己亥初夏

# 目　录

# 第一章

# 中医萌芽

　　罗秀素出生于浙东宁波慈溪市，经过 40 年的改革开放，该地区现在已经是面貌焕然一新的经济发达之乡。罗老非常怀念家乡，因为那里是她的生长养育之地，虽然离别多年，但是桑梓之情常萦于胸怀。

## 第一节　学 医 初 衷

　　罗老幼年丧父，那时她还处在懵懂时期，因此记不清父亲是个啥模样。随着年龄增长，在她懂事的时候才知道父亲是由于急病不幸离世。当年罗老还不满 2 岁，父亲因突发剧烈腹部疼痛，由家人们以水路送往 10 多里外的县医院急救。由于当时医疗条件差，救治不力，最终以遗体返回。家里的顶梁柱倒了，年纪不满 30 岁的母亲顿感天塌地陷，但是日子还得继续，一家人就这样在悲痛中踏上了艰难、困苦的生活之路。罗老的母亲日夜忙碌，以织布买卖养家糊口，罗老的两个哥哥，一个不满 10 岁，一个年仅 7 岁，亦要每日上山砍柴补贴家用，一家人的生活勉强过得去。

　　因为疾病，让一个家庭经受了妻子丧夫、幼子丧父的重创，年轻的妻子不得不独自挑起生活的重担，抚养三个幼子。而孩子在贫穷的生活中，因为缺失父亲伟岸的臂膀，在内心深处自然会少了一份安全感。

　　罗师回忆着童年：母亲在父亲墓前的泪滴；母亲坚韧而疲倦、瘦削的背影；小哥哥们担着柴，汗流浃背艰难下山的样子；一家人围着灶台，借助微弱火光一起吃粥喝汤的场景……似在昨天，历历在目。这样悲伤而苦难的生活，在罗老幼小的心灵刻下了极深的烙印，而这一切都源于一场突如其来的病，如果当初谁能治好父亲的病，那么一家人又可以在一起其乐融融，自己的童年也将是另一种颜色。而事实上，年幼的罗老面对这一切是那么的无

1

能为力，这种无助是一种刻骨铭心的痛。

因为罗老的父亲去世，母亲就成了唯一的依靠，面对生计的种种压力，母亲不得不夜以继日地四处奔波。而渐渐长大的罗老，也随之在心中悄然升起一些不安情绪，只要一见到母亲显露纳差、乏力的疲惫之态，自己的心就跟着紧张起来，闷闷不乐。那也许是一种恐惧，对疾病的恐惧，担心母亲像父亲一样说走就走了，剩下兄妹三人孤苦伶仃。罗老的童年是灰色的，完全失去了一个孩子本该有的无忧无虑、天真快乐。也正是因为这样的经历，给罗老将来走上行医之路埋下了伏笔。

罗老的优秀与其母亲的教育也是分不开的，母亲是个性格开朗、坚强、勤劳、正直、为人诚恳、富有怜悯心的乡镇女子，她对自己的孩子均寄予厚望，因此对儿女的要求非常严格。罗老的母亲教育孩子要勤劳做人，凡事要实事求是，不能讲假话、空话，不能偷窃及占小便宜；教育孩子要做正直的人；见到长者要有礼貌，要会尊称人。在这良好的家庭教育熏陶下，罗老从小就听话、懂事、用功读书、生活俭朴。在新中国成立后的20世纪50年代，罗老母亲在当地政府的照顾下，有了能月月挣工资的工作，困苦的生活有了转机。而此时的罗老在母亲的言传身教下也已长大，并以优秀的成绩升上了高中，眼看高中将要毕业，罗老的母亲和兄长都鼓励她一定要报考大学。在选择专业时，罗老认为还是读医好，可以治病救人，那么像父亲这样生病的人也许就不会离世；再者，医学很神奇，值得去研究学习。当时有两件事情让罗老记忆犹新：一件是在她小时候由于卫生条件差，经常会生红眼病，眼睛不但眼屎多，还红肿疼痛，甚至怕光，特别难受，母亲每次就给她100元钱（相当于现在的一角钱）去药店买几颗消治龙药片，一吃就灵，太奇妙了。另一件是罗老在快要上小学的那一年，两胁皮肤得了带状疱疹，刺痛如触电，夜不能安寐，当时乡间称之为"缠身龙"，还有谣言说如果"缠身龙"头尾相碰会死人的，让年幼的罗老惊慌不已。后其母用雄黄调涂在疱疹上，并请人又开了几剂中药内服，结果没几天，疱疹就结痂了，疼痛也随之消失。罗老由此深感中医药的神奇，更加坚定了报考医学院的信念。同时罗老也为了报答母亲的爱，为了母亲有病时能得到更好的医治，为了能让母亲过上好日子……诸多的想法最终促成了罗老报考医学院校的决定。

1964年高考，罗老一举考取了浙江中医学院。当时的浙江中医学院因为刚成立不久，在社会上名气不大，人们也了解不多，但它是我国数千年来的传统医药在浙江省的最高学府，是系统学习中医药、培养高级中医药人才的摇篮。年轻时的罗老只认为读医好，能关爱母亲，能治病，其实对中医、西医的概念还比较模糊，但总归是事从人愿，最终实现了学医的淳朴梦想。路漫漫其修远兮，也就是从那时起，罗老在自己的医学生涯中迈出了关键性的第一步。

## 第二节　学　院　概　貌

　　新学伊始，金秋送爽，罗老在高年级师兄、师姐们的迎接下来到浙江中医学院报到。当时的学校尚在杭州庆春路段，大门朝北，门楣并不气派，但步入古朴的校门之后，别有一番景象。进大门右侧是一座高耸的阳明馆大楼，内有浙江省药物检验所和浙江省寄生虫研究所两个单位。在阳明馆大楼前方有个比较开阔的操场，操场西侧错落有致地分布着几栋平房和楼房，这里便是学生和教师的宿舍。再从学生宿舍进去有一座建筑，就是当时学院的礼堂（该座建筑现属杭州文物保护单位，名为"求是书院"）。操场南面有一幢大楼，是学校门诊部和省中医研究所。其前有一不小的池塘，池水清澈、明亮，微风吹来碧波荡漾，给人一种舒适、惬意的感觉。操场东侧是杭州市少年体育学校（简称少体校）。少体校南面又有三幢楼，第一幢楼叫民主馆，是学校的行政、教学办公楼。在这幢办公楼南隔着一条弯曲、延伸的小溪，隔溪相望矗立着两幢楼，靠西一幢叫舜水馆，是学校的图书馆和阅览室；靠东一幢叫存忠馆，就是学生的教学大楼。存忠馆东依一座小山，山上树木成林，且有许多名贵的树种，一片草坪环抱其周……远远望去，绿树葱茏，碧草成茵，身居其中则感空气清新，静谧雅致，让人顿时心旷神怡，轻松释然，因此这里也就成了莘莘学子学习之余休憩散步和课余阅读的好去处。中医学院的教学园地主要就在这三幢楼和小山的区域了。

　　弯曲的小溪上架有一座小桥，曰"求是桥"。平日里桥上人来人往，行走过一批又一批的岐黄学子，他们从这里起步，走向祖国各地，成为了一代又一代的国之栋梁、中医药领域的精英，为发展党和国家的中医药事业奉献自己的一生。

　　在改革开放的大潮中，为了适应中医药教育事业的迅速发展，党和政府大力支持，学校领导不懈努力，浙江中医学院已扩大规模，重新迁建了。现在迁建后的浙江中医药大学概貌与旧址相比，用"天壤之别"来形容变化之大亦不为过。新校分为滨江和富春两个校区，规模之宏，置备之全，设施之精，不得不让人刮目相看。其中在富春校区还建设了草药种植场（百草园），一眼望去，开阔的山坡上大片的药草生机勃勃、种类繁多，此举将"教学结合实践"进一步落在了实处，纠正了科班出身的医者多不识药的弊端，将培养出更全面的中医药人才。

浙江中医学院发展之迅速确实是惊人的，但这仅仅是我国改革开放 40 年来的巨大成就之一例。在各条战线，在全国各地，像这样的例子何止千万。

## 第三节 良好教学

罗老说初进学院时，校舍不大，并没有想象中大学的气派，又听闻学中医比较枯燥，既要古文好，还要背功强，而自己对古文不怎么感兴趣啊，那当初择校的决定是做错了吗？罗老因一时困惑而倍感沮丧，情绪也低落不振，但随着时间的推移，在校学习的深入，罗老逐渐拨云见日，心情慢慢明朗起来。

### 一、《黄帝内经》的学习，渐入佳境

罗老仍记得当年有位较年长的讲《内经》的老师，看上去身体弱小，但讲起课来中气十足、精神饱满。他介绍《黄帝内经》是一部中医的经典著作，该书包括《素问》《灵枢》两部分，内容相当丰富，它是中医理论体系的源泉，是以阴阳五行学说解释人体生理、病理、诊断、治则，用"天人相应"整体观念说明人体内外环境统一性的典范。该书为学习中医的必读之书，老师反复强调学习、理解该书内容的重要性和必要性。

老师授课严谨，讲授《素问·阴阳应象大论》中的"阴阳者，天地之道也……治病必求于本。""积阳为天，积阴为地。阴静阳躁，阳生阴长，阳杀阴藏，阳化气，阴成形。寒极生热，热极生寒，寒气生浊，热气生清。清气在下，则生飧泄；浊气在上，则生䐜胀。此阴阳反作，病之逆从也。"时，对这两段经文进行了详尽译释和概括：阴阳是宇宙间的普遍规律，是一切事物的纲领和变化之源，是生长和消亡的根本，亦是一切事物新生、成长、变化、消亡的基本规律。在治疗疾病时，定要探求阴阳这个根本。以自然界的变化来做比喻，阳气上浮，聚积成天，阴气重浊下降，聚积为地。阴静，阳躁；阳主生发，阴主成长；阳主肃杀，阴主收敛。阳能产生力量，阴能赋予形体。

寒达到了极致就会转化为热，热达到了极致就会转化为寒；寒气能产生浊阴，热气能产生清阳。清阳之气下降而不上升，就会发生泄泻，浊阴之气上升而不下降，就会引发脘宇胀满。脾胃就是人体气机升降的枢纽，脾升则胃降，胃降则脾升，若脾气下陷，即清气在下，一则出现腹泻，二则会影响胃气的下降，即浊阴在上，导致胃中胀满，不思饮食。这就说明若出现阴阳的异常变化会导致疾病的发生。

老师在课堂上绘声绘色地讲授，让学生能更好地加深理解，增强记忆。罗老记忆犹新地继续回忆：老师又讲到了《素问·五脏生成》"是故多食咸，则脉凝泣而变色；多食苦，则皮槁而毛拔；多食辛，则筋急而爪枯；多食酸，则肉胝䐢而唇揭；多食甘，则骨痛而发落，此五味之所伤也。"又云："故心欲苦，肺欲辛，肝欲酸，脾欲甘，肾欲咸，此五味之所合也。"这是指过多进食咸味，会使血脉凝涩，血液流行不畅，面色也会发生变化；过多进食苦味，会使皮肤出现干燥，毫毛也会脱落；过多进食辛味，会使筋脉拘急，且爪甲也会枯槁；过多进食酸味，会导致肌肉粗硬皱缩，口唇干裂掀起；过多进食甜味，会使骨骼发生疼痛，头发也会脱落。这些都是由于饮食五味的偏嗜而导致的伤害，故心脏喜苦味，肺脏喜辛味，肝脏喜酸味，脾脏喜甜味，肾脏喜咸味，五味与五脏之气应相宜为用。通过授课老师的循序善诱，罗老逐渐发现，其实古文言简意赅、朗朗上口，《黄帝内经》博大精深、丰饶有趣，联系生活更是受益匪浅，因此开始对课程感兴趣了，学习状态渐入佳境。

## 二、中药学的学习，夯实基础

教中药学的老师更为年长，授课伊始就强调熟悉中草药的重要性。老师介绍了中药的悠久历史以及其发展和应用，并给学生强力推荐《神农本草经》和《本草纲目》两本著作。《神农本草经》又称《本经》，是中医四大经典之一。明代医学家李时珍所著《本草纲目》，是历经 30 余年的心血结晶，全书载有1892 种药物，分为 60 类，有绘图和药方，是祖国数千年来药物学的总结。

老师详细讲解了每味中药的性味、归经、功效、主治等，同时具体讲述了采药的方法，根据所取药材部位的不同，亦不尽相同。如皮的采集，常在四、五月间，因这段时期植物浆液较多，效力充足，而且也容易剥离。叶的采集，大多在花将开放或花正是盛开的时候，因这时期植物已经完全长成，叶子也最健壮。花的采集，通常在未完全开放或刚盛开的时候采摘，以免花瓣脱落。

全草的采集，通常在开花的时候进行，采集方法，是从靠近地面的茎部割下或连根拔起。果实的采集注意事项较多：一般要求在完全成熟的时候进行，如同一果序的果实成熟期相仿，可以割取整个果序扎成小束，悬挂在干燥的室内，以待果实全部成熟，然后进行脱粒；但如果同一果序的果实不在同一时期成熟，则只能分别摘取；如果有的果实成熟后很快就脱落（如茴香），有的果实到了成熟即裂开而种子散失（如豆蔻），则在刚开始成熟时就采集；再者，多汁的果实（浆果）容易损坏，应在清晨或傍晚进行采集……罗老感慨地说，老师授课，如此种种，分门别类，详尽入微，至今谆谆教诲，仍耳边不绝。尤其是中药学老师还亲自带领学生上山采药，在炎炎烈日下，汗流浃背地指导学生制作中药标本，有助于辨识，利于记忆。老师如此耐心、细致的教学使罗老夯实了中药学基础，医药相合，奠定了未来成就名医之路的根基。

## 三、重视医古文，学而时习之，培养良医思维

祖国医药学是一座伟大的宝库，它凝聚了先人几千年来同疾病斗争的宝贵经验，并以古文形式记载保存了下来。如果要学习、理解古人医籍，并为我所用，就务必首先学好医古文。

罗老初学医古文，在医古文课堂上学到《伤寒论》序一文时，文中讲到"余宗族素多，向余二百。建安纪年以来，犹未十稔，其死亡者，三分有二；伤寒十居其七。感往昔之沦丧，伤横夭之莫救，乃勤求古训，博采众方……"文中表达了作者对死去亲人的怀念、对当时社会治病能力低下的无奈、对大批罹病者死去的悲痛，因此而立志勤奋研究古人的医学理论和经验，结合自己的临床实践，并广泛收集医药秘方，写成了《伤寒杂病论》一书。罗老被此处深深打动，颇有感触，尤赞古人叙事言简意赅，语句精炼，清晰明了，并从此在古文的阅读上有了很大的兴趣和动力。

罗老意识到，学好中医，除了对中药的详细了解，还要好好培养阅读古文的能力，才能真正理解经典并学以致用，因此平时常常翻阅医古文这本书，受益颇丰。如《素问》注文二则一文中，"谨守病机，各司其属，有者求之，无者求之，盛者责之，虚者责之，必先五胜，疏其血气，令其调达，而致和平。"此段经文意思就是要紧紧地抓住病机，掌握它的所属关系。已显露的症状，要探求它的本质；没显露的症状，要探求它潜伏的原因，是实证的要追求它

为何实，虚证的要追求它为何虚。在病机变化中必须先辨别明确五行生克的关系，疏通五脏气血，使它调和畅达，从而恢复人体健康。另如《儒门事亲·汗下吐三法该尽治病诠》一文中讲到"……良工之治病，先治其实，后治其虚，亦有不治其虚时。粗工之治病，或治其虚，或治其实；有时而幸中，有时而不中。谬工之治病，实实虚虚，其误人之迹常著，故可得而罪也。惟庸工之治病，纯补其虚，不敢治其实。举世皆曰平稳，误人而不见其迹；渠亦不自省其过，虽终老而不悔，……夫粗工之与谬工，非不误人，惟庸工误人最深，如鲧堙洪水，不知五行之道。"上文通俗易懂，却道理玄妙，罗老由此感悟，作为一个医者决不能做粗工、谬工，更不可做庸工，势必好好努力，将来成为一名良工，辨证求因，真正做到治病救人，服务于人。罗老还不忘教导我们说：一定要认真学习医古文，既可提高对古文的理解能力，亦可了解和懂得更多中医理念，对学好中医大有帮助。

大学期间，罗老接受了良好的教育，再加上自己的勤奋学习，为将来行医打下了坚实的基础。

# 第四节 课外修炼

罗老说课外修炼是多方面的，其中身体素质修炼和专业知识修炼更为重要，作为一名医生更应该给患者做个健康的榜样。

## 一、身体素质修炼

罗老记得在 1965 年暑假，全班男女生分两地去解放军军营当兵，穿上正规的军装，扛起步枪，进行军事训练，投弹、射击，个个都要经过考核。背着背包，扛着步枪野外行军，并学习战地翻、滚、爬战术动作，真正能锻炼一个人的不怕苦、不怕累的坚强意志。经过整个暑期的磨炼，人是晒黑了，但是身体结实了，体能也大大增强了。

## 二、专业知识修炼

罗老语重心长地告诉我们当初老师在课堂上一再提醒大家，学中医要看、要记、要背的东西很多，课外阅读尤其重要，博取百家之长，扩充自己的知识，为将来的临床诊疗提供更多的思路和方法，以获得更好的临床疗效。

（一）《医学衷中参西录》之所获

罗老记得当时有位老师特别推崇《医学衷中参西录》一书，她便在图书馆找到了这本书。该书是清末民国初的中西医汇通学派代表医家——张锡纯所著。张氏悉心研究了《黄帝内经》《伤寒论》等典籍及历代医家学说，因此诊治疾病常常得心应手，效验多多。书中记载"骨雷"的治法："骨雷之证他书未见，独明季钱塘钱君颖国宾著《经历奇证》载：镇江钱青黎，中年无病，一日足跟后作响，数日渐响至头，竟如雷声。医者不识何病，适余南归，阻泊京口，会青藜于凉亭，偶言此证，余以骨雷告之。候其脉独肾脉芤大，举之始见，按之似无。此肾败也。自下响而上者，足少阴肾经之脉起于足小趾，下斜走足心，出然谷之下，循内踝上行，且肾主骨，虚则髓空，髓空则鸣，所以骨响自脚跟上达至头，此雷从地起响应天上也。以六味丸和紫河车膏、虎骨膏、猪髓、枸杞、杜仲方示之。次年冬复之京口，问之已痊愈矣。"这种"骨雷"奇特之症虽非张氏所治验，但他记叙详尽，给予后学者很好的思考空间，增长了知识。文中又讲到甚多接骨方及接筋方，求其效而且速者，独有一方可以公诸医界：甜瓜子、生菜子各一两，小榆树的鲜嫩白皮一两，再加真脂麻油一两，同捣如泥，敷患处，以布缠之。不过半点钟，觉骨接上即去药，不然恐骨之接处起节。自得此方后，门人李子博曾用以治马甚效。尚有谈到接筋方，用旋覆花细末五六钱，加白蔗糖两许，和水半茶杯同熬成膏。候冷加麝香少许（无麝香亦可），摊布上，缠伤处。至旬日，将药揭下，筋之两端皆长一小疙瘩。再换药一帖，其两小疙瘩即连为一，而断者续矣。若其筋断在关节之处，又必须设法闭住，勿令其关节屈伸，筋方能续。罗老研读了张氏的接骨、接筋方之后，便联想起她的小兄长，在幼年时由于人小背负过量，从山崖滑下，造成左手骨折，由于缺医少药，治疗不及时，便留下了手臂既不能伸直，又不能外展的后遗症，若是当年能得此简便方法救治，现在怕是另一般光景了。在目前百姓针对医疗费用昂贵的呼声中，不妨采用前人确有成效的简、便、廉的治疗方法，尤其是接筋方施治于民，想必会受到民众的喜爱和欢迎。

在张氏的《医学衷中参西录》中所要看的内容相当丰富，有验方、有药解、有临床众多实效的案例。如中药石膏在中药教材中的介绍：辛、甘、大寒，入胃、肺经，清热泻火，除烦止渴。石膏善清气分实热，用于热病，肺胃大热，壮热不退，烦渴，心烦神昏，脉洪大等实热亢盛证。而张氏介绍石膏，是以凉而能散，有透表解肌之力，外感有实热者，放胆用之。张氏云："《神农本草经》谓其微寒，则性非大寒可知"。张氏谓医者多误认为大寒而煅用之，则宣散之性变为收敛，以治外感有实热者，竟将其痰火敛住，凝结不散，用至一两即足伤人。张氏还提到误用煅石膏偾事，流俗之见，不知其咎在煅不在石膏。石膏煅用其猛烈犹足伤人，遂视用石膏为畏途，即有放胆用者，亦不过七八钱而止。张氏谓"夫石膏之质甚重，七八钱不过一大撮耳。以微寒之药，欲用一大撮扑灭实热，燎原之热，又何能有大效。是以愚用生石膏以治外感实热，轻证亦必至两许。若实热炽盛，又恒重用至四五两，或七八两，或单用，或与他药同用，必煎汤三四茶杯，分四五次徐徐温饮下，热退不必尽剂。如此多煎徐服者，欲以免病家之疑惧，且欲其药力常在上焦、中焦，而寒凉不至下侵致滑泻也。"而后又云："盖石膏生用以治外感实热，断无伤人之理，且放胆用之，亦断无不退热之理。惟热实脉虚者，其人必实热兼有虚热，仿白虎加参汤之义，以人参佐石膏亦必能退热。"

又讲到莱菔子这味药，此药味微辛性平，炒用气香性温。其力能升能降，生用则升多于降。炒用则降多于升，取其升气化痰宜用生者，取其降气消食宜用炒者。无论生或炒，皆能顺气开郁，消胀除满，此乃化气之品，非破气之品，而医者多谓其能破气，不宜多服、久服，殊非确当之论。盖凡理气之药，单服久服，未有不伤气者，而莱菔子炒熟为末，每饭后移时服钱许，藉以消食顺气，转不伤气，因其能多进饮食，气分自得其养。若用以除满开郁，而以参、芪、术诸药佐之，虽多服、久服，亦何至伤气？张氏并详以案例：一人年五旬，当极忿怒之余，腹中连胁下突然胀起，服诸理气、开气之药皆不效。使用生莱菔子一两，柴胡、川芎、生麦芽各三钱，煎汤两盅，分三次温服下，尽剂而愈。

罗老侃侃道来，又提到沙参这味药，在教材中，沙参分南北两种，味甘苦，微寒，两种沙参功用相似，共具润肺止咳，养胃生津的作用，其中南沙参力较薄，鲜者清热生津之功则强。而张氏对沙参这味药加以细释：味淡、微甘，性凉，色白，质松，中空，故能入肺清热滋阴，补益肺气，兼能宣通肺郁。《本经》谓其主血积，肺气平而血之上逆者自消也。人之魂藏于肝，魄藏于肺，沙参能清补肺脏以定魄，更能使肺金之气清肃下行，镇戢肝木以安魂，魂魄安定，惊恐自化，故《本经》又谓主惊气也。更有一味蜈蚣：味微辛，性微温，走窜之力最速，内而脏腑，外而经络，凡气血凝聚之处皆能开之。性有微毒，而专善解毒，凡一切疮疡诸毒皆能消之。其性尤善搜风，内治肝风萌动，癫痫眩晕，抽掣瘈疭，小儿脐风；外治经络中风，口眼歪斜，手足麻木。张氏特别指出，蜈蚣之为物，节节有脑，乃物类之至异者，是以性能入脑，善理脑髓神经，使不失其所司，而痫痉之病自愈。并提出诸家本草，多谓用时宜去头足，夫去其头，即去其脑矣，更何恃上入脑部以理脑髓神经乎？且其头足黄而亮，有金色，原其光华外现之处，即其所恃以治病有效之处，是以愚凡用蜈蚣治病，而必用全蜈蚣也。蜈蚣亦能治噎膈，张氏谓："盖噎膈之证，多因血瘀上脘，为有形之阻隔（西医名胃癌，谓其处凸起如山石之有岩也），蜈蚣善于开瘀，是以能愈。"罗老曰："前医之经验可足以借鉴，现今治胃癌之症，中医应首选以蜈蚣治疗。"

罗老讲述熟读此书所获，如数家珍，绵延不绝，上述诸类，书中一斑，此书药用，独到思维，难以尽言，为今所用，屡屡效验。

### （二）金元四大家的理论体系之所鉴

祖国医学已有数千年的历史，名医辈出，如金元时期的四大医学家：刘完素、张从正，李东垣、朱震亨，他们一生学验俱丰，各自形成一派独特的学术理论体系，其著作均具有代表性，各有所长，罗老皆有学习之。

**1. 刘完素**

刘完素生于北宋末期，金代前期，由于居处河间地区，被尊称为刘河间。刘氏是五运六气的研究者，非常重视《内经》理论，因而他的学术思想大部分也从《内经》发展而来。他认为自然界的变化对人体生理活动和病理现象具有极为密切的影响，无论生理、病理、诊断与治疗方法都应和自然环境联系起来进行研究。刘氏尤其重视五运六气的研究，在病机的阐述上提出主火论和亢害承制论。认为六气皆从火化，火热是导致多种证候的原因。风、湿、燥、寒诸气在病理变化中，均能化火生热，且火热往往又是产生风、湿、燥诸邪的原因，因此在治疗上多用寒凉药，故世称其为"寒凉派"。同时他还认为五运六气的相互承制，是事物维持正常运动的必要条件，曰："夫五行之理，甚而无以制之，则造化息矣。"

**2. 张从正**

张从正，字子和，是金朝睢州考城人，重视研究《内经》《难经》《伤寒论》，是刘完素的私塾弟子。他崇尚《内经》，认为"医之善，唯《素问》一经为祖。"他善用攻法，认为治病应重视攻邪，邪去则正安。他认为人体疾病的发生，或从外而来，或从内而生，均是邪气，都应该即速以攻法祛邪，不应使邪气停留，只有对那些虚弱无邪无积之人，才可以用补法。他根据《内经》"高者越之，汗之下之，随其攸利"的理论，发展和丰富了汗、吐、下三法，此三法又可以兼众法同用。张氏虽专于攻邪，但并不拙于补益，他认为除去了鸱张的邪气，即补益了正气，使阴阳重得平衡。同时提出养生当用食补，治病当用药攻，药不宜久服，中病即止。这些正确的理念、观点为我们临床诊疗起到了良好的指导作用。

**3. 李杲**

李杲，字明之，晚号东垣老人，金元时真定人，师从张元素，深刻钻研《内经》《难经》等古医籍，提出了"内伤脾胃，百病由生"的观点，并形成了一种具有独创性系统理论。所著有《脾胃论》《内外伤辨惑论》《兰室秘藏》等，他认为"气"是人体生命的根本，强调脾胃与气的密切关系，认为"元气、谷气、荣气、卫气、生发诸阳之气，此数者，皆是饮食入胃上行胃气之异名，其实一也。"且认为"脾胃之气既伤，而元气亦不能充，而诸病之所由生也。"李氏的学术思想尤重固护元气和脾胃，认为脾胃是元气之本，元气是健康之本，故被称为"补土派"。在临床血液病治疗中，固护中焦脾胃，气血生化有源，正气得充，才有利于疾病的稳定及恢复。

**4. 朱震亨**

朱震亨，元代浙江义乌人，自幼好学，年三十因母病而改儒学医，经学五年已能临证。又从学罗知悌，得读刘河间、张子和、李东垣等著作。由于他生于地土卑弱、湿热相火为病最多的江南之地，当时盛行用辛燥药较多的《太平惠民和剂局方》与湿热相火不相投合，故提出"阳常有余、阴常不足"之学说，以示人勿妄动相火，应注意保存阴精，故世称他为"养阴派"。在临床血液病治疗中，不乏患者放化疗后，屡屡伤正耗阴，更显阴常不足，治疗中当参考之。

罗老注重身体素质的锻炼，认为只有具备健康的体魄，方能更有效的学习；同时罗老平素涉猎群书，研读经典，学习百家之长，并结合临床不断思索、总结，为己所用。正因为罗师孜孜不倦，不断地坚持着课外的修炼，才有了今日的成就。

# 第五节 初出茅庐

罗老于 1970 年浙江中医学院毕业后即去解放军农场进行劳动锻炼一年

半，后于1972年年初被分配到浙江省中医院中医内科。

进医院的头两年为临床熟悉阶段，在门诊和中西医结合病房轮转。她记得当时刚进病房，看到新鲜、陌生的医疗环境，整个病区54张床位，分三个组，她被分到其中一组，上面有两位医生。年轻的罗老视所有的医护人员为自己的老师，勤学好问，做事多用脑，多用眼，勤动手。在那个年代医疗设施较差，炎热的夏天病区办公室没有一只吊扇。书写病历时，自己就备好一块手帕和一把小折扇，虽然条件艰苦，但是只要能做到心静，当日任务仍能当日完成，从不拖沓至第二天。每天上班，罗老都早早就到，给需要观察血压的患者先测好血压。曾有段时间罗老为了学习打针，很早就赶到医院跟着夜班护士学习，因为罗老认为，作为一名医生也需掌握肌肉注射及静脉穿刺的技术，以备不时之需。

罗老在病房轮转时，学习了诸多病种：气管炎、上消化道出血、肾病综合征、急慢性肾功能衰竭、肺源性心脏病、风湿性关节炎、风湿性心脏病、自发性气胸、急慢性胆囊炎、梅毒性心脏病、发热待查、高血压、脑血管意外、心律失常等，还有些恶性疾患，如恶性血液病等。罗老意识到自己初次接触临床，一切都要从头开始，因此每碰到一个病种都要结合书本去了解、学习。对自己组的病人，首先详细掌握患者的病史及发病情况，再结合临床症状及体征，向书本请教，详细学习疾病的病因和发病机理、临床表现、诊断及治疗用药等。由于有现成临床病例，再细心观察老师所采用的检验、检查项目和方法，以及而后所作出的诊断、治疗，这样就能很快了解该病的诊断标准及处理方法。在轮转期间，罗老还在上级医师的指导下，熟练掌握了胸腹腔穿刺术、腰穿术、骨穿术及气胸抽气等操作技术，就这样经过一段时间的病区轮转，基本上掌握了常见病和多发病的诊断和处理。

出病房之后就到内科门诊轮转。中医内科科室庞大，约有二十来位医生，其中不乏已经颇具社会影响力的名医，真是人才济济。罗老被分在名老中医杨继荪老师处抄方。杨老诊病非常细心、耐心。当时最常见的病种有感冒、发热、痰饮、哮喘、肺痨、呃逆、黄疸、胁痛、积聚、臌胀、胃脘痛、水肿、湿阻、腰痛、胸痛、不寐、痹证、痿证、血证、虚劳以及眩晕等。杨老重视望、闻、问、切四诊合参，通过辨证论治，治法，方药一套完整的诊疗措施，每每疗效显著，令跟师的学生备受启发，受益匪浅。罗老当时初出茅庐，对临床诊疗充满了好奇，为了自己能更好领会老师的诊治处方用药的精髓，常常在业余时间仔细琢磨，努力领悟其中深意，并从中使自己得到提高。在内科门诊轮转期间，罗老主要跟杨老抄方，后又曾跟随名老中医魏长春老师抄方。虽然跟魏老时间短暂，但其以四两拨千斤取得良效的用药方法，使得罗老惊叹不已，记忆深刻。魏老非常崇尚清代名医王孟英，因此他门诊时常常给学生介绍王氏的临床经验及用药方法。王孟英为著名的温热派医家之一，尤以重视温热病的诊治，著有《温热经纬》一书，为现代流感一类温热病，提供了不少很好的诊疗思路。

每一个年轻的医师经过跟师轮转后，最终都要独立临诊。初次一个人面对各种突发情况，是对一个医师综合素质的严峻考验。罗老就给我们讲述了她的一次经历：当年的一天，罗老刚刚独立门诊，旁边几个诊室还有魏老等几个名医同时出诊，有一位30多岁女性患者，起了大早来医院挂号，满怀希望的能请魏老诊治，但那时不设专家号，均为统一挂号，由导诊护士按序分配。该患者就因为没能如愿，不满分配，在候诊厅大吵大闹。谁知后来这位吵闹的患者，竟气势汹汹地闯进了罗老的诊室，将病历"啪"的一声掷在桌上，然后一屁股坐下，"呼"的一下向罗老伸出左手，露出手腕。刻下，只见患者面红耳赤，结膜充血，气息不稳，年轻的罗老见状稍有一震，立马调整心绪，镇定自若，平静地询问她有什么不适，而患者急躁、不屑地反问："中医看病不是把脉的吗？"罗老不想再激惹患者，于是也就不再多做解释，宁心静气地边把脉、边思考：脉象弦细，情绪易激，平时应有肝气失疏的情况。由于肝失疏泄，女性一般会月经失调，会出现经前乳房作胀且痛，甚或会有胁肋疼痛，也会产生肝脾不调，肝木犯脾，造成脾虚纳差等一系列情况。罗老通过把脉、听声、望色，就果断地向患者分析病情：你目前处于肝脾不调，月经量不多可能夹块，经前会乳房胀痛，纳谷不一定佳，口咽可能干燥，易感神怠乏力。患者听完并没有反驳，于是罗老就处方以逍遥散加味，5剂，煎服。患者拿了处方起身就走，亦不言谢。5天后，该患者居然平静地来复诊了，自诉月经将至，乳房稍有作胀，但不痛，整个就诊过程也配合很多。看毕，罗老嘱患者待月经净后，再来复诊处方用药，患者欣然接受，心平气和地离开了诊室。就这样，罗老凭借着自己扎实的基本功、沉着冷静的应变能力，顺利完成第一次挑战。

罗老语重心长地告诉我们，通过这件事情她一直在思考，年轻医生在门诊，要获得病人信任，不是一朝一夕的事，平时要做到如杨老所谆谆教导的："要多看书，经典的著作要看，还要旁及诸家。"罗老还详细举例如明末清初的吴有性，从临床实践中获得治疗瘟疫的丰富经验，所著《温疫论》中创立了"戾气"病因学说,对后世温病学的形成、发展具有深远影响;清代的叶天士,所著《温热论》,为温病学说的发展,提供了理论和辨证的基础,《临证指南医案》一书,应为必读之书;清代吴鞠通不仅重视研读《内经》《伤寒论》等经典著作,而且勤于临床实践,所著《温病条辨》一书,被誉为清代温病学说标志性著作。也正是对这些温病著作的研读,使罗老在临证治疗现代流行性、感染性疾病时,屡屡效验,颇有所获,故罗老时时强调:贯通古今,与时俱进。

罗老顿了顿又说:"杨老曾再三强调,要看的书很多,趁着年轻记忆力好,精力也充沛,要多读书,做到互相贯通,更好地领会其中要义,努力做到肚里有实货,脑中有精华。年轻大夫初坐门诊,找你看病的人不多,但不能屁股搽油,要坐得住,要有耐心,有悟性;对患者要谦虚,说话要谨慎,举止应稳重,以诚相待;做到勤读书,多临床,逐步积累病例,细细咀嚼,了解所开处方,是否药证相符,好好整理总结,有总结才会有提高,有总结才会有经验,才能得到不断升华,渐渐掌握治病救人的真实本领。"罗老接着感慨道:"当年,我不仅在临床上受到了杨老的悉心栽培、学习上受到了杨老的诸多点拨,而且在行医处事、为人方面也得到了老师细致的引导和关照……虽然杨老、魏老已经仙逝,离我们而去,但教育的根已经深深埋下,师恩难忘!老师们!您放心吧,学生定永远铭记您的嘱咐和教导,做到老,学到老,永不忘。"

罗老传承了她老师的学术思想,深感师恩。我们作为罗老的学生,一脉相承,前赴后继,铭记师训,继往开来,为发展中医药事业,奋斗终生!

# 第二章

# 名师指引

## 第一节　熟读经典　旁通诸家

　　凡成大医者，必熟读经典，以知其源、溯其流，印证于临床终能有所成。纵观古往今来贤哲名医，均熟谙经典，勤于临证，发皇古义。王冰注《素问》云："将升岱岳、非径奚为；欲诣扶桑、无舟莫适"。欲想在中医领域登堂入室，经典便是通往该领域的"径"与"舟"。

　　中医文化博大精深，对于初学中医之人，若想从经典之中汲取精华，不但要有扎实的中医基础理论知识，更要有促使你升华的引路人。而罗老于1970年浙江中医学院（现浙江中医药大学前身）毕业后，1972年进入浙江省中医院中医内科，门诊轮转期间，有幸跟师名医杨继荪教授。杨老是浙江名中医，全国首批国家级名老中医药专家，享受国务院特殊津贴，曾担任广兴中医院院长、浙江中医研究所临床研究组组长，祖籍浙江余杭，出生于中医世家，其祖父杨耳山，系名儒兼名医。杨老自幼受其祖父影响，喜研文史，自幼诵读四书五经，高中毕业后，跟随祖父学医，悉心攻读《内经》《难经》《伤寒论》《金匮要略》等经典著作，并选读金元明清诸家论述，祖父病故后又跟师名医徐康寿，学成后医术见长，声名鹊起。杨老在浙江省中医界的地位从其众多弟子中便可知晓，如葛琳仪、徐志瑛、潘智敏、罗秀素等，如今均已成为国家级或省级名中医，成为浙江省当代中医界的领军人物。时至今日每当罗老提及跟师杨继荪教授的日子，依然心存感激，杨老的谆谆教诲如在昨日，师恩似海，终生难忘。每有同行称其医术精湛，堪称一代大医，罗老总坦然一笑，"若无杨老之指引，恐无吾今日之小小成就"。

罗老跟师杨继荪教授期间，杨老经常告诫弟子，经典乃中医之魂，虽历经千年，依然百试不爽。若能熟读于心，便可得心应手。杨老于临床中"融伤寒、温病于一炉，集各家之长而活用"的风格使罗老感悟颇深，更激发罗老对于经典的痴迷，其谨遵教诲，在闲暇之余，常常带着临床中所遇之问题，针对性的查找中医经典解决临床疑惑，更博览如"张景岳、叶天士、黄元御、王孟英、唐容川等各家之医籍。这为以后罗老在临床中灵活辨证、方由心生奠定了坚实的理论基础。记得临床中遇一例发热患者，自觉上半身热，不停扇扇子，而下半身自觉冰冷，需用热水袋，无腹痛、无呕吐之症。罗老联想到《伤寒论》中173条黄连汤证"伤寒胸中有热，胃中有邪气，腹中痛，欲呕吐者，黄连汤主之"，此方证乃太阳伤寒变化而来，胸中有热，则阳格于上，胃中有邪气，则阴格于下，阴阳格拒，亦可看作上热下寒之类型，上热下寒，法当和解。本案例临床特点属典型上热下寒之表现，黄连汤原方三剂乃愈。此案例得到杨继荪教授表扬，"灵活运用经典，年轻医师能有如此深厚功底，实属难得"。此番话使罗老备受鼓舞，以致更加痴迷于经典。

同时杨继荪教授经常教育弟子学习经典更要掌握学习方法，在掌握中医基础理论的基础上，尽量熟读经典原著，只有熟读经典原文，才能领悟此后诸家对经典的注解。诸如我们学习《伤寒论》，原文条目众多，但前后却各有联系，诸家注解《伤寒论》为学习之方便，将原文顺序重新归类编辑，如柯韵伯《伤寒来苏集》按方类证，尤在泾《伤寒贯珠集》按法类证，沈金鳌《伤寒论纲目》按症类证，因此我们学习之时只有在掌握原文基础上，才能对诸家注解有更深理解。同时更要理论联系实际，将中医经典结合临床实践，才能总结自己的临床经验。杨继荪教授对中医经典之重视及教育弟子学习经典之方法，时至今日，罗老仍未忘记。罗老时常回味经典，并勉励自己的弟子要熟读经典，为走上临床夯实基本功。

1979年罗老在浙江省中医院中西医结合病房工作期间，曾遇到一例西医诊断为"肾病综合征"的患者，全身重度浮肿，少尿，西医用硫酸镁导泻排毒，甘露醇静滴降压利尿，用药四天，收效甚微，浮肿、少尿症状未获任何改善，患者家属心急如焚。一天恰遇罗老值班，详细了解患者症状及查体，并通过中医望诊、切脉，告知患者家属可试用中医治疗。患者家属问到"西医都没办法，中医能行吗"，以质疑的眼光看着罗老。罗老告知中医在治疗水肿方面有其独特的辨证治疗，患者家属说："那我们试试吧"。罗老的自信源于对中医经典治疗水肿了然于胸。《内经》有云："开鬼门、洁净府……"，结合医圣仲景之训："诸有水者,腰以下肿,当利小便;腰以上肿,当发汗乃愈。"罗老采用麻黄附子细辛汤合五苓散加减,方药3剂。患者服药1剂后,次日午睡醒来,觉身汗出,排小便700～800ml,3剂药服完,小便基本通畅,浮肿减大半,后期调治月余,患者基本康复出院。患者家属由当初的将信将疑,到出院时对罗老的信服与感激,特意于医院通道张贴感谢信,以表达对罗老感激之情。此案例促使罗老坚信中医经典的独特临床疗效,为以后临床工作中应用中医经典治疗疾病奠定了信心。

罗老从事血液病几十载,血液病如再生障碍性贫血、急性白血病、免疫性血小板减少症、淋巴瘤等,见"出血、瘀血、血虚"之症颇多,诸如紫癜、吐血、血尿、鼻衄等临床症候,罗老曾熟读唐容川《血证论》,对治血四法:"止血、消瘀、宁血、补血"深得体会,同时结合仲景"治血以治冲为要,冲脉丽于阳明,治阳明即治冲也。阳明之气,下行为顺,今乃逆吐,失其下行之令,急调其胃,使气顺吐止,则血不致奔脱矣。"罗老临床中深得治血之法,综合诸家治血之要,出血不可一味止血,虚证不可一味补虚,要知其病因,方得其法。既须辨其寒热虚实,更应结合六经辨证,辨其病位。诸如再生障碍性贫血患者以虚证居多,多见出血、发热、面色晦暗、纳差等,若一味补其气血,大量应用阿胶、鹿角胶等,日久滋腻伤其中焦,湿有内生,脾虚不能统血,则血不循经,溢出脉外见出血之候,需健脾祛湿,方见止血之效。若血止之后,离经而未出者,是为瘀血,需去其瘀。可见罗老在治疗血液系统疾病中,深得诸家经典之精髓,灵活变通,治疗之效则事半功倍。

现代中医的教育受西医之影响颇深,中医经典在教学中的比重逐渐减少,西医所占课时不断增加,把大量时间花在实验室中,而忽略了中医经典的重要性,以致在临床中很难用中医思维认识疾病,导致中医院校毕业生出了校门就投身到西医的工作中,中医后继乏人与忽略经典的中医教育模式有很大关系。中医经典经千年而不衰,自有其独特的理论体系及临床疗效,经典方剂虽经千年仍百试不爽,若能熟读,领悟其理法方药之真谛,临床中方能信手拈来。如今中医院校毕业的学生能熟读经典的甚少,更别提能灵活运用经典了,此种现象很大程度上归咎于现代中医的传承模式。作为一代名医,罗老不但深研中医,而且善于吸取西医的治疗理念,对西医的诊断与治疗甚是了解。但在临床诊治过程中,却不可以西医的临床思维立方用药,而中医经典才是立方之本,用药之泉。如今,国家更加注重中医师带徒的传承模式,传承内容既是名老中医药专家的经验总结,更是中医文化的传承,中医经典的传承。对此罗老深感中医人才培养责任重大，经常勉励弟子学习杨继荪等老前辈继承发扬中医的精神，不苟求于名利，扎根于经典之中。凡抛弃经典心浮气躁者，终难在中医领域有所成。罗老从医至今，经常阅读经典已成为习惯。中医经典博大精深，同一经典条文可能在不同工作阶段阅读都会有新的发现与领悟。凡跟师罗老者，均深刻体会中医经典之奥妙。罗老要求弟子在熟读经典方面下功夫，在学习阶段尚有时间，一旦真正步入临床工作之中，很难有时间静下心来领悟经典。如今毕业的弟子回想起来，方知罗老当初良苦用心。

## 第二节　病证结合　辨证施治

"辨证论治"乃中医之精髓，是中医学的特色，也是中医诊治疾病的基本原则。脱离中医理论体系应用西医理论立方用药，所谓的辨证论治无异于张冠李戴，乃"无泉之水，无本之木"。

中医之"病"即疾病，是由一组特征性的临床症状构成，不同疾病有其各自不同的发生、发展、转化、传变等病理过程和变化规律。辨病是对疾病本质和特异性的认识，掌握病变发展的规律，把握疾病的重点和关键，既有针对性，又有整体观，是对中医辨证的有益补充。辨病既需了解中医之病名，又需了解西医之病，但两者不尽等同，不可混为一谈。"证"是对机体在疾病发展过程中某一阶段病理反映的概括，包括病变的部位、原因、性质以及邪正关系，反映这一阶段病理变化的本质。所谓辨证，就是根据四诊所收集的资料，通过分析、综合，辨清疾病的病因、性质、部位，以及邪正之间的关系，概括、判断为某种性质的证。论治又称施治，是根据辨证的结果，确定相应的治疗方法。辨证和论治是诊治疾病过程中相互联系不可分离的两部分。辨证是决定治疗的前提和依据，论治是治疗的手段和方法。通过论治的效果可以检验辨证的正确与否。辨证论治是认识疾病和治疗疾病的根本手段，是理论与实践相结合的体现，是理法方药在临床上的具体运用，是指导中医临床工作的基本原则。中医临床认识和治疗疾病，既辨病又辨证，但主要不是着眼于"病"的异同，而是将重点放在"证"的区别上，通过辨证而进一步认识疾病。"病证结合，辨证施治"是罗老毕生从医经验的总结。

罗老在临床工作中的中医辨证方法深受杨继荪老前辈学术思想影响，杨继荪教授提出的"宏微辨证、证病结合"的辨证体系对罗老启发很大。所谓的宏观辨证是通过直观观察和类比归纳的方法认识疾病，着重整体观，强调人体内部的协调完整和人体与外界环境的统一性；微观辨证是以发展的观点认识疾病，利用现代科学方法深入认识疾病的特点。辨证与辨病相结合，才能相得益彰。使罗老对病证结合的治疗理念有深刻认识的案例是杨教授对外感发热病的治疗，既强调人体的整体观，又强调人与季节、地理区域、自然环境的密切联系。同治外感发热，《伤寒论》以六经辨证，温病学则以卫、气、营、血辨证。北方寒冷，肌肤致密，多用麻、桂、羌、防；南方暖湿，多用银翘、桑菊之属。但北方人居住南方，往往出现胸闷脘胀、不思饮食、肢体困倦、苔白厚腻等，故予芳香化湿、宣畅气机之法。同一疾病因病因与人体体质的差异出现"同病异证"，故有"同病异治"；不同疾病因疾病发展的不同阶段出现"异病同证"，故有"异病同治"之法。如杨老在治疗同为咳血病患，肺痈之"浊唾腥臭""咳唾脓血"；肺痿之"久嗽肺虚""或嗽血线；肺痨之潮热盗汗"、消瘦咳血，虽疾病不同，症状不一，但杨老皆以清热为大法，并遵"肺痈属在有形之血，血结宜骤攻"；"肺痿属在无形之气，气伤宜徐理，兼润肺燥"；"肺痨宜补虚以补其元，杀虫以绝其根"的治疗法则而各有侧重。杨继荪教授对疾病整体观的把握及对辨证方法的灵活变通使罗老深受启发，推崇备至。罗老虽能常读经典，但对刚踏入临床工作的年轻医生来说，真正将中医经典与实践相结合，还有很长的路要走，门诊跟师如醍醐灌顶，幡然醒悟。

罗老在工作中善于运用八纲辨证与气血辨证、脏腑辨证相结合，提出"阴阳为纲，气血为本"，凡诸辨证不外乎此。《医学心悟·凡例》云："凡病不外寒热、虚实、表里、阴阳，兹特着为辨论，约之则在指掌之中，推之可应无穷之变，学者宜究其心焉。"《景岳全书·传忠录》亦云："凡诊病施治，必须先审阴阳，乃为医道之纲领，阴阳无谬，治焉有差。"罗老指出世间万物皆分阴阳，阴阳互根互用，相互转化，辨病亦应分阴阳，阴阳是八纲的总纲。表和里用以概括病证表现部位的深浅和病势的轻重。寒和热是指疾病的性质。虚和实是人体与致病因子相互斗争状态的反映。八纲辨证归纳以下几个特点：第一，六纲可分属于阴阳，八纲应以阴阳为总纲。第二，八纲病证可互相兼见，如表寒里热，表实里虚，正虚邪实等。第三，八纲病证又可在一定条件下，相互转化。而气血乃人身之本，《血证论》云"人之一身，不外阴阳，而阴阳二字即是水火，水火二字即是气血。水即化气，火即化血。气为阳，气盛即为火盛；血为阴，血虚即为水虚。人必深明此理，而后治血理气，调阴和阳，可以左右逢源。"而气血阴阳皆与脏腑相互关联，肾为先天之本，主藏精生髓，精血同源；脾为后天之本，气血生化之源，肝主藏血，而脏腑之间生理上相互关联，病理上相互影响。肾为人体阴阳之根，水火之宅，五脏之本，虚损伤及肾，必涉及肝脾之阴血、阳气。罗老认为中医辨证方法虽多，不可拘泥于一法，不同病证可采取不同的辨证方法，古代医家派别纷杂，各有千秋，不同年代因疾病性质不同，催生出诸如"寒凉派""温热派""滋阴派""补土派""经方派""时方派"等，派系纷争如百家争鸣，推动中医不断向前发展，但后世之人在学习之余需择其优，取其精华、弃其糟粕，切不可一味效仿。例如罗老治疗血液系统疾病中常见出血症状，出血是血液专业医师最为头痛的并发症，血行脉中，内流脏腑，外至肌肤，无处不到，如皮肤、齿、鼻窍、消化道、呼吸道、脑等部位均易见出血，出血可造成患者的精神恐慌，《血证论》云："存得一分血，便保得一分命"，因此止血是治疗之关键。《景岳全书》有云："凡治血证，须知其要，而血动之由，惟火惟气耳。故察火者但察其有火无火，察气者但察其气虚气实，知此四者而得其所以，则治血之法无余义矣。"罗老认为中医出血之病机分为"血热""血虚""血瘀"，同为出血，治法有异，需辨其气血、辨其寒热，辨其虚实，辨其脏腑，证不同，法亦不同。火热熏灼、迫血妄行，需去其火，火有实火、虚火之别，外感风热、湿热内蕴、肝郁化火皆为实火，治当清热泻火。阴虚火旺为虚火，治当滋阴降火。久病入络、血脉瘀阻，治当活血化瘀。出血部位不同，脏腑经络各有所属，鼻之于肺、胃、肝，齿之于胃、肾等。辨证施治，方得其法。

再生障碍性贫血为造血系统疾病中的常见病，临床表现为贫血、出血、感染等症状的一组综合征，有急性、慢性之分，中医无再生障碍性贫血之病名，急性再障（再生障碍性贫血简称再障）属中医"急劳""热劳""血证"等范畴，慢性再障属中医"虚劳""血虚""血证"之范畴。罗老治疗再障根据疾病不同阶段采取不同的治疗方法，急性再障多来势迅猛，以发热、出血为主要证候，常以温热、湿热论，以"凉血解毒""清热祛湿"为法，多用生地、丹皮、水牛角、羚羊角粉、黄芩、苍术、茵陈、鲜茅根之类；慢性再障一般病程较长，以"髓劳"概括，肾主藏精生髓，本病之根在肾，生髓无力，则化血乏权，治疗当以补肾为根本，需辨阴阳，以滋阴济阳补肾、填精益髓生血为辨证之基础，多用太子参、生地、女贞子、旱莲草、仙灵脾、菟丝子、鹿角胶、仙茅、巴戟天之品。病程日久，肝郁气滞，必挟瘀血，肝郁乘脾，脾虚湿盛，且南方乃温湿之地，虚证之人多兼湿邪，治疗兼以疏肝活血健脾祛湿。针对再生障碍性贫血罗老总结出"补肾兼补气""补阳兼滋阴""活血兼祛湿"治疗特点。再障属西医造血系统之病,亦可归属中医血证之范畴,在发病的不同阶段表现出不同的证候,采用同病异治,辨证之法从脏腑辨证、气血阴阳辨证等,同时结合地域人体体质之不同,既把握整体又结合临床相应特点,将"病证结合,辨证施治"发挥得淋漓尽致。

但同时罗老强调病证结合之中的"病"不但要了解中医的病,亦需了解现代医学的病,中医辨证与西医辨病各有长短,中医辨证论治是以中医基本理论为依据,运用中医四诊收集临床证候,通过归纳、分析、综合掌握疾病本质,但中医辨证是依据患者主观感觉,缺乏客观数据。而西医通过现代医学的生化、物理、影像等各方面的检查,用定量定性的客观数据阐明疾病的病因、发病机制,从而作出诊断,明确治疗方案。因此中医辨证与西医辨病相结合,才能对疾病进行早期诊断,早期治疗,防止临床误诊、漏诊。特别对于无任何症状的患者,中医无症可辨之时,利用现代医学检查手段早期发现疾病,及早治疗,这亦符合中医"治未病"的治疗理念。例如单位体检中经常出现血常规提示白细胞或血小板轻度减少,但患者无任何不适症状,不以为然,但对血液科医师来讲可能会高度警惕,中医确实无证可辨,西医建议骨髓穿刺检查,通过多年临床经验发现,其中一部分患者可能会朝着急性白血病、骨髓增生异常综合征、再生障碍性贫血发展。此类患者若不及早干预,待有临床表现之时再进行治疗可能难度更大。因此,罗老时常告诫弟子,作为中医医师在具备扎实的中医理论功底的前提下,不应摒弃西医学的优势,需顺应时代潮流及现代医学的发展,不能故步自封。而如今从医者往往爱走两个极端,从事西医的医师对中医理论体系一窍不通,却妄加评论,认为中医纯属糟粕,无任何科学根据,殊不知中华文明几千年,中医若无科学依据怎会流传至今。而从事中医的医师认为西医只会在小白鼠身上做实验,研究分子、细胞,根本没把人作为整体来看待,研究出的药物副作用一大堆。罗老认为这些观点均以偏概全,根本没有以辩证唯物主义思想思考问题,无论中医学还是现代医学均有其存在的科学根据,当然也均亦有不足之处,我们应该以包容的眼光来认识问题。取长补短,方为大医。

"病证结合,辨证施治"乃罗老治病之要法,是其从医几十载的经验总结,既得益于名师指导,又通过临床工作中的不断摸索,是罗老整个学术体系之中的灵魂,寥寥数字,不足以将其中精髓尽数表述,只能由其弟子不断学习与发掘,归纳总结,才能将其辨证之精华发扬光大。

## 第三节　病有轻重　证分缓急

随着现代医学的发展，中医学被人们冠以只能治疗慢性病的帽子，而对急病、急症束手无策，碰到急危重症首先到西医院或西医急诊就诊已成为常态，很少有急诊科大夫再应用中医方法来救治急诊患者。殊不知中医急诊学的理论框架早在《黄帝内经》就有一定论述，包括对急症的含义与范围、病因病机、病名、病象、诊断与鉴别诊断、治则与治法以及转归、预防、护理等诸多方面。东汉张仲景《伤寒杂病论》开创了中医急诊辨证论治的先河，晋代葛洪《肘后备急方》首次以急诊手册的形式论述常见急症的应急处理，后代医家不断充实和发展着中医急诊，开创了导尿术、扩充引流术、鼻饲术等，并创制了救急方药如救急"三宝"等，中医急诊的某些方面至今依然指导着临床急救。当然中医急诊的发展远跟不上现代医学发展的脚步，作为中医医师不能只沉醉于中医悠久的历史，既要看清形势，又要学会分辨疾病的"轻重缓急"，毕竟治病救人是根本的目的。

罗老认为虽然中医在急症处理方面不如西医有优势，但作为中医大夫要有清醒的意识，"病有轻重，证分缓急"，清吴仪洛在《成方切用》中说"病有标本先后，治有缓急逆从"，要明辨病性、病程、转归、预后，莫因个人认识不足或因中西医之差别贻误治疗时机，罗老根据自己诊治血液系统疾病多年的经验总结出以下几点认识。

### 一、病轻证急先治其证

同种疾病亦分轻重，在疾病发展的不同阶段证候表现有急有缓，病为本，证为表，可标本兼治。如再生障碍性贫血，有急性起病者，合并感染、严重出血、重度贫血等，全血细胞重度减低，为重型或极重型再生障碍性贫血；起病较缓，或无临床表现，体检查血常规，一系或两系轻度减低者，为慢性再生障碍性贫血，此类患者病情进展缓慢，病程长，治疗期间血不循经溢于脉外，表现各种出血证候，皮肤黏膜出血较为常见，但亦有合并脑出血、消化道出血、咯血等重要脏器出血，随时可能危及生命，罗老认为遇此紧急证候当结合西医治疗紧急输血或手术治疗，以解决当下之证为第一要务，方能为后续治疗提供时机。特别是女性患者，可表现为月经量明显增多，月经每至均需输血支持，应用各类止血药物均效果不佳，频繁输注血小板导致血小板输注无效，西医应用妈富隆等避孕药物以缓解出血，但副作用较多，甚则行子宫内膜电切术止血，各种办法尽施但仍有出血，患者遇此情形均焦躁不安，精神压力倍增，罗老指出此类患者均属病轻证急，当先治其证，或凉血止血、或化瘀止血、或温经止血、或收敛止血，常用十灰散、蒲黄散、小蓟饮子等方剂以止血，其意与"急则治其标"之意相符。

## 二、病重证缓先治其病

疾病有初起病情危重，来势汹汹者，有初起轻后则逐渐加重者，犹如江流之水，有惊涛骇浪时，有表面平静却暗流涌动者，作为医师当明辨病情缓急，治则把握时机。如罗老治疗急性白血病患者，急性白血病多以高热、贫血、严重出血等为主要表现，或来之即合并弥散性血管内凝血（DIC），此类患者病情发展迅猛，变化快，可能因肺部感染、脑出血、DIC等随时危及生命，罗老认为此类患者若以中药缓图可能贻误治疗时机，多采用中西医结合的治疗方法，以西医化疗为先，快速抑制白血病细胞增殖，减少合并症发生，待化疗间歇期病情稳定可运用中医中药扶正祛邪、益气养血、调节阴阳以恢复正气，巩固疗效。白血病治疗过程有其阶段性，联合化疗时注意分阶段进行辨证施治，其发展与转归亦具有阶段性，不同阶段各具有矛盾的主要方面，所以中医治疗该病必须分阶段进行，以进一步提高疗效。白血病缓解前多以瘟毒内蕴型、痰湿瘀阻型为主，当以清热解毒、凉血止血、化痰散结、活血化瘀为主要治法；白血病化疗后病情缓解多以气血两虚、阴虚血热为主，当以益气养血、滋阴清热、顾护正气为主；化疗期间胃肠道受损，脾失健运、胃失和降，当以益气养阴、健脾和胃、降逆止呕为主要治法。病证结合不仅体现于中医辨证之中，更应结合西医治疗，依据病证之轻重缓急灵活运用中西医之优势，阶段用药，方能体现现代中医医师之智慧。

## 三、病先证后先治其病

罗老认为病证之出现有先后之别，有先证后病者，亦有先病而诱发他证者，治亦当分先后。如病在先而后出现厥逆的，应先治其本病；厥逆在先而后生病变的，应先治其厥逆。先患寒性病，而后发生其他病变的，当治疗其寒性病；先有某病，而后出现寒证的，当治疗其先病；先有某病而后发生泄泻的，当治其原病为本；先有泄泻而后发生其他疾病的，应以先治泄泻为本，先调治好泄泻，然后再治他病。例如对血友病的治疗，血友病乃遗传性凝血功能障碍的出血性疾病，属中医血证范畴，分为血友病A、血友病B、血友病C，分别为Ⅷ因子、Ⅸ因子、Ⅺ因子缺乏，大多有家族史，出生即患此病，但若非患者不明原因之出血实难发现，往往表现于活动后关节肿痛、腹痛、鼻腔、牙龈出血等，甚者人到青中年因创伤手术出血不止才得以发现，查凝血因子活性明显下降，此类疾病为病在先而证在后，以治其先病为要，西医以输注Ⅷ因子、凝血酶原复合物、冷沉淀等达到快速止血的目的，后期结合患者四诊辨证施治，血友病患者血止之后，后期多以瘀血阻滞脏腑关节为主要证候，瘀血停留于腹腔以少腹逐瘀汤为治；瘀血停留于关节以身痛逐瘀汤为主治，加减通络止痛之药。但另有一类血友病为获得性血友病，属后天获得性疾病，由于体内产生抑制Ⅷ因子（FⅧ）的特异性自身抗体而引起的出血性疾病，此类患者多由自身免疫病、恶性肿瘤、手术、妊娠等诱发，既往没有家族或出血史，最常见的临床表现是皮肤瘀斑、肌肉血肿、呕血、黑便、血尿等，实验室检查多提示不明原因凝血功能异常，凝血因子活性下降，但输注含凝血因子血制品效果不佳，可见凝血因子抑制物产生，属典型先病而后证者，需详细查找病因，证只是本病诱发所致，应先治其本病，病因消除，证方易解。

## 四、证先病后先治其证

病先证后者先治其病，而亦有证在先而后发病者，则应先治其证，治病当求因，从《伤寒论》中六经传变的规律可以看出，疾病的发展有一定的先后次序，有按六经顺序发病的"循经传"、亦有不按六经排列顺序发病的"越经传"，有初起两经同时发病的"合病"，亦有先有一经病证然后逐步出现另一经病证的，从而两经病同时存在的"并病"。而证先病后之"病"亦指西医之病，如血液系统疾病中急性造血功能停滞之病，该病发病前期多以发热起病，以高热为主，患者壮热面赤、烦渴引饮，汗出恶热、脉洪大有力，如白虎汤证，属气分热盛，当以清气分热、清热生津为主治。初起查血三系或正常，或一系、二系轻度减低，病情进展则逐渐出现血三系进行性下降，骨髓细胞学检查提示骨髓增生重度减低，可见巨大原始红细胞，该病多为重度感染或应用非甾体抗炎药后出现急性骨髓造血功能障碍，罗老认为此类疾病多以热证起病，而后诱发该病，治疗初期当以紧急处理热证为主，同时减少非甾体类抗炎药物应用，若前期病势得不到控制则病情急转直下，骨髓衰竭，导致严重感染、脏器出血而死亡；中期治疗当以中西医结合治疗，根据患者四诊辨证施治，同时辅以输血支持、抗感染、升白细胞药物，使骨髓尽快恢复造血；后期则以中医治疗为主，扶助正气，或养阴清热以清除余热，或益肾固本、益气养血以促进造血恢复。该病若前期治疗及时处理得当则病情趋向好转，若贻误治疗时机或不及时处理先证则命悬一线。罗老指出临证当纵观全局，既要横向观察，亦要纵向把握，方能临危不惧，若只顾治当下之病证而忽略病证之先后顺序，往往错失良机、良方无效。

但罗老指出"病有轻重，证分缓急"只是在治疗疾病过程中有所侧重，而非将病证之治疗先后截然分开，"整体观念、辨证论治"是中医之灵魂，病证结合亦是罗老治疗疾病的精髓，以上观点体现了罗老在疾病治疗过程中灵活的辨证思想，整体之中有侧重，变化之中顾全局，这与现代医学的个体化治疗不谋而合。

## 第四节　衷中参西　西为中用

传统医学与现代医学之争向来是医疗界争论的话题，自现代医学传入中国以来，发展迅速，从业人员呈井喷式增长，而中医从业人员日益萎缩，曾几何时中医被现代医学者们批判为"伪科学"试图加以废弃，但在国家层面及中医界人士的极力保护下才得以保留至今。中国是目前全球唯一一个在医疗保健体系中现代医学与中医学并存的国家。作为中华传统文化的瑰宝之一，中医学具有其区别于现代医学的独特的理论体系，其疗效是经过几千年临床实践验证的，其科学与否不能简单以现代医学理论盖棺定论。中医与西医之争绝非是"是与非""科学与伪科学"的对立之争，而是在相互共存中取长补短，取其精华、弃其糟粕，实践是检验真理的唯一标准，理论体系的科学与否均将会通过实践检验得以流传或淘汰。

中医学术思想自古就是包容的学术体系，张锡纯的《医学衷中参西录》很好地印证了中医学者的胸怀，而今现代医学不认可中医，只因中医理论的博大精深难以用现代医学的尺度来衡量，导致西医工作者只能用局外人的眼光来认识中医。罗老认为无论中医或是西医从业者若想成为大医，必须具有博大的胸怀，以辨证的发展的眼光来看待某个事物，以偏概全，终将难成大医。

罗老从医以来在扎实的中医理论指导下从未否定过现代医学的优势，这得益于杨继荪教授的教诲。杨继荪教授在担任浙江中医院院长期间就曾明确提出办院方向："发扬中医优势，开展中西医结合，取长补短，办成一个临床、科研、教学三结合，具有现代医学科学水平的中医院。"相继开展了具有中西医结合特色的科研项目，诸如血液病、老年病、肺心病等方面的研究，在治疗流行性乙型脑炎、晚期血吸虫病方面均开展了相关科研课题，充分发挥中西医结合的优势，科研成果相关文章均发表于《浙江中医杂志》。杨继荪教授提出"古为今用、洋为中用、兼收并蓄"的学术思想，罗老就是在那时受杨教授思想的影响，认识到现代医学随着实验技术的进展，分子学、基因组学发展日新月异，对疾病的认识更加精准化，精准医学的理念成为热门话题，使得我们在认识疾病过程中不能只从中医角度停留于疾病的直观感受，而忽略现代医学对疾病的客观分析。因此，罗老自从事临床以来，始终以包容的眼光积极学习中医与西医的理论知识，以客观的态度发挥中医与西医的优势。

罗老自 1972 年跟师杨继荪教授后，十几年的时间基本都在浙江省中医院中西医结合病区工作，直至 1985 年到西内科血液组。在中西医结合病区工作期间，当时的内科主任，如今的国医大师葛琳仪主抓病区工作。病区当时分三个组，罗老管其中一组，上面由一位西医总管理，当时要求中医治疗率达到 70% 以上，葛琳仪主任每月均会对三个组从三个方面进行比较，一是中医治疗率；二是治愈好转率；三是医疗费用（越低越好）。罗老所管这组中治疗率每月均在 70% 以上，且治愈好转率及医疗费用均达到较好的结果，因业绩突出常常得到科室主任及院领导的表扬。也就是在这个阶段夯实了罗老中医及西医的理论基础，丰富了临床如何更好地运用中西医结合进行治疗的经验。

罗老于几十年的工作中在充分发挥中医整体观、天地人相应的优势基础上，结合现代医学客观、精准的实验室检查手段，提出"衷中参西、西为中用"的学术观点，使广大患者能在整个疾病发展的不同阶段得到合理的治疗。其中西互通互用的学术观点概括为以下几个方面。

## 一、现代检验与中医四诊的互补

随着科学技术的发展，现代检验技术手段日趋精细化，从影像学到分子生物学、细胞遗传学、基因组学等，特别是近些年提出的精准医疗概念，先进的检验手段推动着现代医学不断的向前发展，从发展的速度来讲，这是中医学值得学习的地方。先进的检验手段成为医师认识疾病、治疗疾病的有力武器，为疾病的早期诊断、早期治疗提供了莫大的帮助。但现代医学越向精细化发展越脱离"人"这个整体，它只是从微观角度认识疾病，却偏离了对人的整体认知，导致临床过度治疗，这是现代医学欠缺的地方。目前现代医学通过临床中的诸多经验教训已逐渐认识到这一点，诸如临床提出的"带瘤生存"充分体现了这一点。而中医学的优势就在于整体观，早在《内经》中对中医整体理论就有着详尽的描述，其理论体系充分体现了天人合一的哲学思想，认为天地人是一个不可分割的整体。因此，对人体的认识和疾病诊治必须注意到自然和社会的诸多因素。《内经》明确提出：人体的生理病理过程与天地自然变化有相应的联系和共同规律，主张医之为道："上合于天，下合于地，中合于人事"。天人合一观的核心理念是整体观，即人与自然同源、自然对人的生理病理的影响及从整体出发确定治疗原则。而中医学辨证靠的是"望、闻、问、切"四诊合参，通过与患者充分的接触，利用四诊的方法了解患者的主观表述，结合外在表象及自然、社会心理等方面进行综合分析，辨证施治。

罗老提出在对疾病的认识上既要学会利用现代检验技术手段认识疾病，更应充分发挥中医四诊的优势，只有宏观与微观的互补，方能对疾病的认识更加全面，才能在治疗中胸有成竹。例如对白血病的诊断方面，目前现代医学通过骨髓细胞学、流式细胞学、融合基因、FISH、染色体核型分析等诸多检查手段，可将疾病及早诊，既避免了误诊、漏诊，又避免了疾病发展到一定程度治疗更为棘手的情况。而疾病早期患者一般体质较好，临床症状轻微，可结合中医四诊全面了解患者疾病状态，通过中医辨证治疗达到机体的稳态，避免疾病发展到后期因长期化疗造成免疫功能低下，心理崩溃、生活质量严重下降的地步。

## 二、西医诊断与中医诊断的互补

现代医学对疾病的认识通过临床中不断发现问题，提出问题，疾病的诊断也在不断更新，病名的更新代表着对疾病的认识在不断完善。而中医学对疾病的诊断发展相对滞后，一直沿用古代医家对疾病的病名认识，特别是到近代中医新的病名提出甚少，这明显与时代变化、环境变化、人体体质变化不相符。随着人们文化水平的提高，网络信息化的发展，对疾病的认识也在不断提高，临床中往往会碰到很多患者就医后都要问的一个问题，"我到底得的什么病"，这就为单纯依靠中医诊断的医师提供了难题，如果不了解西医相关诊断，而只是告诉患者一个中医诊断，或者一个证候，可能会导致患者心里产生诸多疑问，而四处问诊，或心理负担加重等。虽然目前中西医诊断不可能真正结合，但通过了解西医诊断，结合中医诊断，会让患者打消疑虑，更加信任医师，更好的配合医师治疗疾病。

## 三、靶向治疗与整体论治的互补

现代检验技术的进步推动着现代医学临床治疗的进展，特别在基因检测方面的发展日新月异，基因芯片技术使得人们对某些疾病诊断更加精准，肿瘤靶向治疗就是在基因技术的基础上提出的，通过认识主要致病基因研发靶向药物，使得某些疾病生存时间得到明显延长甚至治愈。近几十年在血液学领域靶向治疗最成功的莫过于慢性粒细胞白血病的治疗，*BCR/ABL* 融合基因是慢性粒细胞白血病致病的主要靶点，而针对 *BCR/ABL* 融合基因的酪氨酸激酶抑制剂的问世使得慢性粒细胞白血病患者生存时间得到明显延长，甚至有望得到治愈。靶向治疗成为肿瘤性疾病新的希望，但人体致病因素复杂，致病基因及通路往往不是单一存在的，靶向药物研发的路任重道远，靶向治疗并不是一片坦途。临床中往往看到有一部分慢性粒细胞白血病患者应用一代或二代酪氨酸激酶抑制剂出现耐药或治疗效果不佳等问题，这是否意味着不同的慢粒患者还存在别的致病基因。而中医整体观弥补了靶向治疗的不足，在疾病治疗的不同阶段通过靶向治疗结合中医辨证论治既减少了药物带来的不良反应，又减少了患者耐药率或不耐受，使得一部分治疗不理想的患者得到更合理的治疗。

## 四、中医思维为主，西医诊治为辅

罗老认为中医医师在诊治疾病时要始终将中医诊治疾病的思维放在第一位，很多学生往往在进入临床后将西医的诊治标准放在主要位置，先入为主，以致在临床中被西医的诊治理念所束缚，从而干扰中医辨证思路。因此，作

浙江中医临床名家 · 罗秀素

为中医大夫认识疾病必须在掌握扎实的中医理论功底基础上将中医思维贯穿诊治的始末，可适当结合现代医学检查及疾病诊断，判断某个疾病或疾病的某个阶段中西医治疗的各自优势，治疗方面能用中医中药解决的问题尽量避免应用西药，这样才能充分发挥中医优势，积累临证经验，千万莫入不中不西的误区。

## 五、急则西医为先，缓则中医求本

疾病的发展有急缓之分，"急则治其标，缓则治其本"，急危重患者可能随时危及生命，虽然古代医家在急危重诊治方面已有较多经验记载，但中医学在处理急危重症方面已明显跟不上时代的发展，特别是在医患矛盾紧张的今天，医患信任严重缺失，如果单纯依靠中医药来处理急危重症患者，一旦治疗有所延误，往往会将中医师陷入更加被动的局面。这并非中医在处理急症方面劣势尽显，而是时代发展了人们对医疗水平的期望和要求更高。现代医学在处理急危重症方面有着更加灵活的抢救手段，"时间就是生命"，在挽救生命方面现代医学可能更有优势。罗老认为在疾病危急阶段可先应用西医抢救手段挽救生命，待疾病平稳，再应用中医辨证施治以图其本。中医医师切不可一味追求中医优势不分疾病轻重缓急，而延误治疗时机，毕竟选择何种治疗方式目的是一致的。例如对急性白血病的治疗，急性白血病是造血干细胞的恶性克隆性疾病，发病时骨髓中异常的原始细胞及幼稚细胞（白血病细胞）大量增殖，蓄积于骨髓并抑制正常造血，广泛浸润肝、脾、淋巴结等髓外脏器。表现为贫血、出血、感染和浸润等征象。该类疾病发病急、病情重、变化快，若不及时治疗可随时危及生命。初期阶段若以中医治疗为主，往往延误治疗时机，此时可充分利用西医学优势，通过化疗等手段抑制白血病细胞增殖，待疾病达完全缓解或部分缓解，再结合中医辨证扶正祛邪，益气养血，提高患者生存质量，延长患者生存时间。

罗老"衷中参西，西为中用"的学术思想充分体现了其博大包容的胸襟，体现了其仁爱之心，体现了对生命的尊重，无论现代医学或中医学其治疗宗旨是一致的，无休止的争论在生命面前变得毫无意义。与其以个人眼光辨别中医与西医的是与非，倒不如把时间用在如何更好地利用现代医学与中医学的优势方面，取长补短，优势互补，真正服务于广大患者。社会自然的优胜劣汰法则终将成为中西医孰优孰劣的验证者。

## 第五节　瘀必致病　见瘀必化

《素问·调经论》云："血气不和，百病乃变化而生"，气血运行不畅疾病乃生。早自《内经》《神农本草经》均已有关于血瘀及化瘀药物的记载，至汉代张仲景提出"瘀血"之病名，从而奠定了中医瘀血证治的理论基础，历代医家不断对瘀血理论进行阐扬及发挥，形成了瘀血致病病机与治疗方剂的相对完整的诊治体系。纵观历代医家对瘀血之认识，大致可分为以下几个方面：一是《证治准绳》《皇汉医学》等认为，污秽之血乃瘀血；二是《临证指南医案》《医林改错》等认为，久病入络即瘀血；三是《血证论》认为，离经之血为瘀血。流传至今的治瘀经典方剂如"血府逐瘀汤、通窍活血汤、膈下逐瘀汤、少腹逐瘀汤、身痛逐瘀汤"等，现代医家治瘀为我所用仍屡试不爽。

罗老专于血液系统疾病几十年，对瘀血的诊治有较为深刻的见解，并提出了"瘀必致病，见瘀必化"的治疗观点。这一观点的提出，源于杨继荪教授对瘀血治疗的学术思想。杨继荪教授临证中善于运用"理瘀活血"之法，继承古人，又有所阐扬。他认为瘀血既为致病因素，又为病理产物，有因瘀致病、因病致瘀之别。他将与瘀血相关的病证归纳为一组组相对应的两个方面：气滞血瘀、瘀血气壅；热盛内瘀、瘀血产热；寒凝致瘀，瘀血痹痛；血蓄为瘀，瘀血积聚；血结留瘀、瘀血阻络；血滞而瘀，瘀血化水；气虚生瘀、瘀血损气；血虚成瘀、瘀血不仁；阴虚见瘀、瘀血伤津；阳虚见瘀、瘀血助寒。强调了瘀血与阴阳、气血、寒热、虚实的因果关系及相互转化。治疗上提出了因病致瘀者当治其病，因瘀致病者以瘀图之。杨继荪教授"理瘀治血"的学术思想深深熏陶着罗老，在后期临证中在继承杨老基础上又有所发挥。

罗老认为瘀血是血液系统疾病中常见的致病因素，前人曾有"久病必瘀、久病入络"，血液系统疾病往往病程较长，日久必留瘀，在疾病发展的不同阶段可表现出不同的临床症候，有初起就因瘀致病者，亦有发病过程中新发瘀血之症，瘀血停留日久新发他病者，疾病性质不同则瘀血停留部位亦有差异。瘀久必致虚，虚则瘀更甚，瘀久可致"实"，实则本为虚，瘀久亦可致血不循经而出血。因此，罗老提出"善治瘀者必查其因，因去瘀自化；善化瘀者必查其位，位准则病自除。"针对瘀血致病之病机要明察秋毫，瘀血停留之病位应审时度势，治瘀方得其法。总结罗老治瘀之经验有以下几个方面。

## 一、治瘀当善调气血

《丹溪心法·六郁》曾言"气血冲和，则百病不生"。气为血之帅、血为气之母，气达则血自畅，血畅则气自从。气虚则血虚，血虚自留瘀；气滞则血缓，血缓必留瘀。所谓"瘀血不去，则新血不生"。因此善于治瘀者必当善于调理气血。

### （一）活血兼补气

气虚则血虚，气血相互依存，互为因果。有因气血虚损而致病者，当补益气血，但久病之后出现瘀血之证，需兼用活血化瘀药物；有初起因瘀血致病者，日久导致气虚者，当重活血化瘀，兼用补气药物。须详察先后，辨证施法。如罗老对慢性再生障碍性贫血的治疗，认为该病本属于"髓劳"之证，治疗以补肾为本兼益气养血，但因该病病程迁延，病久不愈，瘀血阻滞，需兼用活血化瘀药物。汉代张仲景在《金匮要略》中就曾提出以活血化瘀之法治疗该病。因此，罗老常加入诸如鸡血藤、当归、莪术等药物以助其效。又如对慢性淋巴细胞白血病、慢性粒细胞白血病的治疗，此类疾病多因瘀血致病，临床多见肝脾肿大，淋巴结肿大，中医多以积聚论处，罗老治疗多以活血化瘀为主，但病程日久多见气虚，同时加用补气类药物，如黄芪、党参、太子参、怀山药、白术等药物，以助活血之效。

### （二）活血兼理气

气行则血行，气滞则血滞。瘀血之证多与气滞相伴，罗老认为治疗因瘀致病者必兼用理气药物。如对骨髓纤维化的治疗，该病是一种因骨髓造血组织中纤维组织增生造成造血功能衰竭的疾病，临床表现多以贫血及肝脾肿大为特征，属于中医"积聚""虚劳"范畴，本病的发生多因七情内伤，正气虚损，邪毒内侵，气滞血瘀所致，方选膈下逐瘀汤加减，同时加用诸如乌药、延胡索、香附、枳壳、绿梅花、佛手等药物，共奏行气活血、祛瘀生新之功。

## 二、治瘀当辨其虚实

何为虚实，《内经》有云："邪气盛则实、精气夺则虚"。虚实是辨证之纲领，虚证、实证临床表现错杂，有因虚致实者，亦有因实致虚者；有真实假虚者、亦有真虚假实者，虚实亦可相互转化，临证莫犯"虚虚实实"之戒。罗老认为瘀血之证理当辨虚实，可根据患者脉象、舌质、言语、体质、发病新久等要点进行鉴别。如对过敏性紫癜的治疗，初期发病多以风热毒邪、血热妄行为常见病因，而血瘀是其主要的病理环节，《血证论》中提出"止血为第一要法，消瘀为第二法"。初期多属实者多，多以清热解毒、凉血止血散瘀为主。长期反复发作者，气随血耗，或阴液受损，气不摄血，造成此阶段以虚者多，当以补气摄血为主。罗老指出活血化瘀应贯穿该病治疗的始终，但在疾病的不同发展阶段，虚实不同，治则不同。

再如对慢性粒细胞白血病的治疗，慢性粒细胞白血病一般病程发展缓慢，临床可分为慢性期、加速期、急变期三个阶段，疾病处于不同阶段正邪力量对比不同，对不同阶段中虚实状况的判断直接关系到治疗的成败。初期一般正气尚未大虚，邪气虽实而不甚，中期正气渐衰邪气渐盛，表现为虚实错杂，末期正气大虚而邪气实甚，而该病多表现为癥瘕积块，治瘀须贯穿始末。

因此，无论何病见瘀证者，必辨其虚实，在治瘀之时结合虚实辨证，虚则兼补其虚，实则兼去其实，攻补得其法，方从法出，效当彰显。

## 三、治瘀当辨其病位

离经之血停留部位不同，则瘀血表现症候不同。《血证论》中云："瘀在上焦，或发脱不生，或骨膊胸膈顽硬刺痛；瘀在中焦，则腹痛胁痛；瘀在下焦，则季肋、少腹胀满刺痛。瘀在经络脏腑之间，则周身作痛；瘀血在腠理，则荣卫不和，发热恶寒。"治瘀应根据患病部位不同，选方用药。瘀血部位之别可按三焦论治，亦可根据瘀血停留脏腑论治，瘀血乘肺则治其肺，瘀血乘胃则治其胃，瘀血留肝则疏其肝。罗老常用逐瘀之方剂如：血府逐瘀汤、通窍活血汤、膈下逐瘀汤、身痛逐瘀汤、少腹逐瘀汤等皆源自《医林改错》之经典方剂，结合《血证论》中辨瘀血停留病位，血瘀上焦宜用血府逐瘀汤，血瘀中焦宜用膈下逐瘀汤，血瘀下焦可选少腹逐瘀汤。曾记得罗老治疗一例血友病患者，腹中可见巨大包块，疼痛难忍，血友病本为出血性疾病，出血量大，积聚腹腔形成包块，西医治疗以补充凝血因子为主，但腹中积血难消，且大多医师不敢应用活血药物恐其出血，罗老大胆应用膈下逐瘀汤治疗，疼痛渐减，包块渐消。对于出血与瘀血并见者，考量医师用药之胆量，只要辨证准确，应大胆应用化瘀药物，症方可除。

## 四、治瘀当辨其因果

杨继荪教授曾提出血瘀之证有因瘀致病者、有因病致瘀者，临证当有所区分。罗老认为治瘀理应鉴别其致病的因果关系，因瘀致病者则以理瘀为主，兼治其病；因病致瘀者则以病为先，兼化其瘀，鉴别其因果，治疗有主次。如对慢性粒细胞白血病、慢性淋巴细胞白血病、淋巴瘤、多发性骨髓瘤等疾病的治疗，大多起病因瘀而起，治疗均以活血化瘀，软坚散结为主，化瘀贯穿治疗的全程。而对再生障碍性贫血、骨髓增生异常综合征、阵发性睡眠性血红蛋白尿等疾病的治疗，此类疾病往往病程较长，且患者患病日久，情绪低落，肝郁脾虚，在后期阶段久病留瘀，或在疾病的某个阶段出现血瘀之证，当在治疗本病的基础上兼用化瘀之品，瘀去则气血畅，疾病可得到改观。

## 五、治瘀当从"痰"从"湿"论治

瘀血形成之病机多从气血本身辨别，然罗老认为瘀血形成不止于气血本身，因痰、因湿者不在少数。水、湿、痰、瘀同源而异流，分之为四，合则为一，都是脏腑功能失调，水液代谢障碍的病理产物，都以气机不利为病理基础。《医贯》曰："气郁而湿滞，湿滞而成热，热郁而成痰，痰滞而血不行。"一般认为，湿聚为水，积水成饮，饮凝成痰，痰滞为瘀。湿邪是痰饮生成的主要来源之一。水湿停滞，痰饮内生，阻滞气机，可形成瘀血；而瘀血内阻亦可影响津液的代谢而形成水湿。痰饮，所谓"血不利则为水"是也。脾为气血生化之源、运化水谷、输布精微，而血液系统疾病或因患病日久，或因化疗药物及免疫抑制药物的使用造成脾虚，脾虚湿盛，湿热内蕴，热蕴成痰，痰滞成瘀，瘀久形成积聚、瘰疬等，表现于肝脾、淋巴结肿大等，因此，罗老认为治瘀当重视痰湿的治疗。诸如自身免疫性溶血性贫血、阵发性睡眠性血红蛋白尿、淋巴瘤等疾病，多见黄疸、腹痛等症状，罗老诊病特别重视舌诊，根据患者不同阶段舌苔的变化，舌苔或黄腻、或白腻，或舌体胖大，常用平胃散、五苓散、茵陈五苓散、猪苓汤等方剂以去其湿，或温化寒湿，或清利湿热，同时兼用活血化瘀药物。但湿邪重浊、黏滞，祛湿不可心切，应缓缓图之。

罗老治瘀之理念既源于杨继荪教授的理瘀学术思想，更源于对历代医家治瘀理念的继承，通过常读经典医家对瘀血的病机阐述及治疗的观点，在继

浙江中医临床名家·罗秀素

承的基础上结合临证经验将治瘀思想继续发扬，从血液系统疾病的临床特点出发，结合患者不同阶段致病的不同症候，提出"调气血、辨虚实、辨病位、辨因果，化痰湿"等治瘀思想，既要精准辨证，又要大胆用药。"瘀必致病，见瘀必化"的学术思想既体现了罗老辨证的精当，又体现了临证用药之胆量，实属后生学习之楷模。

## 第六节　师不泥古　新不离宗

中医理论体系自形成以来，虽经数千年发展，至今依然被临床应用，仍具有指导临床的现实意义，表明其理论体系的科学性。《黄帝内经》自问世以来，是众所公认的中医理论体系形成的标志，后世医家无不是在此继承的基础上得以发挥。众多著名医家均是在继承前人理论与经验的基础上，不断创新，提出个人独到的见解与学说，从而形成了中医诸多的学术流派，为中医学的发展做出了贡献。"师古不泥古，创新不离宗"是所有中医大家继承、认识、发展中医的从医准则，"师古"是指以前人为师，学习继承前人的精华，来提高自己现有的水平；"不泥古"是指不拘泥于前人的陈规，中医理论体系里有糟粕的东西，要学会去伪存真，不能生搬硬套，学会活学活用。不泥古之意还包含着在继承前学的基础上加以创新，提出自己的见解，但抛弃脱离中医之本提出的创新，犹如"无源之水、无本之木"。

罗老跟师之时，对杨继荪教授学术经验如何遵从"师古不泥古，创新不离宗"体会的更加透彻，为其以后独立行医指明了方向。杨继荪教授中医理论功底深厚，精研经典著作，广览各家学说，处方用药集前学之经验，同时不拘于古方，灵活变通。在中西医结合方面提出自己独到的见解，特别在治疗流行性乙型脑炎、血吸虫病、慢性肺心病等领域别具一格，另外对中药剂型改良有着较深的造诣，他曾提议杭州胡庆余堂将传统中成药丸"杞菊地黄丸"改为"杞菊地黄口服液"，将治疗气管炎、糖尿病的验方制成"复方淡竹沥""养阴降糖片"；治疗失眠健忘的验方制成"安神宁心冲剂"；为医院制剂室制定了治疗感冒、咳嗽的"复方板蓝根冲剂""清热止渴糖浆"。杨老既继承师传，又善探索创新，独具匠心，充分体现了"师不泥古，新不离宗"的指导思想。罗老受杨继荪教授教诲，深得其要，既继承杨氏之学术思想，又在此基础上不断创新，融会贯通，自成体系，终成为中医血液领域的名家。

罗老专注血液系统疾病几十年，在临证、用药、剂型改良方面在继承杨氏学术思想的基础上，又不断地摸索、推陈出新，提出了"四不同"的辨证治疗思路，同时为医院制剂室提供了栓通散、口腔溃疡含漱液等疗效独特的方药制剂，深得广大患者的推崇。

## 一、病同证不同

同一种疾病在不同的发展阶段表现出不同的证候，这是中医辨证的特色，有别于现代医学认识疾病的方法。中医医师都知道疾病需要辨证，但如何辨是门大学问，这是展示中医基本功的阶段，也是体现医师思维是否灵活的阶段，辨证精当则方药直达病所。罗老辨证从不拘泥于书本，教科书中某种疾病的辨证只是对大多数证候的总结，但临床中证候往往千变万化，不同时代人的体质、自然气候、饮食习惯都在发生改变，因此证候不能只拘于古人或书本，应根据患者临床症候灵活辨证。如罗老对再生障碍性贫血的辨证，过去大家一直将再生障碍性贫血证候分为肾阴虚、肾阳虚及阴阳两虚型，而在临床中却有一部分患者治疗效果不理想，血小板始终上不去，罗老根据临床观察总结出部分患者久病必瘀，提出肾虚血瘀之证，运用活血化瘀之法，大多医师认为再生障碍性贫血患者血小板减少，易合并出血，不敢用活血之法，而罗老敢于打破常规辨证思路，提出自己的真知灼见，使这部分治疗效果不佳患者获得意想不到之疗效。罗老指出辨证如同舵手掌舵，司机开车，路有很多条，看你如何科学的选择捷径直达目的地，路上可能有很多障碍，看你如何很好地利用自己的经验去化解。

## 二、法同方不同

古代医家曾提出"同病异治，异病同治"，这与中医的灵活辨证密不可分，同种疾病证不同则治不同，不同疾病证同则治同。罗老说：治的"同"与"不同"是指中医的"法"，"法"亦指治法，治疗思路。如对再生障碍性贫血、急性白血病的治疗，可能在疾病的不同阶段具有相同的证候，可同见脾肾阳虚之证，治疗均以健脾益肾温阳为治法，但再生障碍性贫血多为慢性疾病，骨髓造血乏力，以"肾"治疗为本，以温肾阳为主，兼以健脾，需缓图之，方以二仙温肾汤随症加减，佐以党参、太子参、茯苓等健脾之药；而急性白

浙江中医临床名家·罗秀素

血病为恶性疾病，白血病细胞大量增殖，病情急，变化快，化疗后气血亏虚，元气大伤，阳气不足，以补益气血为根本，兼以温阳健脾，方以十全大补汤为主，甚则需大补元气，多用党参、黄芪、当归、鸡血藤、桂枝等药。虽同为阳虚之证，但选方用药需结合患者疾病性质、体质、兼证之不同灵活选方，不可拘泥常法，同证同方，一成不变。罗老清晰记得跟师杨继荪教授之时，针对脑梗死气虚血瘀患者常选用补阳还五汤之方随症加减，疗效显著，如罗老遇一例真性红细胞增多症患者，就诊时为八九月份，天气炎热，但患者穿衣多于常人，仍觉四肢不温，面色晦暗，舌质紫暗，苔白滑，且患者自诉曾应用红细胞去除术治疗，自觉费用较高，应用干扰素、羟基脲副作用大，不能耐受，求中医治疗，罗老根据望诊、问诊、舌诊辨证为阳虚血瘀，方选附子汤＋苓桂术甘汤＋当归四逆汤加活血化瘀药物，以温阳化饮、温经通络、活血化瘀，至今在罗老处就医已有 11 年左右光景，血三系始终保持在正常范围，此案例彰显罗老在继承杨老学术思想上不拘于前师，善于根据临床既求同亦求变。

## 三、方同药不同

擅于借鉴经方、时方、经验方是罗老用方之道，是"师古"的体现，"方药"是中医治病之法宝，犹如士兵之武器，武器选的是否得当直接决定着成败，医师选用药亦是如此，方药选用精当则药到病除，选用不当则无效，甚则加重病情。因此，罗老时常告诫学生要多背、多记经方、时方，多了解药物属性，只有储备大量的方剂和熟知药物性味归经，才能做到在临证之时心中有方，否则辨证再准，心中无方亦是徒劳。经方、时方、经验方皆是古代及现代医家之经验总结，只要辨证符合方之意图，大多显效，但切莫犯"拿来主义"错误，或墨守成方，或机械照搬，或一方治百病，均难取得良好效果，所谓"有方无药"也。疾病是动态发展的过程，证候亦随之变化，因此治疗过程中应灵活遣方用药。所谓方同药不同，就是要根据个体体质、气候变化、邪正关系等灵活化裁，随症加减，即使前期治疗显效，亦要根据临床变化加减用药，"效不更方"并不是用药一成不变。

如罗老治疗再生障碍性贫血患者，均从"肾"论治，治以滋补肾阴、温补肾阳等，选方多用左归丸、右归丸等，因再生障碍性贫血病程长，疾病过程中或合并外感，或合并出血，或合并血瘀等证候，在基本方的基础上结合患者不同阶段的合并症灵活加减用药，外感者辅以疏解之药，有出血者辅以止血之药，有瘀血者辅以活血化瘀之药，均能披荆斩棘，犹如杀敌的道路上难免遇到虾兵蟹将的阻拦，只要作战方针不变，指导思想不变，"将"不可随意更换，可根据情形局部调兵遣将以攻之。用方用药亦是如此，只要病证之本性不变，主方不可随意更换，因再生障碍性贫血本为骨髓造血功能减退，恢复造血功能非一朝一夕所能达成，只要主证不变，遵从效不更方之本意，但不效亦不可随意更方，因药物发挥作用是渐进的，由量变到质变需要时间，针对此慢性病不可急于求成，欲速则不达。因此罗老认为针对慢性疾病既要学会守方，又要学会灵活化裁用药，做到方同药不同。

## 四、药同量不同

中药是在中医理论指导下，用于预防、治疗疾病并具有康复保健养生功效的天然物质，经过修制、水制、火制、水火共制等炮制方法，改变药性，扩大用药范围，降低毒副作用，保证用药安全。中药因其安全剂量幅度较大，不像现代化学药品严格掌握剂量，但用量得当与否，直接影响药效发挥及临床效果。药量过小，起不到治疗作用而贻误治疗时机，药量过大，毒副作用显现伤及脏器，如何掌握用量与医师之胆识及临床经验关系密切。古人对药物剂量甚为考究，如经方之中麻黄、桂枝用量，有桂枝麻黄各半汤小发其汗，有桂枝二麻黄一汤微发其汗，剂量变化作用有别。罗老认为药物用量必须符合君臣佐使之地位，地位不同，权重不同，如对急性白血病初次化疗后易合并重度感染，多器官衰竭者，患者大汗，四肢末梢冰冷，呼吸微弱，脉微欲绝之危重证，属中医亡阳证，敢于应用独参汤，大剂量人参 50g 以回阳固脱。而对再生障碍性贫血患者气虚之人，人参之用量不宜大，一般 10～15g，宜缓补不宜快补。现如今除一部分道地药材质量有所保证外，因追求经济效益，中药采取大规模人工种植，造成中药质量与疗效较以前有所下降，因此在用药之时要酌情考虑药物剂量是否加大，如果一味照古方剂量用药，可能影响疗效。前不久报道的中药市场上出现大量的假阿胶，采用其他动物皮熬制，作为补血的圣品，出现如此严重的造假，作为医师不应只顾开方，而对中药的质量视而不见，既没解决患者的疾苦，又造成患者的经济损失，只会造成患者对医师水平的怀疑，因此医师不但要会开方，还要学会鉴别常用中药的真伪。

浙江中医临床名家·罗秀素

　　另外罗老在总结临床经验的同时和医院中药制剂室合作，不断推陈出新，如对原发性血小板增多症的治疗，原发性血小板增多症多以血瘀论治，可造成脑梗死、心肌梗死、肺栓塞等严重合并症，治以活血化瘀为主，罗老与医院制剂室合作开发出栓通散（水蛭粉），水蛭乃虫类药，具有破血逐瘀之效，对于预防血栓发生或对已成血栓之治疗疗效确切，且服用方便，甚得广大患者认可，之后市场上才出现用于治疗癥瘕痞块中成药脉血康胶囊。因罗老在临床中经常遇到血液系统肿瘤化疗后出现严重的口腔溃疡，特别是急性白血病化疗后患者本来就食欲不佳，口腔溃疡造成的疼痛，患者进食困难，虽只是疾病的合并症，但罗老急患者之所急，不断查阅古籍，总结经验，和医院制剂室开发出口腔溃疡含漱液（由生黄芪、生地榆等药物组成），相关临床研究发表于 2016 年河南《中医学报》第 3 期《口腔溃疡含漱液治疗急性白血病合并口腔溃疡临床研究》，该制剂治疗口腔溃疡疗效显著，且患者服用方便，获得口腔溃疡患者的高度好评。

　　善于继承、善于总结、善于发现、善于创新是罗老对"师古不泥古，创新不离宗"的充分诠释。其提出的"四不同"囊括了理法方药在继承基础上的变化，全面总结了医师从辨证到遣方用药灵活多变的特点，为后学提供了宝贵的经验。创新是临床经验总结的升华，罗老敢于探索，善于创新的胆识是后学者学习之榜样，正是有罗老这些老一辈中医名家、大家做榜样，中医的发展才有希望。

## 第七节　医必求实　勤必有果

　　医生是一个特殊的职业，关乎人的生死，每一位走进医学殿堂的学生第一节课便是牢记医学誓言，自宣誓的那一刻起心中便有了一份责任，有了对生命的敬畏与尊重。清代陈修园曾说："医者，生人之术也，一有所误，即为杀人"。欲从医者必有苦行僧般的坚持与信念，欲图名利者无异于害人害己。

　　"医必求实，勤必有果"是罗老经常教育弟子的诫言，亦是其几十年来教书育人的心得，更是做人之道，育人之理。如今社会各行各业浮躁之心盛行，为求利益不顾后果，医学院校为求生源，大面积扩招，导致教育质量下滑，毕业的学生受社会风气影响甚深，为个人利益、名气、职称等，心浮气躁、弄虚作假，难以沉下心专于专业，这些均是造成中医后继乏人的根源。中医理论博大精深，非一朝一夕所能领悟，因此罗老总是告诫弟子："医者，必实事求是，求真务实，对待患者要诚实，对待同行要朴实，对待学生要谨实，对待科研要真实，这是为医者之德。"但若想在中医领域取得一定成果光有"四实"尚且不够，还需有"四勤"，所谓"四勤"乃眼勤、口勤、手勤、心勤。凡跟师罗老者无不为其对待中医之精神所折服，虽已两鬓斑白依然以身作则，言传身教，中医无捷径可循，罗老始终遵循"四实、四勤"之格言，在中医浩瀚的知识宝库中不断地学习与发掘新的经验，不断地突破自我，才有今天之成就。

## 一、对待患者要诚实

患者与医者之关系如鱼水之关系，任何临床经验的积累靠的就是通过接触不同的患者认识疾病的不同特点，从而丰富自己的临床知识，开阔自己的视野。患者就是我们最可靠的老师，其回馈的信息是最真实可信的，因此作为医者对待患者更要诚实，通过自身掌握的医学知识详细告知患者的病情、详细的治疗方案以及疾病的发展与预后等，切莫因利益驱使过度检查，开大处方。医患矛盾的开始往往是从相互之间的不信任开始的，而诚实是医患信任的基础，只有诚实的对待患者才能得到患者的信任，只有得到患者的信任医生在治疗疾病时才不畏手畏脚，才敢于尝试新的治疗方法。

## 二、对待同行要朴实

自古就有"同行相轻"的说法，但对于从医者来说实属无稽之谈。在中医学悠久的历史发展过程中，曾产生了诸多的学术流派，流派纷争，百家争鸣推动着中医理论体系不断地发展与完善。例如仲景《伤寒论》问世至今，注释研究者不下千余家，有从文字注释的，有从医学理论研究者，有从其方药研究者，还有从临床应用研究者等，众多的注释侧重点各不同，为后世医家研究《伤寒论》提供了宝贵的经验。同行之间对待疾病的认识角度不同，其意见难免有纷争、质疑，但对待同行一定要朴实无华，阐述自己的观点要真实，质疑同行的观点要客观。学术思想的交流就是提出质疑与不断完善的过程，而非相互吹捧、阿谀奉承，这就失去了学术讨论的意义。只有对同行以实相待，才能得到同行的尊重。

### 三、对待学生要谨实

师者，传道授业解惑也，作为师者既要教学生基础知识，更要教其做人之道，对待学生要有严谨求实的教学态度。中医理论博大精深、玄奥难穷，中医书籍浩如烟海，汗牛充栋，初学者往往如入迷宫，不知所从。自古中医就以师承方式传授，充分体现中医的深奥。中医若想发展，理论与实践的传承很重要，师者当言传身教，耳提面命，绝非故弄玄虚、夸夸其谈，让学生仰而观之。如今有些中医院校的老师或脱离临床、照本宣科，或故步自封、墨守成规，或流于形式、有所保留，缺乏严谨务实的教学态度，终难成大家。教学相长，通过教书育人，督促自己不断地学习，也是提高自我的过程。曾记得跟师罗老之时，一再生障碍性贫血患者合并鼻衄，学生误将方中地榆炭抄成生地榆，罗老详细审方之后说："差之一字则疗效折半"，并为学生详细阐述地榆炭与生地榆之区别，学生无不为之严谨的精神所折服。

### 四、对待科研要真实

如今中医为探索发展之路，利用现代科研手段发掘中医药精华，屠呦呦因从黄花蒿中获取抗疟有效成分青蒿素，从而成为第一位获得诺贝尔生理学或医学奖的华人科学家，也是第一位获得诺贝尔奖的中国本土科学家，这是中医药成果获得的最高奖项。但其从 1972 年获取青蒿素有效成分到 2017 年获得诺贝尔奖足足用了 45 年，没有持之以恒、淡泊名利的精神很难达到如此高度。但真正能"守得住清贫、耐得住寂寞"的又有几人，如今许多科研人员为了快出成果，申请科研基金，造假之风盛行，发表文章漏洞百出，经不起推敲，很难获得国内、国际医疗界的认可，既浪费了国家资源，又损害了中医药的声誉。若想在科研的道路上有所突破创新，必将苦其心志，饿其体肤，潜心研究，科研设计要严谨，科研数据要真实，切不可沽名钓誉、弄虚作假。

### 五、眼勤

若欲在中医的道路上有所成，必须具备扎实的理论功底，理论知识来源于博览群书，就要做到"眼勤"。所谓"眼勤"，就是要多看，多察。多看四大经典，经典是中医文化的源泉，后世医家多是在继承经典的基础上不断发扬；多看后世医家著作，诸如《医宗金鉴》《医方集解》《脾胃论》《医林改错》《诸病源候论》等；多读医案医话，诸如《临证指南医案》《谢映庐医案》《经方实验录》等；只有广览群书，积累点滴精华，才能掌握丰富的理论知识。多观察，临证之时既要观察患者细致入微的临床表现，也要观察患者的心理变化，只有做到"察言观色"，才能做出正确的辨证，处方才不致偏颇。

## 六、口勤

所谓"口勤"就是要多读，多问，罗老跟师杨继荪教授之时深刻领悟到背诵经典的重要性。因此罗老亦经常告诫弟子学中医不能嘴懒，年轻时期记忆力好，多读多背，背经典，背经方、验方、时方，万丈高楼平地起，只有不断地背诵不断地积累，积沙成丘，临证之时才能方从口出。待人到中年，再去背诵，背诵容易，留痕较难。多问就是求教，学生时代问老师，工作时期问同行，学生时代充分利用跟师的有利条件，要做到敢问、多问，提出问题的过程就是思考的过程，莫觉得问题浅显碍于面子不敢问，提问是解惑的捷径，老师的点拨胜过埋头苦读多年。工作时期要多向同行求教，做到不耻下问，同行各有所长，求教的过程就是学习的过程，切莫有"舍我其谁"的想法。

## 七、手勤

俗话说"好记性不如烂笔头"，记性再好不如多记，对于阅读过程中的经典语句、经典验方记录下来以备己用，每次读书勿求于多而求于精，中医书籍如浩瀚烟海，全记下来是不可能的，每日摘取一句一段，持之以恒，日积月累则积少成多。手勤之意更在勤于动手，特别是学生实习阶段，手要勤，对操作性的技术要多动手、多练，如中医针灸、西医中的常规穿刺技术，熟能生巧，只有多操作才能精益求精。罗老虽为中医大家，却对骨髓穿刺、腰椎穿刺等操作技术甚为娴熟，这与其在病房工作期间勤于动手密不可分。

## 八、心勤

死读书不如不读书，学习中医理论讲究一个"悟"字，书读虽多不会领悟等于白读，"心勤"之意就是"心悟"之意。中医经典理深义奥，其阴阳、五行、天人合一、取类比象等无不根植于中国传统文化之中，若非潜心研读，实难得其精髓。罗老曾说中医经典若能领悟其一二则能受益终身，可见中医理论之深奥。古代中医名家亦是在继承前学的基础上通过临床实践不断地发现问题，提出问题，结合自己的真知灼见解决问题，这就是领悟的过程。有些医师看到别人的验方就生搬硬套，结果收效甚微，殊不知证变法亦变。要想具备较高的悟性，既要培养良好的文学素养，更要学会举一反三，反复揣摩，精心研读，理论与实践相结合，悟其理，会其意，才能灵活多变，独辟蹊径。

罗老"医必求实、勤必有果"的诚言既是对自己从医经验的总结，也是劝诫弟子的人生格言，虽寥寥八字却字字珠玑，既包含学习方法，又包含做人育人之道理。"四实四勤"是对"医必求实、勤必有果"进行的详细阐述，虽无华丽语句，读之却字字中肯，足见罗老教育弟子之良苦用心。

## 第八节　融会贯通　自成体系

"大医精诚，精诚为先"乃中医从医之道，若成大医必有精诚至上之德，不仅要有精湛的技术，更要有高尚的医德。罗老自从医以来始终秉承这一医训，在刻苦学习医学理论知识的同时，更注重医德的培养，特别是跟师杨继荪教授期间，更加认识到作为名医不但要有扎实的中医理论功底，要会治病，而且要治别人治不了的病，更要学会做人，要有一颗"仁德、仁爱"之心。如今罗老从医几十载，救人无数，弟子众多，亦得到业界同仁的认可，早已成为浙江省治疗血液病的名医大家，声名远播是作为医家最崇高的荣誉，但罗老却不为所动，仍一如既往的低调从医，低调做人，"淡泊名利，心如止水"，如此心境是医学大家之风范，亦是后辈学习的最高境界。其几十年治疗血液病的经验早已融会贯通，自成体系，独树一帜，成为后学不可多得之宝贵财富，而能将毕生经验得到传承也是罗老之心愿。经过弟子之整理，特将治疗血液病的经验总结如下，以供后学参考。

### 一、秉承经典，发扬经典

中医经典是中医经千年沉淀的医学精华，走上中医道路首先接触的就是经典著作。初入中医之路，往往觉之枯燥无味，难读难懂，望而却步。学习经典不但要有一定的文学功底，更要有学习中医的热忱。浩瀚经典非一朝一夕所能领悟，须在学习中医基础的同时结合临床实践不断地摸索与挖掘。继承是发扬的前提，凡成中医名家者，无不是对经典了然于心，若连经典著作都没读过，何谈发扬与创新。诸如伤寒名家刘渡舟，金匮名家何任等中医大家，将毕生的心血投入到对经典著作的研究上，是中医从业者的学习楷模。罗老结合自己几十年临床对经典的学习与体会，认为学习经典要记住杨老的嘱咐，可以分四步：第一步为起步阶段，通读经典，特别是中医四大经典，只是了解经典的方向与轮廓，因为初学者中医基础薄弱，无临床经验，体会不深，理解能力不强，通读可以对经典有个概念上的理解，所以也叫盲读。第二步，熟读经典，"书读百遍，其义自现"，在掌握一定中医理论或方剂的基础上再读经典，会对其中的某些临证思路及方药有更深一步的了解，但这个阶段了解不会很深，最好对经典语句能达到背诵，为以后走上临床打下基础。第三步，领悟经典，这个阶段往往已踏入临床，具备了扎实的中医理论功底，在结合临床实践的同时再对应经典，会对经典的临床疗效与临证用药变化有深刻的感悟，这个阶段是提升自我的阶段，若能让经典真正运用于临床，才能体现经典的智慧与自我对经典的理解。第四步，发扬经典，经验的总结来源于临床的不断摸索，这个阶段往往是工作多年，临床经验丰富，对经典有了自己的领悟，这个阶段也是自我升华的阶段。只有在临床中不断总结经验，运用对经典的领悟结合专业特点善于发现问题，提出自己的观点与见解，才能有所创新与发扬。

经典是中医学的宝库，信息量巨大，可挖掘的东西很多，学习经典是个漫长的过程，急于求成不可取，若想在中医的道路上有所成就必将付出诸多的心血，熟读是前提，运用是目的，发扬是目标，只有不断地翻阅经典并从中发掘，才能将中医经典传承与发扬。

## 二、灵活辨证，思路开阔

辨证论治是中医治疗疾病的灵魂，罗老在辨证治疗方面有其独特的视角和开阔的视野，思路灵活多变，善于运用八纲辨证与气血津液辨证、脏腑辨证相结合，临证中针对不同患者侧重于不同的辨证方法。辨证离不开资料的搜集与扎实的四诊基本功，罗老在脉诊、舌诊方面尤为独到，根据患者证候、病位、病因、病性归纳总结，辨证思维采用归纳法、类比法、反证法、演绎法等，灵活多变的辨证思路是遣方用药的前提。罗老认为中医辨证切莫因临证日久，思维固化，不懂得变通，造成疗效不佳。在运用脏腑辨证治疗血液病中，更加重视肝脾肾的调理，血液病病因多源于骨髓，而肾主骨生髓，治疗当以补肾为根本，病程日久情绪焦躁，肝气郁结，伤及脾胃，治当疏肝健脾和胃。脏腑辨证基础上当需结合阴阳寒热虚实，辨证精当，则处方疗效确切，切莫药物堆砌。在气血津液辨证方面，独重治"血"，血液病本身与"血"密切相关，善于补血、活血、理血，气血同源，在治血基础上结合益气、理气等，气顺则血畅，相得益彰。津聚为湿，湿聚成痰，因此在疾病治疗过程中，罗老认为血液病患者患病日久，常常挟湿挟痰，不可忽视"湿""痰"等病理产物对疾病的影响，当祛湿化痰，或清，或温，或降，或利，根据患者疾病不同阶段采用不同的辨证方法，方显中医辨证论治的精髓。

罗老告诫弟子在辨证论治过程中避免进入以下几种误区：①忽视四诊，偏离方向。现在许多学生毕业后进入西医领域，往往只重视临床化验单，忽略中医四诊，这明显偏离了中医诊疗的思路。望、闻、问、切永远是中医诊断疾病的基础，脱离根本只会留人笑柄。②以偏概全，思维僵化。很多医生走入临床往往进入专科工作，对某个专业较为熟悉，诊治疾病相对固定，很多临床证候相似，临床过程中思维容易形成定式，容易造成一病一方的模式，这是不可取的。中医自古提出"同病异治"的概念，同一疾病亦应根据患者四诊，详细辨证，方能彰显同病异治的诊疗思路。③重症忽证，避重就轻。症状的搜集是辨证的前提，但辨证的基础是如何通过诸多症状利用中医理论归纳总结，很多医生看到某个典型症状便对号开方，只重视症候而忽略辨证，容易造成避重就轻的局面。以上这些是很多中医毕业生进入临床常犯的错误，凡罗老弟子对此均感同身受。

## 三、瘀之所在，见瘀必化

罗老在治疗血液病中善于从"瘀"论治，诸如淋巴瘤、多发性骨髓瘤、慢性淋巴细胞白血病、慢性粒细胞白血病、真性红细胞增多症、原发性血小板增多症、骨髓纤维化等疾病。罗老治瘀理念既源于杨继荪教授的理瘀学术思想，更源于对历代医家治瘀理念的继承，对瘀血的病机阐述及治瘀的观点，在继承的基础上结合临证经验将治瘀思想得到发扬，特别是对"《血证论》"的研究。罗老治瘀归纳为：①善调气血；②辨其虚实；③辨其病位；

④辨其因果；⑤从痰从瘀论治。当然罗老治瘀方法远不止于此，罗老指出治瘀不能只局限于活血化瘀，瘀之表现千变万化，以补代化，以理代化，辨证亦应根据个体差异灵活多变。罗老更善于在《血证论》研究的基础上，灵活变通，利用《血证论》中的经典化瘀方剂，又不拘泥于时方验方，加减化裁，依据瘀之病位，选方用药；依据瘀之虚实，补泻结合；依据瘀之寒热，温清并蓄。既继承前学，又有所阐扬发挥，化瘀思路用之游刃有余，得心应手。

## 四、重中学西，中西结合

在中西结合治疗血液病过程中，注重"衷中参西，西为中用"，罗老不但在中医方面造诣颇深，而且对现代医学的了解不亚于西医大夫。对血液病的现代医学诊断、治疗甚为熟悉，充分利用现代医学检验条件诊断疾病，但在治疗中又充分发挥中医优势，既弥补了中医诊断疾病的不足，又填补了西医治疗疾病的欠缺。罗老认为中西结合是医学发展的趋势，任何一种学术都不可能尽善尽美，都存在某些方面的缺点，我们如何取长补短取决于医师对两种医学理论的掌握程度。现代医学与中医学之争由来已久，但并不是真伪之辨，而是正常学术之争，争论可以促进两个理论体系的借鉴与融合。但争论必须建立在对两个理论体系了解的基础上，纯粹站在熟悉的学科上来批判陌生的理论体系，这种争论本身就是谬论。罗老自始至终均从科学的角度来思考问题，她认为中西可互通互用，优势互补，可归纳为：①现代检验与中医四诊的互补；②西医诊断与中医诊断的互补；③靶向治疗与整体论治的互补；④中医思维为主，西医诊治为辅；⑤急则西医为先，缓则中医求本。罗老认为因专业学科特点不同，可能某些方面中医治疗优势显著，在某些方面现代医学优势明显，从医者可根据学科特点灵活把握，不可拘泥于学术纷争，只要是有益于患者疾病治疗的都可选取。

罗老在继承杨继荪教授学术思想基础上，将"经典传承、灵活辨证、中西互通、治血治瘀"理念融会贯通，学术思想已自成一脉，其学术成就已得到业界的一致认可，曾入选第六批全国老中医药学术经验继承工作指导老师、浙江省名中医，罗老弟子众多，且大多已在某些领域有所建树，能将罗老学术思想开枝散叶亦是罗老的心愿，如今经过弟子们的整理，其学术思想在浙江中医药大学 60 周年校庆之际作为献礼即将呈现于大家面前。

第三章

# 声 名 鹊 起

## 第一节 上 下 求 索

"路漫漫其修远兮，吾将上下而求索"，罗老在医学探索的路上不断前行，临床繁忙的工作之余还不断总结工作经验，在国内外权威杂志发表多篇具有一定影响力的专业文章，科研课题更是硕果累累；除了丰硕的科研成果，罗老还勤动脑筋，研制出卓有成效的院内制剂（具体见第五章）。

罗老的临床科研成果得到了广大血液病患者的认可，病源不断，门急诊人次在血液科数一数二，省外患者求医人数也不断增加，90 年代在浙江省内就成为举足轻重的中医名家；1998 年 12 月由浙江省人民政府授予其省级名中医荣誉称号。荣誉更是沉甸甸的责任，罗老每次门诊都要加班加点，早上 7 点半开诊，半天的门诊时间是不够的，很多外地患者来杭州就医不容易，她往往加班到下午 2～3 点才能将最后一位患者诊治结束。

用罗老自己的话来总结她对白衣天使的理解：选择了这身白衣，就是选择了你的人生，就是选择了救死扶伤的天职。和平的年代里，我们是人们心中的白衣天使；当灾难到来的时候，你毫不犹豫地选择了战斗。当人类面临着前所未见的灾难，天空不再是蔚蓝，当人们逃不出 SARS 病毒时，我们没有逃避。我们穿上类似盔甲般的隔离衣，我们说，这是无悔的追求。有人说我们傻，一旦被感染，我们就可能会付出死亡的代价。但更多人说，我们很伟大。因为是我们，冒着生命的危险从死神手中救出一个个年轻或已不年轻的生命。我们的面容有些疲惫，很像科幻小说里的大法师由于法力用得过多，但我们的微笑依然甜美，那是我们无悔的追求。我们经常加班加点，已经好久没回家了，家里年迈的父母，幼小的孩子，他们是我们最重要的人，可是当他们需要我们时，我们不能够照顾他们，只能说对不起，我们轻轻地叹着，我们不能走，因为病房还有好多病人需要照顾，他们还没完全康复。在这场没有硝烟与炮火的战斗中，我们终坚定地站在最前沿，我们对自己的信念不悔，不弃。只要相信，就会有奇迹。当一个又一个患者痊愈了，出院了，我们却依然不能合眼。有人问，我们追求到了什么？我们没回答，只是看着痊愈的患者脸上浮现出灿烂的微笑。有一天，当所有的硝烟散去，阳光重新撒满爱的土地，我们依然穿着白衣，笑容疲惫而甜美。我为我是一名医务工作者而感到自豪。

罗老对医生这一神圣职业的高度认识，深深打动着我们这些年轻医生的心，我们还有什么理由不努力，还有什么理由去浪费时间，还有什么理由不照顾好每一位信任我们的患者。

在入选名老中医之前，罗老主要的学术研究集中在再障、白血病、淋巴瘤方面，并逐步形成了自己的学术观点，在治疗上也取得了很好的疗效。

**1. 对中医治疗再障的探索**

再障是血液系统一种造血障碍性疾病，临床主要表现为外周血三系减少，造血组织明显减少，从而导致患者发生贫血、出血、感染等临床表现。罗老在临床悉心治疗再障患者，认真观察中医治疗效果，总结大量的临床病例的同时，还利用自已所剩不多的空余时间进行再障课题的相关研究。在2006年全国中西医结合血液病学术研讨会、浙江省中西医结合学会血液病专业委员会成立大会首次学术年会暨继续教育学习班、2007年《浙江省中西医结合学会血液病专业委员会第二次学术年会暨省级继续教育学习班》都作了《再生障碍性贫血中医临床和实验研究进展》的书面报告。在上述报告中她提出了再障的病机可以分三方面。

（1）虚损为本：按中医辨证再障多为血虚、气虚。再障的出血、感染产生血瘀，是气虚、血虚两者的互为因果所造成。

（2）热、毒、血瘀为患：出血及感染是再障的主要临床表现。认为热、毒、血瘀是再障的主要病理环节，它们既是本病的病理产物，又是加重气虚、血虚的主要原因。

（3）虚实夹杂：中医认为虚劳、血虚这类疾病多由六淫、七情、饮食劳倦因素伤及气血、脏腑，导致气虚、血虚，随之热毒、瘀血内生，病情就由虚而致实。热毒、瘀血因虚而生，又由病理产物变成新的致病因素，加重本已不足的正气的衰退，又因实致虚的恶性循环，出现虚实夹杂的复杂局面。并根据中药治疗再障的经验和体会，提出再障肾虚的观点，以补肾法为主要治疗思路，成为中医治疗本病的常规治则。

用现代医学研究方法总结出再障的中西医结合辨证分型法，慢性再障分肾阴虚、肾阳虚、肾阴阳两虚，并对中医分型与骨髓造血祖细胞类型间的关系作了具体分析，阳虚型患者骨髓 CFU-GM、CFU-E、BFU-E 值均显著高于其他二型，对雄激素的反应性又明显较其他两型敏感，故对治疗有利。而阴虚型骨髓中 CFU-GM、CFU-E、BFU-E 值均明显低于阳虚型，且大多数属于免疫抑制型，提示在治疗中以滋阴益肾，佐以凉血止血之中药的同时，有必要使用免疫抑制剂。但是肾阴阳两虚型治疗效果则差，需要耐心坚持。

对于急性再障的中医治疗罗老提出，可分为"凉""温""热"3个治疗阶段。即患者初期病情较重，多有出血及感染情况，呈阴虚、血热、邪毒入侵征象，应予滋阴清热、解毒、凉血止血类的凉性药，中期感染已被控制，出血明显好转，应逐步转为以补肾养血、益气健脾类的温性药为主，待后期病情已稳定，无出血现象，则宜在温药的基础上加用肉桂、附子、鹿角片等热性药，可促进骨髓造血。提出"先减症，后长血"治疗策略。治疗有效的反应规律：患者出血、感染症状改善，输血量减少，出现网织红细胞反应，血红蛋白上升，白细胞随之恢复，最后血小板有不同程度增加。骨髓造血的恢复以红系在先，粒系次之，巨核细胞最后。通过临床结合实验的研究，再障的中西医互补治疗有效率达到了 80% 左右。

**2. 对中医治疗白血病的探索**

罗老又对急性白血病作了深入的研究，并提出了自己的观点。她将急性髓系白血病分为三型：①患者以壮热起病，伴有全身皮肤瘀点瘀斑及齿衄、鼻衄、黑便等症，起病急骤，进展迅速，系由温病伏邪致病，名为瘟毒内蕴型；②患者主要表现为痰湿较重，并可有痰核、癥积、有热或无热，名为痰湿瘀阻型；③患者既无壮热，亦无痰核、癥积，临床多表现为气阴虚或气血虚，名为正虚型。

临床虽分三型论治，但在治疗过程中，各型可以互相转化，因此辨证用药要灵活变通，不能拘泥于早期的分型。罗老在临床观察中发现，正虚型和痰湿瘀阻型的病情发展，与瘟毒内蕴型相比，相对比较缓慢，此二型的完全缓解率也明显高于瘟毒内蕴型。痰湿瘀阻型有肝和（或）脾和（或）淋巴结肿大，其外周血白细胞计数之呈高细胞数者远较正虚型多，其对 HA 方案敏感性也显著低于正虚型，按照现代医学观点可以认为，痰湿瘀阻型病人已有白血病细胞弥漫性浸润，预后差。但该型经中西医结合治疗后，其完全缓解率亦不亚于正虚型，配合活血祛瘀、化痰软坚散结中药治疗是能够提高本病的疗效。这些治疗急性白血病的中医临床经验总结，在临床运用中，使白血病的治疗，能获得较好的转归。在急性髓系白血病中西医治疗原则的指导下，患者治疗过程中的并发症，治疗有效率及病死率都有明显改善。

**3. 对中医治疗淋巴瘤的探索**

罗老又对恶性淋巴瘤诊治阐述了自己的观点。罗老认为"恶性淋巴瘤"的发病与"痰"与"邪毒"有关。而痰之形成，总的可归纳为两个方面：①与肝、脾、肾有关，且与脾、肾关系更为密切，如人之脾阳不振，运化水湿失职，则聚湿成痰；或因肾阳素虚蒸化无权，气不化水，水湿停滞体内而成痰成饮。②与火热有关，如阴虚生内热，或肝郁化火，火热内生，热灼津液，煎熬成痰，正如《医贯·痰论》云："盖痰者病名也，原非人身之所有，非水泛为痰，则水沸为痰。"当痰留滞于肌肤经络之间则结为痰核，又如《丹溪心法·痰病》所云："痰之为物随气升降，无处不到，凡人身上中下有块者多是痰。"然而当人体正气不足，阴阳偏颇，外邪易侵入内，邪毒与痰胶结则为"恶核""失荣""石疽"等。罗老认为中医证候分型应从痰之形成着眼，从人之阴阳偏虚着手，分为寒痰凝滞证和阴虚火旺证两型。从中医分证与治疗结果分析，虽在肿瘤客观疗效上二型之间无明显差异，但在生存时间上，阴虚火旺证显著长于寒痰凝滞证。从而说明非霍奇金淋巴瘤，阴虚火旺证的预后好，生存时间长。

罗老通过对这几种疾病的认知和探索，不仅在中医理论上逐渐形成以自己以"肝肾阴虚""脾肾阳虚"为血液系统疾病主要的发病机制的认识，同时也注意到"痰""毒""瘀"既是致病因素又是病理产物，是造成疾病的复杂和难解的根本所在。

入选名中医之后罗老又把自己的研究重点集中在慢性骨髓增殖性肿瘤、多发性骨髓瘤及淋巴瘤等疾病的诊治上。

她认为慢性骨髓增殖性肿瘤是血液系统的一组恶性克隆性造血干细胞疾病，临床表现为外周血一系或多系血细胞增多，肝脾肿大，出血倾向，骨髓纤维化最后也有可能转变为急性白血病。临床以真性红细胞增多症、原发性血小板增多症、骨髓纤维化最为常见。罗老为了明确这类疾病的中医病因病机及诊治情况，详细记录了不少病人的临床资料。通过不少的临床实践治疗，罗老认为大多是由阴虚血瘀导致，临床此类病人多可见舌红少苔，舌下有瘀。故以"养阴增液，活血化瘀"为治疗大法来治疗这类疾病。多用"增液汤"联合"通窍活血汤"，也有合用自拟"消癥汤"治疗。

当然也不例外有阳虚血瘀致病者，如严某，女性，64岁，2013年于某三甲医院确诊为"原发性骨髓纤维化"，当时血常规示：血红蛋白62g/L，白细胞$3.0×10^9$/L，血小板$59×10^9$/L；脾厚径5.1cm。长期口服沙利度胺、十一酸睾丸酮等药物治疗，效果不佳，2014年7月1日就诊于罗老，当时复查血常规提示：白细胞$2.7×10^9$/L，中性粒细胞59.2%，血红蛋白62g/L，血小板$164×10^9$/L；且患者面色萎黄，精神不振，舌淡紫苔白，脉细涩。考虑"阳虚血瘀"，拟温补脾肾、化瘀消癥法治疗至2018年7月，复查血常规示：白细胞$5.9×10^9$/L，中性粒细胞73.4%，血红蛋白96g/L，血小板$151×10^9$/L；脾厚径5.0cm。患者病情稳定，生活质量佳，仍能操持家务。治疗此类疾病需要极大耐心，病人初期治疗可能效果不是很明显，可适当联合西药治疗，随着治疗时间的延长，大部分病人可以不使用西药或者减少西药剂量，达到控制病情进展的治疗目标。罗老治疗此类疾病，病情多控制良好，患者多无明显副作用，疾病基本无明显进展，亦无明显并发症的发生。她的门诊就有不少原发性血小板增多症及真性红细胞增多症的患者，这些病人不愿意服用抑制细胞增殖的药物，一般经过相对较长一段时间的中医治疗后，临床能取得相对不错的疗效，血常规中的相关指标渐趋向正常。

除了研究慢性骨髓增殖性肿瘤，罗老还重点思考多发性骨髓瘤的中医治疗。多发性骨髓瘤是浆细胞的一种克隆性增殖性疾病，其特征是骨髓中恶性浆细胞增殖，骨质被破坏和异常免疫球蛋白大量生成。临床以骨痛、感染、肾功能损害为主要表现。这类病人多以老年病人为主。当时靶向药物治疗还未广泛运用于临床，骨髓瘤总体治疗效果不是特别理想，加上此类病人年龄较大，治疗过程中并发症也相对较多。治疗后疾病即使缓解也容易早期复发。罗老通过病例的累积，临床实践，在认真研究了此类疾病后认为，多发性骨髓瘤可通过中医治疗取得良好的疗效。认为此类疾病主要累及"肝、脾、肾"三脏，导致肝、脾、肾三脏受损，形成肝肾阴虚、脾肾阳虚，日久则水液不化，血行不畅，加之风湿之邪内侵骨髓而发生本病。临床可以"骨痹"来辨证，此类疾病的治疗重点在于"补脾肾、祛风湿，通经络"为治疗大法施治。通过对此类疾病的不断深入研究。罗老认为"祛风通络"在治疗本病中占有很重要的地位。

曾经有一位 81 岁的吴姓老年男性患者。在某省级医院诊断为"多发性骨髓瘤 IgG 型"，完成了 6 个疗程联合化疗后，患者经其他病人介绍找到了罗老，要求服用中药治疗。罗老经辨证认为患者应属肝肾阴虚型论治，给予"独活寄生汤合六味地黄汤加减"治疗。该患者从 2005 年开始不间断服中药治疗，一直持续了 9 年多，期间曾定期复查相关项目指标，病情一直稳定，以后间断中药治疗，至 2018 年夏天因皮肤病收住本院，并进行了骨髓瘤所有项目复查，均无异常发现，确实是达到了治愈。

另有一位 90 岁的患者王某，男性，离休干部，确诊为"多发性骨髓瘤 IgA 型"，骨痛非常厉害，由于年龄较大，医生没有给予化疗，只能靠止痛针维持。后请罗老会诊，经临床辨证为脾肾阳虚证，给予自拟巴仙芪七汤治疗。方用巴戟天、仙灵脾、三七、黄芪、甲片、鸡血藤、莪术、蕲蛇等药物温肾壮阳，活血化瘀，祛风止痛。经过服药两周骨痛明显减轻，继续一段时日治疗后患者病情得到有效控制。该患者一直坚持中医治疗 6 年多，到了 97 岁患者复查骨髓瘤相关指标仍稳定，而多年的糖尿病、冠心病、老年痴呆病真正成为了他健康的最大问题。这个病人治疗的成功体现了罗老高超的中医智慧。

罗老认为淋巴瘤是一组发病率较高的疾病，本病病情复杂，浸润面广，如何与现代医学有机结合，尽量减少化疗药物对机体的毒副作用，提高患者的缓解率、无病生存率，医者责无旁贷。罗老抱着这一份神圣责任感，对该病施治，一直进行不断探索，如何进一步提高疗效是她不懈的追求。

一位 75 岁恶性淋巴瘤患者王某，女性，2005 年冬季因感胸部胀闷不适，在省某三甲医院确诊纵隔淋巴瘤。由于该患者原有冠心病、高血压病、老年性慢性支气管炎、糖尿病等宿疾，院方认为不宜化学治疗。患者即找到罗老诊治，予以温补脾肾的基础上，加以活血化瘀、软坚散结为法施治后，病人日渐感觉好转。一直坚持（除慢支伴发感染后停药外）治疗，精神明显转佳，日常生活完全自理，但不愿配合对本病的复查，只满足于无胸闷胸胀不适感。后待患者到了八旬开怀（2011 年年初），由于肺部感染最终住入关怀医院而告终。

又如在 2010 年 12 月初的一天，罗老门诊接诊一个 53 岁中年男性患者杨某，望示精神萎靡、情绪低落，由家属陪伴述说：2009 年 6 月在省某三甲医院检查确诊舌根部淋巴瘤，经 6 个疗程联合化疗无效，至同年底曾予以放疗，后又在他处配合中医治疗近 1 年，病情仍得不到控制，不能正常饮食，感觉咽喉部难受，吞咽不顺，两手指常常往喉部伸，平时只能喝汤喝粥。罗老经四诊合参，既调补肝肾之阴，又注意到喉为肺气出入之门户，认为兼顾肺系很重要，清肺润肺不可少，在她的精心治疗下，患者不到半年消除了手指向嘴里伸的动作，由于疗效的显现，增强了患者治病的信心，进食渐渐趋向正常，坚持治疗一直到2016年年底，至今患者淋巴瘤病情稳定。罗老这些病例的累积，既是她临床疗效显著的体现，又给予学生一份可贵的临床经验。

时至今日，由于罗老中医治疗血液病的明显特色及显著疗效，罗老在浙江省中医血液界的名声越来越响。

入选省级名医后，罗老逐渐形成了自己个人的学术思想：①在诊断方法上提出以"司外揣内，见微知著，以常达变"为基本原理，认为人体是一个完整的体系，以四诊合参作为主要手段，其中尤其重视舌诊的辨析，同时利用现代血液学诊断技术和标准，明确疾病诊断。②在辨证体系上：罗老从事中医内科临床工作40多年，重视《内经》《难经》《伤寒论》等经典典籍的学习，旁及东垣、河间、从正、丹溪诸子百家学说，以脏腑辨证和气血津液辨证为主要辨证思维方式，充分发挥中医灵活辨证和辨病相结合治疗血液病的临床特色。③在治疗方法上：主张采用以"急则治其标，缓则治其本"为基本原则，在疾病稳定期以中医药辨证论治作为治疗之根本，危重期结合现代血液病治疗方案进行综合治疗，在病程发展不同阶段采取中医、西医有所侧重治疗的思想体系，从疾病的根源上解除顽疾。④在疗效评价上：主张利用传统医学和现代检验学作为综合评价指标。⑤在疾病调护上：还重视血液病患者的饮食禁忌和调养，继承和发扬中医传统特色。

写到这里，作为罗老学术继承人，我脑海里再次浮起屈原《离骚》的语句："路漫漫其修远兮，吾将上下而求索。"

## 第二节　砥砺前行

1998年对罗老来说是特殊一年，因为在这一年浙江省名中医评定工作开展。由于她在中医方面的贡献较为突出，被浙江省中医院推荐参评名中医并有幸在这次评选中成功入选。这一荣誉是对罗老多年中医生涯的肯定，更让罗老坚定了中医信念。省级名中医的入选，同样意味着罗老身上承担的中医血液学的责任也越发重大。她深刻体会到眼前的荣誉，只是对过去成绩的肯定，下一步还有更多中医血液病的难题有待去克服。

罗老朴素求实的治学精神取得了良好的临床治疗效果和社会效应，她门诊的专家号基本都是一号难求，诊间门庭若市，每次门诊都有大量病人挂不上罗老的号，都恳求罗老加号。每当看着病人急切求治的目光，即便当时再累再辛苦，罗老也都会满足病人要求，直至看完最后一个病人，才结束自己的门诊。曾有人问过她，您每天看这么多病人不辛苦吗？罗老也坦承每天的工作量这么大的确很辛苦，但是看到病人远道而来，自己的内心终是不忍看着病人失望而归，所以总是尽自己最大之所能满足病人求治的要求。

罗老对待病人的热心，治疗疾患的高超医术，被口口相传，很多外地的病人都是跨省慕名而来，寻到她门诊就诊。名气越大，寻求治疗的病人也越多，但她从来未为此所累，还是一如既往地为患者服务，对待病人态度依旧热情，出诊时依旧认真仔细，勤勤恳恳地为中医血液学事业做奉献。

入选名医后，罗老也逐渐形成了自己个人的学术思想，她重视"肝、脾、肾"三脏在血液病发病中的重要地位，强调"痰、毒、瘀"在发病中作用。治疗上重在滋补肝肾或温肾健脾，化痰逐瘀，祛邪解毒，不断地总结完善自己对中医在血液系统各疾病方面的认识，从而更加有效地治疗疾病，这样的案例真是不胜枚举。

## 一、治疗白血病的经验

急性白血病（acute leukemia，AL）是一种造血组织的恶性疾病，其特征为骨髓或其他造血组织中白细胞及幼稚细胞（白血病细胞）恶性增殖，能浸润全身各种组织与脏器，表现为贫血、出血、感染和浸润等征象。她认为传统中医具备完整的辨证体系及治疗方法，伴随现代医学的发展，不管是理论还是治疗策略都有了很大发展并且灵活多样。在临床中医药干预急性白血病诊治，针对疾病的不同时期，中西医融合优势并举治疗已经成为当今中医血液病学科的治病方式。符合当前医疗模式的需求和临床实践。

（一）白血病中医病名

最近国家中医药管理局从辨病论治的角度出发，直接将西医学"白血病"病名引入中医学。罗老根据中医理论和临床实践，认为本病是一种温热邪毒，在正气内虚时发病。这种温热邪毒可分为两种情况。一种是体内的热毒蕴郁在骨髓之中，称为"髓毒"；另一种是因机体正气不足，感受新邪，引动伏邪，即出现高热伤津，伤阴动血，毒至骨髓而发病，是外邪内侵，称为"温毒"。

### （二）急性白血病病机

罗老突出正气虚损与邪毒内侵并举，正邪相争，邪盛正衰，而致脏腑气血功能失调。发病过程涉及骨髓、气血、津液等方面；关键在骨髓造血功能的异常，后期浸润其他脏器，变生他症。所以归纳本病，病位关键在"骨髓"，这里所说的病位，是指病邪反应的主要病位，而不是病变所在的部位；从整个疾病转归，病机具有"毒""瘀""虚"三大特点。

### （三）辨治急性白血病经验

罗老辨治思路有三：辨证与辨病相结合、祛邪与扶正相结合、有序分阶段论治。她认为急性白血病可辨证分型为：瘟毒内蕴型、痰湿瘀阻型及正虚型（包括气阴虚和气血虚），并认为正虚型虽非能以气阴虚和气血虚概括之，但临诊总以此两者为多见。若另有虚证出现，亦可分辨之。（具体见第五章学术成就）

## 二、淋巴瘤"将息法"

"将息法"为休息、调养、养息、休养；《伤寒论》将息法附列各方后，不仅是其方剂的组成部分，亦是张仲景学术经验的内容之一。罗老把仲景之将息法灵活运用于淋巴瘤的中医诊治，确实提高疗效，患者获益，也是她遣方用药的一大特色。

### （一）淋巴瘤病机及辨治思路

罗老认为淋巴瘤同"痰"与"瘀"有关，痰饮的产生影响气血的运行，最终引起血滞成瘀，同时瘀血阻络更加重痰之凝结。对于瘀的形成，具体可分两种情形；①阴虚火旺，脉络充盈受限，血行不畅成瘀；②阳虚寒凝，血脉流动不顺而成瘀。故治疗上融入了活血化瘀，软坚散结的思路。在淋巴瘤病理产物痰和瘀结合治疗的思路扩展了对该病中医病机的认识，疗效也有较好的提高。临床分为寒痰凝滞证和阴虚火旺证二证辨治。

## （二）罗老降息法的应用

### 1. 寒痰凝滞型

寒痰凝滞型治拟温运湿浊，软坚散结。方用甘草干姜茯苓白术汤合二陈汤加减。罗老提出此类患者平时注意保暖，饮食要温润清淡。罗老认为脾胃为气血生化之源，是药物进入人体的重要通道之一，同时为痰饮产生之地。此类淋巴瘤患者脾胃阳虚，同时要间断化疗，而化疗药物严重损伤脾胃，前后恶性循环，加重身体损伤。所以罗老认为此类寒痰凝滞的患者需特别注重顾护脾胃，故在遣方用药时总是有干姜，肉桂，淡附片等药物；甚者加用麻黄，每每亲临病床边叮嘱药后加被，温覆驱寒，不得汗者，嘱患者喝热水一杯或热粥一碗。药后得汗不能立刻脱衣面风，需在病房用干毛巾擦干，慢慢将息。出院回家期间避免生冷，多晒太阳，早睡晚起，固护阳气。

### 2. 阴虚火旺型

阴虚火旺型治拟滋阴降火，软坚散结。方用大补阴丸合消瘰丸加味。罗老建议家属使用井花水（即清晨先汲的井水，有清热之效。）煎煮药物，增药物滋阴潜阳、通窍解热之意。患者服用罗老汤剂之后阴火速去，疗效明显。平时将息之法，罗老建议学习打太极拳，心胸开阔，不与人争辩，不要轻易引动肝火，有固护真阴的意图。

## 三、治疗慢性粒细胞白血病的经验

### （一）"本虚标实"是慢粒的病变特点

在慢粒的整个病程中始终表现出"本虚标实"的特点，只不过在各个不同时期"本虚"与"标实"的轻重程度不同，故在具体治疗原则上必须抓住这一点，采用相应的治疗方法。在慢粒早期（初期），治疗上应以祛邪为主，如活血化瘀、化痰散结、清热解毒等，适当兼顾扶正，如健脾益气或益气养阴之剂。在中期，即自确诊后经历了相当长的一段时间，但未到慢粒急变阶段，患者脾脏逐渐增大，正气亦较之早期有所削弱，此时宜扶正与攻邪并重。但如到了慢粒急变期，患者正气已衰，出血或各种感染接踵而至，治疗虽不宜忘记祛邪，但应抓住扶正为主的治疗原则，为患者争取继续治疗的机会，达到延长生存的目的。

（二）要注意由于化疗导致的骨髓抑制

临床曾碰到由于化疗药物使用不当，如剂量过大或时间过长，忽略了观察外周血象的动态变化，导致骨髓抑制，甚至亦会引起死亡。对骨髓抑制的治疗应参考再障的治疗方法，在益肾补血的同时不应忘记祛邪，活血化瘀之剂不可少。在用药上以平补为主，如党参、白术、茯苓、熟地黄、制首乌、制女贞、桑椹子、鸡血藤、赤白芍、川芎、三棱、莪术、甘草等。

（三）消癥宜祛瘀，祛瘀宜审因

慢粒脾脏肿大是最重要的临床特征，中医属积聚，其成因不外乎情志抑郁，肝气不舒，或饮食失节脾胃受损，或起居不慎，寒温失调，易受邪毒入侵，故在治疗的同时了解患者的个性、饮食嗜好及居住条件，既在用药上做到疏解抑郁、健壮脾胃、调节寒热以助祛瘀之力，有利于提高治疗效果。督促患者逐渐改变易忧郁、易恼怒的不良性格，逐步解除喜烟好酒及偏食的习惯，改善居住条件，适寒温，避风邪，以避免或消除人为的加重病情。

## 四、治疗原发性血小板增多症的经验

罗老认为阴虚血瘀是该病主要病因病机之一，并将阴虚分为真阴亏虚和津液亏虚两类。真阴亏虚和津液亏虚，两者既有区别，又有联系。首先，两者具体的内涵有很大的区别。从其病因来看，前者常是内伤真阴，后者则多是外感燥邪；从其临床表现来看，真阴亏虚主要表现为口咽干燥、五心烦热、潮热盗汗、两颧潮红、舌红少苔、脉细数等虚阴浮阳症状，津液亏虚则以口渴、尿少、便干，口、鼻、唇、舌、皮肤干燥等阴液耗损为主要表现；从其病程长短和预后来说，则前者病程长，预后欠佳，后者病程短，预后好。其次，真阴和津液统称为"阴"，真阴是源泉，津液是溪流，津液源自真阴，而真阴受津液滋养，初则伤其津液，久必伤及真阴。因此，在临床中，必须要处理好两者的关系，将两者有机地统一起来，不可分离。在治疗理念上，罗老提出：养阴、增液、活血化瘀，得到很好的疗效。

## 五、治疗原发性血小板减少性紫癜的经验

罗老提出本病为本虚标实之证，病位主要在肝、脾、肾三脏，其主要病

机为热、虚、瘀三种。其热又有虚、实之分：实热是指胃火炽盛，或肝郁化火，或感受邪毒、内伏营血；虚热是指阴虚火旺、虚火内盛。虚者脾肾两虚，以致血液化生不足和失于统摄；或肝肾阴虚、阴虚内热，迫血妄行。瘀由火热伤络，络伤血瘀；或气虚血瘀、瘀伤血络。故本病病因病机以虚为本，火伤血络，络伤血瘀是其标。

（一）注意鉴别诊断

临床上因血小板减少性紫癜而就诊的患者众多，除了原发的以外，其他如原发性血小板减少性紫癜伴发自身免疫性溶血性贫血（简称Evans综合征）、周期性血小板减少症、继发性血小板减少性紫癜、血栓性血小板减少性紫癜、先天性巨核细胞再生低下性血小板减少症及先天性促血小板生成素缺乏症、药物性免疫性血小板减少症等，总之能引起血小板减少的疾病很多，因此临诊时必须详细了解发病情况及既往史、家属史等。同时必须进行必要的相关检查，以便区别原发的还是其他的血小板减少性紫癜，便于采取相应的治疗措施。譬如因病毒性肝炎或系统性红斑狼疮继发血小板减少，首先应抓住原发病治疗，待原发病渐趋缓解稳定，血小板亦即随之上升。

（二）注意出血部位及其轻重度

血小板减少患者一般出血多以齿衄、鼻衄、皮肤黏膜出血为主，较少有内脏出血（尤其是慢性型患者），但前者不危及生命，而后者较为严重，当然大量的鼻腔出血，有时也会导致出血性贫血，亦有碍于身体。如有内脏出血，甚至颅内出血，易危及生命，因此在临诊时必须注意患者的出血情况及量的多少，采取相应的治疗手段。对血小板下跌幅度较大的病人，应考虑有出血的可能，在使用中医中药的同时，适量加用糖皮质激素，如泼尼松或泼尼松龙，能起到预防和止血的作用，使患者确保安全。但激素使用时间宜短不宜长，待血小板趋于稳定，可逐渐减量撤除，因激素易产生副作用。

（三）主动采用中医药治疗

经用西医西药治疗无效的患者，应积极主动采用中医中药治疗。无论国内国外，目前对慢性特发性血小板减少性紫癜（ITP）的治疗效果仍不够理想。临床上常常会遇到虽经西医西药多种方法治疗，但血小板始终不上升，甚至

一直波动在 $10 \times 10^9 / \mathrm{L}$ 上下的病人，病人往往迫切希望通过中医中药的治疗能有所好转。对这类病人我们应积极主动，在辨证分型治疗的基础上，帮助解脱其心理负担，使之达到心理平衡，同时避免恼怒、激动及过度劳累等，坚持长期治疗和自我调节相结合的方式，使病情维持稳定状态。

（四）止血药的运用

目前有提高血小板和止血作用的中药很多，如仙鹤草、炒蒲黄，卷柏、茜草、土大黄、景天三七、白茅根等，经药物研究和动物实验证明，有缩短凝血时间、降低血管的通透性及增强毛细血管抵抗力从而达到止血的效果。但由于上述药物有性味、寒热的不同，在分型治疗的基础上应适当加以选择，如热体患者应选择仙鹤草、卷柏、白茅根之类；虚寒患者则应选茜草、鹿含草等较为适宜。

可见罗老的学术经验甚是丰富，临床验案也是不胜枚举。2009 年罗老到了退休的年龄，但她并没有停止自己热爱的医疗工作，她从病房工作为中心转变成门诊工作为主。由于她在省内外中医血液界具有一定的声誉，门诊并没有减轻多少工作量，来自全国各个地区的患者络绎不绝，有山东、山西、陕西、河南、东三省等地，患者从网上了解到罗老的独特治疗理念和医术，都不约而同的慕名来杭州求医，很多患者都是几年如一日，坚持服药，疗效显著，具体医案在本书学术篇里阐述。

功夫不负有心人，2017 年罗老被国家中医药管理局评选为第六批全国老中医药学术经验继承工作指导老师，并有了学术继承人（庄海峰），同年浙江省中医药管理局也资助成立了罗秀素名中医工作室，负责人为其学术继承人庄海峰，这给罗老继续研究中医血液病学搭建了很好的平台，更坚定了学术继承人对罗老学术经验继承和总结的决心。罗老经常对弟子说"国家政策很好，习主席大力扶植中医发展，我们要做好中医工作，努力学习，服务好广大患者，砥砺前行。"

罗老的话语重心长，句句在理，我们作为学术继承人更应砥砺前行，努力工作，好好学习她的学术思想，做好继承工作，进一步开创美好未来。

# 高超医术

## 第一节 急性白血病

急性白血病是造血系统恶性肿瘤。其特征是骨髓、淋巴结等造血系统中一种或多种血细胞成分恶性增殖，并浸润各脏器组织，导致正常造血细胞受抑制。临床常以发热、出血、贫血，肝、脾、淋巴结肿大为特点。该病可发生于任何年龄，发病率约为 2.76/10 万，临床分为急性髓系白血病（AML）和急性淋巴细胞白血病（ALL）。现代医学认为急性白血病的病因与病毒感染、化学因素、电离辐射等因素有关。

急性白血病属中医的"虚劳""血证""温病"等范畴，中医学认为其发病原因是由于人体正气虚弱、邪毒内侵，内外因结合而发病。正如《内经》所说："正气存内，邪不可干"，"邪之所凑，其气必虚"。各家对急性白血病的致病原因观点不一，但总体可概括为：因虚致病、因病致虚、虚实夹杂。而罗老结合几十年诊治急性白血病的辨证经验，将急性白血病辨证分型为：瘟毒内蕴型、痰湿瘀阻型及正虚型（包括气阴虚和气血虚）。在诊治过程中，强调个体化治疗，辨证治疗思路概括为：西医化疗与中医辨证相结合、辨证与辨病相结合、扶正与祛邪相结合及阶段化论治。

### 案1 急性髓系白血病（AML-M4）

杨某，男，61 岁，初诊时间：2006-06-08。

诊治经过 2005 年 12 月因"乏力、畏寒 1 周"入住浙江省某三甲医院。查体：T 38.7℃，神清，贫血貌，巩膜无黄染，咽无充血，浅表淋巴结未及肿大，胸骨下段压痛（＋），心肺听诊无异常，腹软，肝脾肋下未及，全身皮肤黏膜未见出血点，双下肢无水肿。血常规示：WBC $2.0\times10^9$/L，HGB 80g/L，血小板（PLT）$11\times10^9$/L。骨髓常规报告示原始单核细胞＋幼稚单核细胞占 33.5%，原始粒细胞占 35%，过氧化物酶染色（pox）（＋），苏丹黑染色（SB）（＋），非特异性酯酶染色（NSE）部分弱阳性，氟化钠（NaF）抑制试验部分受抑。骨髓免疫分型 CD117（＋）、MP0（＋），提示髓系来源。诊断为"急性粒－单核细胞白血病（AML-M4）"。2005-12-27 予 HAA 方案化疗。化疗后骨髓抑制明显，合并发热、口腔血疱，予抗感染、升白细胞及输血支持治疗。复查骨髓常规提示骨髓完全缓解（CR）。于 2006-02-04 日再次予 HAA 方案巩固，剂量同前。期间查脑脊液常规提示异常，给予鞘内化疗，之后患者共行 18 疗程维持化疗及鞘内化疗 5 次，末次化疗结束给予头颅照射 1 次。化疗间歇期因人介绍来罗老处求中医诊治。

**四诊** 患者自觉化疗后乏力明显，言语气短，活动后加重，精神不振，面色稍苍白，夜间盗汗，食欲欠佳，二便调，舌淡紫苔薄白，脉细。

**辅检** 血常规示：WBC $2.7\times10^9$/L，HGB 74.4g/L，PLT $37\times10^9$/L。

**诊断** 急髓劳。

**辨证** 气血两虚。

**治法** 益气养血，滋肾敛汗。

**方药** 生黄芪 30g  防风 9g  炒白术 12g  炒陈皮 6g  炙甘草 6g  熟地 12g  当归 12g  炒白芍 12g  鸡血藤 12g  制首乌 12g  制狗脊 12g  炒蒲黄 15g  佛手 9g  浮小麦 30g  煅牡蛎 30g  麻黄根 12g  炒麦芽 15g  炒山楂 12g

中药 7 剂，每日 1 剂，水煎服两次，忌食生冷油腻食物。

**复诊（2006-06-16）** 精神尚可，夜间盗汗已解，食欲有所改善，常感喉间有痰，舌紫黯苔薄白，脉细。复查血常规示：WBC $3.1\times10^9$/L，HGB 81g/L，PLT $122\times10^9$/L。

**辨证** 气滞血瘀。

**治法** 益气活血兼化痰。

**方药** 八珍汤加减。

太子参 20g  炒白术 12g  茯苓 12g  炙甘草 6g  鸡血藤 15g  当归 12g  炒白芍 12g  川芎 9g  佛手 9g  莪术 9g  全蝎 4g  绞股蓝 20g  木蝴蝶 5g  瓜蒌皮 9g  制狗脊 12g  仙灵脾 12g  三叶青 9g

中药 7 剂，每日 1 剂，水煎服两次。

**复诊（2008-06-25）** 患者自觉乏力明显改善，已无言语气短，喉间已无痰，纳可，二便调，睡眠可，舌紫苔薄白，脉细涩。复查血常规 WBC $3.2 \times 10^9$/L，HGB 118g/L，PLT $115 \times 10^9$/L。复查骨髓常规：原始粒细胞占 1%，原始单核细胞+幼稚单核细胞占 1%。上方停用瓜蒌皮、木蝴蝶等化痰药物，加用山慈菇 9g、猪殃殃 15g、藤梨根 20g、冬凌草 15g、蛇舌草 15g 祛邪抗癌。再予中药 7 剂，每日 1 剂，水煎服两次。

**复诊（2008-10-08）** 患者自诉一般情况尚可，无乏力、气短，纳可，二便调，舌红紫苔薄，脉细涩。辅助检查：血三系正常，近日腰穿，脑脊液常规正常。

辨证 气滞血瘀。

治法 理气活血，祛邪抗癌。

方药 当归 12g 炒白芍 12g 川芎 9g 杞子 12g 片姜黄 9g 莪术 9g 玄参 15g 三叶青 15g 龙葵 15g 佛手 9g 全蝎 4g 狗舌草 20g 半枝莲 15g 猫爪草 15g 山慈菇 9g 石见穿 15g 红豆杉 6g 炒麦芽 15g 鲜铁皮石斛 12g

中药 7 剂，每日 1 剂，水煎服两次。

**复诊（2010-06-30）** 今来诊自诉咽喉不适有痰，无咳嗽，面色红润，食欲佳，二便调，舌淡红苔薄白，脉细。辅助检查：血常规 WBC $3.0 \times 10^9$/L，HGB 128g/L，PLT $121 \times 10^9$/L。复查骨髓示：原始单核细胞+幼稚单核细胞 4%。患者目前一般状况良好，以扶正祛邪为治则，上方停用活血化瘀药物，改用四君子汤加化痰药物，同时继用祛邪抗癌药物。

方药 太子参 30g 茯苓 12g 炒白术 12g 甘草 6g 瓜蒌皮 9g 木蝴蝶 3g 蛇舌草 15g 半枝莲 15g 全蝎 4g 三叶青 15g 山慈菇 9g 藤梨根 15g 猪殃殃 15g 当归 12g 杞子 12g 佛手 9g 炒麦芽 15g

中药 7 剂，每日 1 剂，水煎服两次。

**复诊（2010-12-29）** 患者一般状况良好，生活质量佳，无乏力等不适，纳可，二便调，舌淡红苔薄，脉细。复查血常规示：WBC $3.1 \times 10^9$/L，HGB 138g/L，PLT $133 \times 10^9$/L。复查骨髓示：原始粒细胞占 1%，原始单核细胞+幼稚单核细胞占 2.5%。续服上方 14 剂。

**复诊（2011-12-21）** 患者诉精神可，可进行正常体育锻炼，饮食如常，二便调，舌淡红苔薄，脉细。复查血常规示：WBC $3.2 \times 10^9$/L，HGB 144g/L，PLT $126 \times 10^9$/L，近复查骨髓常规示：原始粒细胞 1%，幼稚单核细胞 3%，残留细胞 0.031%。

续服上方 14 剂。

**复诊（2012-05-09）** 患者自诉无不适，精神可，饮食、二便正常，睡眠可，苔薄白，舌质红，脉细。复查血常规示：WBC $3.8×10^9$/L，HGB 154g/L，PLT $162×10^9$/L，复查骨髓示：原始粒细胞 0.5%，原始单核细胞 + 幼稚单核细胞 3%。

续服上方 14 剂。

**复诊（2012-10-24）** 自诉无不适，纳眠佳，二便调，舌质淡红苔薄白，脉细。复查血常规示：WBC $3.8×10^9$/L，HGB 161g/L，PLT $152×10^9$/L。患者目前血三系正常。骨髓持续完全缓解近 7 年，未复发，疾病处于恢复期，治以扶正祛邪为要。

**方药** 太子参 30g 茯苓 12g 炒白术 12g 片姜黄 9g 蛇舌草 15g 水红花子 15g 藤梨根 15g 半枝莲 15g 猪殃殃 15g 佛手 9g 全蝎 4g 红豆杉 6g 三叶青 15g 山慈菇 9g 当归 12g 佛手 9g 炒麦芽 15g

中药 7 剂，每日 1 剂，水煎服两次。

**复诊（2013-07-07）** 一般状况良好，日常生活、锻炼无影响，舌红，苔白，脉细。复查血常规示：WBC $3.6×10^9$/L，HGB 158g/L，PLT $154×10^9$/L。复查骨髓示：原始粒细胞占 0%，早幼粒细胞占 1.5%，幼稚单核细胞占 3.5%。证治同前。

续服上方 14 剂。

**复诊（2018-10-24）** 患者自诉近期夜寐不安，晨起精神欠佳，口中黏腻，食之无味，舌紫，苔微腻且黄，脉细。

**辨证** 气滞血瘀，湿热内阻。

**治法** 解毒抗癌，利湿化浊，佐以宁心安神。

**方药** 当归 12g 片姜黄 9g 蛇舌草 15g 水红花子 15g 藤梨根 15g 半枝莲 15g 猪殃殃 15g 佛手 9g 全蝎 4g 红豆杉 6g 姜竹茹 12g 茵陈 15g 飞滑石 15g 生米仁 30g 泽泻 9g 炒枣仁 15g 刺五加 30g 紫贝齿 30g 灵磁石 30g 生麦芽 15g 炒莱菔子 12g

中药 14 剂，每日 1 剂，水煎服两次。

**转归** 患者确诊急性髓系白血病至今已 13 年，前期共行 18 个疗程联合化疗和 5 次鞘内化疗，末次化疗于 2008 年 6 月结束。化疗间歇期、化疗结束后均坚持服用中药，骨髓复查持续完全缓解状态，目前仍在罗师处中药治疗，长期无病生存，生活质量如常人。

**按** 急性髓系白血病是血液系统疾病中恶性程度高、预后不佳的疾病，复发及死亡率高。罗老针对恶性血液病的治疗始终坚持现代医学与中医学相结合的治疗理念。该患者能存活 10 年以上得益于完整规范的西医化疗方案及中医扶正祛邪的治疗策略。回顾患者初诊至今的治疗过程，罗老治疗该病例大致可分为三个阶段：初期、缓解期、恢复期。患者就诊初期，邪毒内蕴，正邪相争，属邪盛正亦盛，白血病细胞恶性增殖导致正常造血细胞受抑制，此阶段给予诱导化疗，可快速抑制白血病细胞增殖，为后期治疗赢得时机。缓解期患者诱导化疗后骨髓抑制，邪衰正亦衰，此时患者机体正气亏虚，气血俱损，气虚不固，营阴不守，见气血两虚、气阴两虚之证候，治以培补元气、补益气血、安神敛汗，同时因化疗药物碍胃，治疗过程中始终注意顾护胃气。恢复阶段正胜邪衰，余邪留恋不易去，治疗过程中或利湿化浊、或理气活血、或活血化瘀，总以扶正祛邪为要，同时善于运用经现代药学研究证实具有解毒抗癌功效的药物，使邪毒尽去，"正气存内，邪不可干"。该患者是罗老治疗急性白血病中"阶段化"治疗的典型案例。

### 案 2 急性髓系白血病（AML-M2a）

方某，男，67 岁，初诊时间：2010-02-24。

**诊治经过** 患者因"多饮、多尿、多食 13 年，加重伴恶心呕吐 3 天"于 2009-11-21 入住省某三甲医院。既往有糖尿病病史及前列腺增生史。入院前查血常规：WBC $1.8\times10^9$/L。入院后完善骨髓常规示：原始粒细胞占 66.5%。流式细胞学示原始髓系细胞群占 63.2%（伴 CD7 阳性）。诊断"急性髓系白血病（AML-M2a）"，并于 12 月 11 日予以 IA 方案化疗，2010-01-02 复查血常规 WBC $3.0\times10^9$/L，HGB 78g/L，PLT $81\times10^9$/L。第 1 疗程获 CR（完全缓解），之后共行 13 疗程联合化疗，8 次鞘内化疗，末次化疗于 2011-11-08 结束。患者自 2010-02-24 日（住院期间）经由病友介绍前来罗老处就诊。

**四诊** 自觉稍感乏力，精神不振，面色萎黄不荣，食欲欠佳，睡眠可，大便尚调，小便不爽，舌淡苔白稍腻，脉细。

**辅检** 2010-02-22 血常规示 WBC $8.7\times10^9$/L，HGB 92g/L，PLT $288\times10^9$/L。

**诊断** 急髓劳。

**辨证** 气血两虚。

**治法** 益气补血，解毒抗癌。

*方药* 八珍汤加减。

太子参30g 茯苓12g 制苍术9g 炒白术12g 炒陈皮9g 当归12g 杞子12g 川芎9g 三叶青20g 炒白芍12g 鸡血藤12g 桂枝4g 丹皮9g 桃仁6g 全蝎4g 半枝莲15g 蛇舌草15g 佛手9g 猪殃殃15g 红豆杉9g 山慈菇9g 片姜黄9g 姜半夏9g 炒麦芽15g

中药7剂，每日1剂，水煎服两次。

**复诊（2010-10-20）** 患者持续按上方基础上随症加减服用后，体力稍有改善，化疗按疗程进行，目前化疗后近1月，活动后仍稍感乏力，面色无华，饮食一般，眠尚可，大便烂，舌淡红苔白，脉细。辅助检查：当日血常规示：WBC $3.7×10^9$/L，N 43.2%，HGB 89g/L，PLT $152×10^9$/L。骨髓常规：原始粒细胞占1.5%。上方加黄芪有补脾益气之效，加炒米仁健脾和胃，大便烂加芡实补脾止泻。

中药7剂，每日1剂，水煎服两次。

**复诊（2012-11-07）** 患者诉昨日始咽喉不利，自觉有痰，不易咳出，面部皮疹，发痒，饮食一般，进食后饱胀，大便稍溏，舌淡胖苔薄，脉浮。辅助检查：血常规示 WBC $6.7×10^9$/L，N 62.3%，HGB 138g/L，PLT $112×10^9$/L。

*辨证* 气血两虚，风邪束表。

*治法* 气血双补，解肌祛风，佐以解毒抗癌

*方药* 当归12g 三叶青20g 炮甲片9g 冬凌草20g 全蝎4g 红豆杉6g 半枝莲15g 猪殃殃15g 片姜黄9g 芡实15g 怀山药30g 炒党参15g 生黄芪20g 炒陈皮9g 炙甘草6g 炒白术9g 葛根15g 柴胡9g 木蝴蝶3g 无花果15g 蛇蜕5g 炒麦芽15g

中药14剂，每日1剂，水煎服两次。

罗老考虑患者皮疹瘙痒，喉中生痰，为气虚不固，风邪束表，取柴葛解肌汤之意，解肌祛风利咽止痒。腹胀，饮食一般，大便稍溏为脾虚之候，加用党参、无花果健脾止泻。

**复诊（2013-06-26）** 患者病情稳定，胃纳、睡眠可，小便不利，大便正常。舌暗红苔薄，脉细涩。辅助检查：骨髓常规示原始粒细胞2%，微小残留：残留白血病细胞占总数0.017%。治以益气养血，解毒抗癌。

*方药* 当归12g 三叶青20g 炮甲片9g 冬凌草20g 全蝎4g 红豆杉6g 半枝莲15g 猪殃殃15g 片姜黄9g 芡实15g 怀山药30g 炒党

参 15g 生黄芪 20g 炒陈皮 9g 炙甘草 6g 炒白术 9g 桂枝 6g 茯苓 12g 炒白芍 12g 桃仁 6g 炒丹皮 12g

中药 14 剂，每日 1 剂，水煎服两次。

**复诊（2016-10-12）** 患者病情稳定，胃纳、睡眠可，夜间小便偏多，尿不尽，大便正常。舌暗红苔薄，脉细涩。辅助检查：骨髓常规示原始粒细胞 2%，微小残留：残留白血病细胞占总数小于 0.01%。治以益气养血，解毒抗癌。

方药 当归 12g 三叶青 9g 冬凌草 20g 全蝎 4g 红豆杉 6g 猪殃殃 15g 片姜黄 9g 芡实 15g 怀山药 30g 炒党参 15g 生黄芪 20g 炒陈皮 9g 炙甘草 6g 炒白术 9g 桂枝 6g 茯苓 12g 炒白芍 12g 桃仁 6g 炒丹皮 12g 王不留行 15g 白花蛇舌草 15g

中药 14 剂，每日 1 剂，水煎服两次。

**复诊（2018-3-28）** 患者自觉精神可，日常走路无乏力感，唯解小便不爽，尿不尽感，大便较黏，舌淡紫苔白，脉细，当日血常示：WBC $6.0 \times 10^9$/L，N 67.6%，HGB 129g/L，PLT $180 \times 10^9$/L。治以活血化瘀，解毒抗癌。

方药 蛇舌草 15g 猫爪草 15g 茯苓 12g 桃仁 6g 丹皮 9g 桂枝 5g 炒白芍 12g 冬凌草 15g 佛手 9g 片姜黄 9g 当归 12g 山慈菇 9g 川芎 9g 红豆杉 6g 三叶青 6g 娑罗子 9g 杞子 12g 莪术 9g 水红花子 15g 凤尾草 15g 马齿苋 15g

中药 14 剂，每日 1 剂，水煎服两次。

**转归** 患者自从 2010 年诊断白血病至今已近 9 年，前数年定期复查骨髓常规及残留白血病细胞测定，一直处于缓解稳定，目前精神状态良好，如常人无异，现仍坚持于罗老处服中药治疗。

**按** 急性髓系白血病复发率高，一般化疗 1～2 年左右容易复发，但本例患者在化疗期间及化疗后均长期结合中医中药辅助治疗，是现代医学与中医学相结合治疗恶性血液病成功的典型案例。罗师治疗白血病善于在化疗间歇期通过补益气血以达扶正之目的，同时可减轻化疗副作用，中药在预防和治疗化疗引起的毒副作用方面有良好的作用，尤其对胃肠道副反应可有明显改善，从而提高化疗耐受力，以达到减毒增效的目的，为下次化疗争取时机。在此病例中罗师着重急性白血病"毒""瘀""虚"三大病机，在辨证治疗中用清热解毒药物祛其"毒"，用理气活血来治其"瘀"，用益气养阴药物来补其"虚"。且善于运用诸如山慈菇、猪殃殃、龙葵、红豆杉、半枝莲、蛇舌草、藤梨根等药物，此类药物多为清热解毒之品，同时经现代药理研究证实具有抗癌功效，恢复期患者正气逐渐恢复，但余邪尚未完全清除，白血病细胞仍有残留，通过运用具有抗癌作用的药物可达事半功倍的效果，从而减少白血病复发风险。

**案3　急性髓系白血病（AML-M5b）**

姜某，女，44岁，初诊时间：2015-05-21。

诊疗经过　2013年1月于浙江省某三甲医院诊断为"急性髓系白血病（M5b）"，诱导化疗一疗程达完全缓解，之后共给予11个疗程化疗，因发现"肝结核"于2015年03月15日终止化疗。于2015年05月21日为寻求中医治疗遂就诊于罗师处。

四诊　患者精神可，发热，恶风，出汗，汗后身冷，乏力，身体困倦，口苦，口中无味，无口干，胃纳欠佳，睡眠一般，小便偏黄，大便正常，舌淡红苔白腻，脉滑弦细。05月21日复查血常规示 WBC $13.0 \times 10^9$/L，HGB 85g/L，PLT $150 \times 10^9$/L。

诊断　毒劳。

辨证　瘟毒内蕴。

治法　健脾化湿，清虚热。

方药　青蒿12g　滑石15g　茯苓12g　甘草6g　姜半夏9g　藿香9g　陈皮9g　炒竹茹9g　银柴胡9g　炒莱菔子15g　炒麦芽15g　黄芩9g　桂枝6g　炒白芍6g

中药14剂，每日1剂，水煎服两次。

**复诊（2015-05-28）**　发热出汗已无，患者乏力略减轻，四肢仍欠温，胃纳睡眠可，二便调，舌淡红苔薄白，脉细。上方加茵陈15g，枳壳9g，车前子15g，米仁30g，当归12g，白茅根12g。中药14剂，每日1剂，水煎服两次。

**复诊（2015-07-07）**　患者已无发热，身冷较前好转，仍有乏力不适，近来脾气急躁，易怒，时有腹胀不适，胃纳睡眠一般，二便调，舌淡红苔薄腻，脉弦滑。外院查血常规示 WBC $5.6 \times 10^9$/L，N 47.5%，HGB 114g/L，PLT $73 \times 10^9$/L；肝功能示谷丙转氨酶（ALT）86U/L，谷草转氨酶（AST）121U/L，总胆红素（TBIL）35.1μmol/L。

辨证　肝郁气滞，痰湿内生。

治法　疏肝理气，祛湿化浊。

方药　柴胡疏肝散加减。

当归 12g　炒白芍 12g　柴胡 9g　炒枳壳 9g　川芎 9g　茯苓 12g　香附 9g　炒苍术 12g　炒米仁 30g　陈皮 9g　厚朴 6g　仙鹤草 30g　茜草 9g　荷包草 15g　平地木 12g　蛇舌草 15g　半枝莲 15g　冬凌草 15g　炒麦芽 15g　金钱草 30g　海金沙 15g　赤芍 9g

中药 14 剂，每日 1 剂，水煎服两次。

**复诊（2015-7-21）**　患者精神可，恶风、身冷、乏力症状减轻，心情较前愉悦，胃纳、睡眠可，二便正常，舌淡红苔薄白，脉弦细。外院血常规示 WBC $9.1×10^9$/L，N 47.3%，HGB 119g/L，PLT $97×10^9$/L；肝功能：ALT 24U/L，AST 28U/L，TBIL 29.1μmol/L。经服上方后肝功能较前明显好转。前方减陈皮、姜半夏、米仁、厚朴、冬凌草、茜草加野葡萄根 15g、羊乳参 15g、五加皮 12g、枸杞子 12g、鲜铁皮石斛 12g。中药 14 剂，每日 1 剂，水煎服两次。

**复诊（2015-11-17）**　患者目前精神可，乏力明显好转，无自汗、身冷，无口干口苦，胃纳可，睡眠欠佳，二便调，舌淡红苔薄白，脉细。11 月 9 日血常规、肝肾功能未见明显异常。上方减枸杞子、羊乳、五加皮、野葡萄根、鲜铁皮石斛，加用猫爪草 15g、制女贞子 12g、紫贝齿 30g、龙骨 30g、片姜黄 9g、三叶青 9g。

**转归**　患者确诊急性白血病至今已 6 年，多次复查骨髓常规持续 CR，期间曾因合并肝结核，停用化疗，且经抗结核治疗已愈。目前复查血常规血三系正常，骨髓仍 CR，精神状态佳，仍坚持于罗老处中药治疗随访中。

**按**　本案患者诊断急性白血病明确，虽前期经正规化疗达 CR，但后期化疗因合并肝结核中止。但经后期中药治疗长期无病生存，期间合并肝功能损伤、结核等均一一化解，且未见疾病复发。罗师认为在诊治白血病过程中，由于气血亏虚，体质甚差，合并症多，中医治疗亦不可墨守成方，应根据个体差异，灵活辨证，体现白血病治疗的个体化，对于合并症的治疗，经典方剂的运用往往能收获奇效，多读经典，善用经典，思路开阔，方显医师中医功底。罗师认为该病例初起太阳少阳合病，运用《伤寒论》经典方药，给予柴胡桂枝汤加减，经治疗发热已无，恶风、纳差、口苦、身冷等症明显好转。患者脾气急躁、肝功能异常，证以肝郁气滞为主，改方为柴胡疏肝散加减治疗，肝功能恢复正常。且此案例充分体现罗老在辨证治疗中，选方用药的灵活。且罗师喜用平地木、荷包草、赤芍来降肝酶，海金沙、金钱草来利胆退黄，临床效果明显。

**案 4　急性髓系白血病（AML-M1 型）**

石某，女，47 岁。初诊时间：2012-02-23。

诊疗经过　2011 年 6 月 9 日患者因"发热、乏力、四肢酸痛、牙龈肿痛、偶感胸闷"就诊于当地医院，查血常规：WBC $139\times10^9$/L，N 32%，HGB 71.2g/L，PLT $16\times10^9$/L，拟诊"急性白血病"。于 2011-06-10 入住浙江省某三甲医院，查血常规 WBC $219\times10^9$/L，HGB 70g/L，PLT $23\times10^9$/L，异常细胞占 87%。骨髓常规：原始粒细胞Ⅰ+Ⅱ型占 94%，形态学提示急性髓系白血病（AML-M1）。流式细胞学：原始髓系细胞群约占非红系细胞的 94.66%，白血病融合基因：PML-RARa 阴性，AML1-ET0 阴性，BCR/ABL 阴性。2011-06-17 起予 HAE 方案化疗，第一疗程获得 CR，共行联合化疗 4 疗程，末次化疗于 2011 年 12 月结束。由于患者化疗后易合并严重肺部感染，故不愿意再接受化疗。为继续治疗转求中医诊治，四处打听得知罗老治疗血液病声名远播，于 2012-02-23 前来罗老门诊求诊。

四诊　面色少华，神疲乏力，走路下肢困沉，睡眠不安，食欲欠佳，大便稍溏，小便正常，舌淡紫苔白腻，脉细滑。

辅检　血常规示：WBC $4.8\times10^9$/L，HGB 108g/L，PLT $164\times10^9$/L。骨髓常规示：原始粒细胞占 2%，各阶段形态无殊。残留白血病细胞约占总数的 0.021%。

诊断　急髓劳。

辨证　正虚毒恋。

治法　活血化瘀，化浊调中，解毒抗癌。

方药　四物汤合平胃散加味。

片姜黄 9g　猪殃殃 15g　茯苓 12g　姜半夏 9g　制苍术 9g　川朴 9g　炒陈皮 9g　夏枯草 12g　当归 12g　白花蛇舌草 15g　佛手 9g　生麦芽 15g　炒莱菔子 15g　合欢米 12g　冬凌草 20g　山慈菇 9g　猫爪草 15g　枳壳 9g　鸡血藤 15g　川芎 9g　炒白芍 12g　三叶青 9g　炒麦芽 15g

予中药 7 剂，每日 1 剂，水煎服两次。

复诊（2012-03-01）　患者诉服用上方后乏力有所改善，行走步伐较前轻盈，饮食较前增加，效不更方，上方续服 14 剂。

复诊（2013-03-05）　患者自诉咳嗽、咳痰，痰色白，无发热，舌淡苔白腻，脉细偏滑。复查血常规提示：WBC $6.6\times10^9$/L，HGB 120g/L，PLT $184\times10^9$/L。

骨髓常规示：原始粒细胞占 1.5%，各阶段比例无殊。残留白血病细胞约占总数的 0.031%。治以解毒抗癌，加用止咳化痰药物。

方药　片姜黄 9g　半枝莲 15g　石见穿 15g　炒白芍 12g　三叶青 20g 白花蛇舌草 15g　佛手 9g　生麦芽 20g　猪殃殃 15g　枳壳 9g　野葡萄根 15g 炒陈皮 9g　甘松 6g　当归 12g　炒苍术 12g　山慈菇 9g　滴水珠 6g　炙紫菀 12g

予中药 14 剂，每日 1 剂，水煎服两次。

**复诊（2013-06-18）**　患者诉 3 月 5 日服用 14 剂后，咳嗽明显好转，无其他不适。上方减止咳化痰药物，继续治疗 3 月。诉近稍有乏力，口干，纳可，大便干，不易排，舌淡苔白腻，脉细。复查血常规示：WBC $4.2×10^9$/L，HGB 113g/L，PLT $186×10^9$/L。骨髓常规示：原始粒细胞占 2.5%。微小残留：残留白血病细胞约占总数的 0.09%。治以理气活血，润肠通便，祛邪抗癌。

方药　片姜黄 9g　半枝莲 15g　石见穿 15g　三叶青 20g　佛手 9g　白花蛇舌草 15g　生麦芽 15g　猪殃殃 15g　猫爪草 15g　当归 12g　炒苍术 9g 山慈菇 9g　冬凌草 15g　火麻仁 15g　炒莱菔子 15g　炒枳壳 12g　川朴 9g 陈皮 6g

中药 14 剂，每日 1 剂，水煎服两次。

**复诊（2013-9-3）**　患者自诉口苦，月经来潮时腰部酸困，乏力，小腹疼痛难忍，需服用止痛药物方可缓解，饮食可，睡眠佳，二便调，舌淡紫苔白，脉细。复查血常规示：WBC $4.3×10^9$/L，HGB 107g/L，PLT $219×10^9$/L。治以温经活血，益肾壮腰，祛邪抗癌。

方药　片姜黄 9g　半枝莲 15g　肉桂 4g　吴茱萸 3g　野葡萄根 15g　半枝莲 15g　生麦芽 15g　当归 12g　川芎 9g　益母草 12g　枳壳 9g　猫爪草 15g　佛手 9g　炒白芍 12g　牛膝 12g　杜仲 12g　滴水珠 6g　益母草 12g 炒山楂 12g　蒲公英 9g　炙甘草 6g

中药 14 剂，每日 1 剂，水煎服两次。

**复诊（2013-12-3）**　患者仍诉有腰酸，行走稍多时自觉体力差，经至时小腹疼痛已缓解，纳可，二便调，舌淡红苔薄白，脉细。复查血常规示：WBC $5.9×10^9$/L，HGB 132g/L，PLT $186×10^9$/L。骨髓常规示：原始粒细胞占 3%。微小残留示：残留白血病细胞约占总数的 0.014%。治以调补脾肾，祛邪抗癌。

方药　片姜黄 9g　半枝莲 15g　三叶青 20g　威灵仙 10g　生麦芽 20g

白花蛇舌草 15g　佛手 9g　生麦芽 20g　枳壳 10g　猫爪草 15g　枸杞子 12g
槲寄生 15g　太子参 30g　滴水珠 6g　怀山药 30g　当归 12g　徐长卿 12g
炒白术 12g　茯苓 12g

中药 14 剂，每日 1 剂，水煎服两次。

**复诊（2018 年 9 月 11 日）**　患者诉上方服用至今，腰酸明显好转，行走路程较前增多，体力改善明显，纳可，二便调，舌淡红苔薄白，脉细。复查骨髓常规示：原始粒细胞占 2%。微小残留示：残留白血病细胞约占总数的 0.123%。治以调补脾肾，解毒抗癌。在原方基础上稍作增减服用 14 剂。

**转归**　患者自确诊 AML-M1 型至今已 7 年有余，虽经 4 个疗程化疗至今，病情稳定，2019-04-09 复查骨髓常规：原始粒细胞占 1%。残留白血病细胞约占总数的 < 0.031%。病情一直处于稳定，生存质量佳，体质可，坚持于罗老处门诊随访至今。

**按**　该案例为急性髓系白血病 M1 型，初诊为"高白"类型，白血病危险分层属高危患者，此分型恶性程度高，容易复发，生存时间短，但该患者只给予 4 个疗程化疗，且并发症严重，不耐受，存活 7 年以上实属奇迹。正不胜邪，本虚标实，邪正斗争贯穿急性白血病的全过程。罗老善于从虚从瘀论治，前期治疗气血双亏，补益气血为关键，病初因正气不足，使邪毒有可乘、内侵之机，且病程日久，故易产生瘀血，而瘀血的存在必然会加重或使病情延续发展，故重视瘀化、瘀消利于病情的逆转，瘀血渐消，气顺血畅，机体抗病能力增强。"瘀必致病，见瘀必化"是罗老在治疗血证方面的经验之谈，在临床应用中更善于运用血证论中化瘀经典方剂。在本案中，罗师将健脾调中，活血化瘀，解毒抗癌熔于一炉，使该患者在没有完成完整化疗疗程情况下，能得以缓解、无病生存至今已达 7 年以上，充分证实了中医药在治疗白血病方面的优势，亦体现了罗师在中医治疗白血病方面独到之处。

**案 5　急性髓系白血病（AML-M5b）**

屠某，男，56 岁，初诊日期：2013-11-29。

**诊治经过**　患者因"头晕乏力，伴活动后胸闷气急半年"于 2012-10-02 日入住浙江省某三甲医院。查体：神清，贫血貌，巩膜无黄染，浅表淋巴结未及肿大，胸骨压痛（+），肺部呼吸音清，腹软，肝脾肋下未及，双下肢无水肿，皮肤未见瘀点瘀斑，神经系统检查（-）。入院后出现发热，予注射用哌拉西林钠他唑巴坦钠抗感染。血常规示：WBC $5.7 \times 10^9$/L，N 5.4%，HGB 51g/L，PLT $69 \times 10^9$/L；异常细胞占 5%；肾小球滤过率 63.61ml/min，血肌酐 110μmol/L；心脏彩色多普勒超声：左室舒张功能减退，左室假腱索，肺动瓣、三尖瓣轻度返流，心动过速；B超示肝回声增粗，双肾回声增强，脾大，前列腺增生伴结石，双侧颈部淋巴结肿大，双侧腋窝、双侧腹股沟淋巴结偏大。2012-10-05日胸部CT示：两肺少许纤维增殖钙化灶；两侧胸腔少量积液，纵隔淋巴结显示。骨髓常规：原始单核细胞＋幼稚单核细胞占90%，考虑急性髓系白血病M5b。免疫分型：原始髓系细胞占13.4%，幼稚细胞占53.69%。骨髓活检：符合"急性髓系白血病"诊断。2012-10-11查白血病融合基因分型（骨髓）：PML-RARa阴性，AML1-ET0阴性，BCR/ABL阴性。结合形态学、免疫分型、病理、遗传学等检查，诊断：急性髓系白血病M5b。2012-10-09予HAA方案化疗。化疗后1周复查骨髓常规：有核细胞显著减少，原幼稚单核细胞6.5%。原方案巩固1疗程，第2疗程后获CR，以后定期化疗共8疗程，末次化疗于2013年11月19日结束。

四诊 面色萎黄，乏力气短，精神不振，懒动，指甲色白，间断可见皮肤出血点，淋巴结无肿大，食欲不佳，睡眠尚可，二便尚调，舌淡苔白，脉细。

辅检 复查血常规示 WBC $1.01×10^9$/L，N 52.4%，HGB 75g/L，PLT $27×10^9$/L。

诊断 急髓劳。

辨证 气血两虚。

治法 补益气血。

方药 八珍汤合玉屏风散加减。

黄芪 30g 防风 12g 炒白术 12g 太子参 30g 茯苓 12g 炙甘草 6g 熟地 12g 当归 12g 炒白芍 12g 鸡血藤 12g 鹿含草 15g 制首乌 12g 制狗脊 12g 女贞子 12g 佛手 9g 炒麦芽 15g

中药7剂，每日1剂，水煎服两次。

**复诊（2013-12-20）** 患者诉又配服中药14剂，面色苍白，乏力明显，说话声音低弱，动则心慌气短，指甲发白无光泽，饮食欠佳，睡眠一般，舌淡苔薄白，脉细。辅助检查：血常规示：WBC $1.9×10^9$/L，N 52.6%，HGB 54g/L，PLT $116×10^9$/L。上方去鹿含草加川芎 9g、仙灵脾 12g、巴戟天 12g、枸杞子 12g。

中药14剂，每日1剂，水煎服两次。

**复诊（2014-7-4）** 患者感乏力较前明显改善，精神尚可，睡眠安，食欲较前增加，唯大便较烂，舌紫苔薄，脉沉细。辅助检查：血常规示：WBC

$2.5 \times 10^9$/L，N 51.2%，HGB 123g/L，PLT $71 \times 10^9$/L。治以补益气血，解毒抗癌。

方药　生黄芪 30g　防风 12g　炒白术 12g　太子参 30g　茯苓 12g　熟地 12g　当归 12g　炒白芍 12g　鸡血藤 12g　制首乌 12g　益智仁 12g　川芎 9g　猫爪草 15g　仙鹤草 30g　龙葵 15g　片姜黄 9g　蒲黄炭 15g　红豆杉 6g　佛手 9g　炒麦芽 15g

中药 21 剂，每日 1 剂，水煎服两次。

**复诊（2014-9-5）**　自诉精神可，日常活动基本不受影响，但磕碰后容易出现皮肤瘀斑，舌偏红，苔薄白，脉细。复查骨髓常规，原始单核细胞＋幼稚单核细胞占 6%，血常规示：WBC $3.1 \times 10^9$/L，N 54.6%，HGB 129g/L，PLT $54 \times 10^9$/L。仍以益气养血为治则，兼用止血、祛邪抗癌药物。

方药　生黄芪 30g　防风 9g　炒白术 12g　太子参 30g　茯苓 12g　熟地 12g　当归 12g　山慈菇 9g　制首乌 12g　女贞子 12g　旱莲草 12g　龙葵 15g　仙鹤草 30g　猫爪草 12g　绞股蓝 9g　紫珠草 15g　红豆杉 6g　三叶青 9g　羊蹄 12g　滴水珠 6g　蛇舌草 15g　半枝莲 20g　佛手 9g　炒麦芽 15g

中药 21 剂，每日 1 剂，水煎服两次。

**复诊（2015-10-23）**　精神佳，体力尚可，皮肤未见出血点及瘀斑，舌红紫苔薄白，脉细。复查血常规示：WBC $2.9 \times 10^9$/L，N 56.5%，HGB 133g/L，PLT $59 \times 10^9$/L。骨髓常规：原始单核细胞＋幼稚单核细胞占 3%。微小残留示：残留白血病细胞约占总数的 0.065%。治以益气补肾，解毒抗癌。

方药　生黄芪 30g　防风 9g　炒白术 12g　太子参 30g　茯苓 12g　熟地 12g　当归 12g　山慈菇 9g　制首乌 12g　女贞子 12g　旱莲草 12g　莪术 9g　仙鹤草 30g　猫爪草 12g　绞股蓝 9g　紫珠草 15g　红豆杉 6g　三叶青 9g　蛇舌草 15g　半枝莲 20g　佛手 9g　炒麦芽 15g　片姜黄 9g　猪殃殃 15g

中药 21 剂，每日 1 剂，水煎服两次。

**复诊（2017-12-15）**　患者自诉目前无论精神或体力均较前有较大改观，面色、指甲红润有光泽，皮肤亦未再出现瘀斑，食欲佳，睡眠可，舌紫苔薄白，脉细涩。复查血常规 WBC $4.6 \times 10^9$/L，N 58.5%，HGB 133g/L，PLT $81 \times 10^9$/L。2017-12-05 复查骨穿示：幼稚单核细胞占 2.5%，残留白血病细胞约占总数的 0.026%。从骨髓复查情况看，仍处于完全缓解，血三系已基本接近正常。治以祛邪抗癌为主，兼以活血化瘀。

方药　当归 12g　炒白芍 12g　川芎 9g　鸡血藤 12g　制首乌 12g　紫珠草 15g　羊蹄 9g　杞子 12g　炒蒲黄 15g　怀山药 30g　三叶青 9g　猫爪草

20g　山慈菇 9g　冬凌草 15g　川芎 9g　水红花子 15g　血见愁 9g　蛇舌草 15g　滴水珠 6g　藤梨根 15g　片姜黄 9g　佛手 9g

中药 21 剂，每日 1 剂，水煎服两次。

**复诊（2018-6-15）** 患者目前精神状态如患病前，日常家务不受影响，即使进行适当的体育锻炼亦未觉不适感，睡眠、饮食均正常，二便调，舌紫，苔薄白，脉细。血常规 WBC 3.7×10⁹/L，N 1.9×10⁹/L，M 5.4%，HGB 122g/L，PLT 86×10⁹/L。查骨穿示：原始单核细胞+幼稚单核细胞占 2%，微小残留：残留白血病细胞约占总数小于 0.01%。治以补益脾肾，解毒抗癌。

方药 当归 12g　炒白芍 12g　鸡血藤 12g　制首乌 12g　杞子 12g　炒蒲黄 15g　紫珠草 15g　佛手 9g　猫爪草 30g　冬凌草 15g　蛇舌草 15g　山慈菇 9g　三叶青 9g　太子参 30g　炒白术 12g　茯苓 12g　炙甘草 6g　片姜黄 9g　全蝎 4g　野葡萄根 15g

中药 21 剂，每日 1 剂，水煎服两次。

转归 患者于 2012 年 10 月确诊急性单核细胞白血病（M5b），经第 2 个疗程 HAA 方案化疗后获 CR。之后共行 8 疗程联合化疗，末次化疗结束后开始单纯服中药至今，经多次复查骨髓持续 CR，生存时间超 5 年以上，生活恢复如常，目前仍坚持服用中药。

按 本案例属 AML-M5b 型，前期以西医正规化疗为主，后期结合中药治疗。白血病前期多因虚致病，后期因病致虚。因本案患者为完整化疗结束后来诊，属典型气血亏虚之证，罗老在本案中始终坚守八珍汤合玉屏风散加减方治疗，八珍汤气血双补，玉屏风散益气固表，同时兼用活血化瘀、解毒抗癌药物。中医讲究"效不更方"，此案例充分阐释了"效不更方"的道理。究其原因，罗老认为此患者化疗后气血亏虚，但合并症相对较少，补益气血，调补脾肾为治疗之本，证不变法亦不变。但不同白血病患者差异性很大，切莫求同，在不同的治疗阶段证不同，法亦不同，如在白血病化疗前、化疗间歇、化疗后、是否缓解等直接影响辨证分型，符合中医"同病异治"的辨证思想。

**案 6　急性髓系细胞白血病（M2a）**

朱某，男，64 岁，初诊时间：2011-06-07。

诊治经过 2010 年 4 月 11 日患者因"发热 1 周"于当地中心医院住院，因诊断不明，于 4 月 18 日转省某三甲医院血液科诊治，经完善骨髓检查确诊为急性髓系白血病 M2a（MDS 转化型）。因患者不愿接受西医化疗，5 月 18

日转回当地医院治疗 2 月余。由于反复发热，于 2010 年 7 月 27 日再次转住省另一家三甲医院，查血常规 WBC $1.8×10^9$/L，HGB 69g/L，PLT $17×10^9$/L。CRP 30.3mg/l。胸部 CT：右上肺片状毛玻璃影。腹部 B 超：肝弥漫性病变，门静脉增宽，胆囊壁毛糙。心脏 B 超：二尖瓣前后叶脱垂。给予抗感染、止血、保护心肌等治疗。于 2010 年 7 月 30 日行 HAA 方案化疗。化疗 1 周后复查骨髓常规：原始粒细胞占 1.5%。之后共行四疗程联合化疗，末次疗程于 2011 年 4 月结束。因患者不愿继续化疗，于 2011 年 6 月 7 日至罗老处转求中医治疗。

四诊　患者化疗后近 2 月，精神稍差，面色稍萎黄，整日懒困，少动，食欲不振，大便不成形，小便正常，舌淡紫胖边有齿痕，苔薄白，脉细。

辅检　复查血常规 WBC $5.6×10^9$/L，N 47.8%，HGB 135g/L，PLT $79×10^9$/L。

诊断　急髓劳。

辨证　气血亏虚。

治法　益气补血，活血解毒。

方药　八珍汤加减。

太子参 30g　炒白术 12g　茯苓 12g　当归 12g　炒白芍 12g　川芎 9g　鸡血藤 12g　片姜黄 9g　蛇舌草 15g　半枝莲 15g　三叶青 9g　杞子 12g　女贞子 12g　龙葵 15g　山慈菇 9g　滴水珠 6g　藤梨根 15g　仙鹤草 15g　佛手 9g　生麦芽 15g　炒麦芽 15g

中药 14 剂，每日 1 剂，水煎服两次。

**复诊（2011-08-02）**　自觉服用中药后精神有明显改善，面色渐红润，食欲一般，二便调，睡眠可，舌淡紫胖苔薄白，脉细。复查血常规 WBC $4.73×10^9$/L，HGB 122g/L，PLT $61×10^9$/L。骨髓常规：原始粒细胞细胞占 0.5%，肝功能：ALT 59U/L，AST 38U/L。治以调理肝脾，解毒抗癌。

方药　三叶青 9g　猪殃殃 15g　半枝莲 15g　蛇舌草 15g　龙葵 15g　当归 12g　炒白芍 12g　炒枳壳 9g　川芎 9g　炙甘草 6g　柴胡 9g　杞子 12g　荷包草 15g　半边莲 15g　生麦芽 15g　太子参 20g　茯苓 12g　炒白术 12g　仙鹤草 30g　茜草 12g　女贞子 12g　佛手 9g　片姜黄 9g　炒麦芽 15g

中药 14 剂，每日 1 剂，水煎服两次。

**复诊（2017-11-28）**　患者自服药以来，初期曾肝功能异常，经调治不久恢复正常。近期自觉怕热，口干，大便偏干，小便黄，舌红紫苔薄，脉细。辅助检查：WBC $4.6×10^9$/L，N 46.4%，HGB 145g/L，PLT $141×10^9$/L，复查肝肾功能正常。治以补益肝肾，解毒抗癌。

方药 三叶青 9g 冬凌草 15g 温山药 30g 芡实 20g 佛手 9g 黄柏 9g 当归 12g 炒白芍 12g 片姜黄 9g 杞子 12g 全蝎 4g 猪殃殃 15g 山慈菇 9g 猫爪草 20g 女贞子 12g 炒麦芽 15g 熟地 12g 半枝莲 15g 无花果 15g

中药 14 剂，每日 1 剂，水煎服两次。

**复诊（2018-12-13）** 自诉精神尚可，步履如同龄人，平时经常锻炼，无疲惫感，饮食尚可，大便稍烂，小便稍黄，舌红紫苔白，脉细。近复查血常规及肝肾功能均正常。治以滋阴益肾，抗癌解毒。

方药 当归 12g 炒白芍 12g 鸡血藤 12g 熟地 12g 黄柏 9g 三叶青 9g 半枝莲 15g 藤梨根 20g 山慈菇 9g 猪殃殃 15g 猫爪草 20g 夏枯草 12g 刺五加 30g 温山药 30g 片姜黄 9g 佛手 9g 杞子 12g 芡实 15g 炒扁豆 12g

中药 14 剂，每日 1 剂，水煎服两次。

**转归** 患者自 2010 年 4 月确诊急性髓系白血病（AML-M2a），考虑骨髓增生异常综合征转化，经四疗程联合化疗后，于 2011 年 6 月开始服中药至今，病情稳定，骨髓持续完全缓解无复发，到目前为止已无病生存 8 年半。

**按** 本案例为老年急性白血病，且为骨髓增生异常综合征（MDS）转化型，MDS 为老年患者常见血液系统疾病，骨髓典型特点可见病态造血，为恶性克隆性疾病，高危患者生存期短，且容易进展为急性白血病，预后相对较差。且老年患者体质差，化疗风险高，容易合并严重感染、心功能不全、肾衰竭等，导致 MDS 转化的老年急性白血病早期死亡率高。且大多老年患者对西医化疗有抵触心理，错失化疗时机，疾病进展快。但本案患者生存时间能超过 8 年，且未见复发，得益于前期西医化疗及早控制疾病快速进展，更得益于后期中医扶正祛邪的治疗理念。罗老认为，白血病为恶性血液病，病情进展迅速，治疗时机的把握很关键，一旦错失治疗时机，无论西医或中医都将难以挽回。目前急性白血病的复发问题一直是困扰血液科医生的难题，即使造血干细胞移植亦不能解决，但从目前中医扶正祛邪的理念来讲，"阴平阳秘则百病不生"，通过中医后期调理使机体处于平衡稳态，有望从根本上解决复发问题。从本案治疗过程看，西医"抢先"，中医"断后"，充分证明了现代医学与中医学的结合是治疗急性白血病目前可行并有效的治疗方案。

# 第二节 淋 巴 瘤

淋巴瘤是来自淋巴造血系统的恶性肿瘤，按照病理分型，分为霍奇金淋巴瘤和非霍奇金淋巴瘤。发病率呈逐年上升趋势，临床表现多样，异质性强，恶性程度不一。随着西医病理学、分子检验等水平的提高，淋巴瘤的诊断率已大大提高，目前已成为血液科常见恶性血液肿瘤之一。

中医并无恶性淋巴瘤病名，多将其归属于"痰核""瘰疬""积聚""失荣""失营""石疽"等。罗老常将淋巴瘤中医病名归属"痰核"范畴，她认为淋巴瘤多因先天禀赋不足，肾阴亏虚，水不涵木，伤及肝阴，或因饮食不节，脾失健运，外感寒湿，困遏脾阳，水湿运化无力，湿聚成痰，所谓"无痰不成核"。痰湿阻碍气机，气血运化失常，则气滞血瘀，或患病日久，因虚致瘀。罗老将淋巴瘤的致病病机归纳为"虚""痰""瘀"，正虚为本，"痰""瘀"为病理产物。罗老临床辨证常分为脾肾阳虚型与肝肾阴虚型，但临证中常兼顾"痰""瘀"，治疗以补虚为本，理气、化痰、祛湿、化瘀为表，同时兼顾健脾和胃等，随症加减，灵活用药。

## 案1 外周 T 细胞淋巴瘤（皮肤型）

滕某，女，70 岁，退休，初诊时间：2011-10-07。

**诊治经过** 患者因"左胸壁肿块进行性增大 3 月"于 2008 年 10 月 3 日在省某三甲医院门诊就诊，左侧乳房上方可触及肿块，约如核桃大小，质硬，活动度欠佳，左侧小腿处肿块约 2cm×1cm，突出皮肤，无低热盗汗，无乏力消瘦，无局部疼痛等不适，行 PET/CT 检查示：FDG 肿瘤代谢显像：左胸壁葡萄糖代谢浓聚灶，CT 见软组织密度灶，考虑恶性病变；双侧腋下未见明显葡萄糖代谢浓聚灶。局部肿块穿刺活检：（左胸壁肿块穿刺）外周 T 细胞淋巴瘤。因当时无明显不适未予特殊治疗。2008 年 10 月 20 日在浙江省某三甲医院进一步诊治，$\beta_2$ 微球蛋白 1033μg/L。B 超：左上颈、左侧锁骨上淋巴结，腹部、腹主动脉旁未见明显异常。胸部 CT 示：两肺未见明确占位，左胸壁软组织肿块，符合淋巴瘤表现。骨髓常规：骨髓未见明显异常。于 2008 年 10 月 22 日行化疗（CTX1.1g d1，VCR2mg d1，E-ADM110mg d1，Pred 90mg d1-d5，Vp-16 0.15g d1-d2）1 疗程，化疗结束后 12 天合并肺部感染，经治疗后于 11 月 18 日复查胸部 CT：对比 10 月 21 日片左胸壁肿块基本消退，右肺中叶炎症性病变考虑，两侧胸膜增厚。于 2008 年 11 月 18 日改 CHOP 方案化疗，前后共化疗 6 个疗程，末次化疗于 2009 年 3 月结束。在 6 疗程化疗结束后 3 个月出现全身皮肤多处肿块，不痛不痒，质硬，呈紫红色，左乳房下有一肿块约如大核桃大小，自用"九一丹"（购自医药公司）经麻油调制后外敷，次日出现皮肤溃烂，数日后自愈。2009 年 6 月开始在他处求中医治疗，因皮肤结节仍反复出现，于 2011 年 10 月 7 日来罗老门诊就诊。

四诊　全身可见多处皮肤结节，左乳房下肿块较大，约如蚕豆大小，呈紫红色，质硬，活动欠佳，自觉口干，怕热，近来脾气急躁易怒，睡眠、胃纳一般，大便偏干，小便偏黄。舌红苔黄腻，脉弦滑。

诊断　痰核。

辨证　肝肾阴虚型。

治法　滋阴降火，柔肝舒肝，化痰散结。

方药　四物汤加黄柏加减。

熟地 12g　当归 12g　川芎 9g　炒白芍 12g　麦冬 12g　枸杞子 12g　炒黄柏 9g　僵蚕 9g　玄参 15g　浙贝母 12g　片姜黄 9g　桑椹子 12g　三叶青 6g　猫爪草 15g　夏枯草 15g　生牡蛎（先煎）30g　佛手 9g　炒麦芽 15g　炮山甲（先煎）9g　王不留行 15g

中药 14 剂，每日 1 剂，水煎服两次。

**复诊（2011-10-21）**　服上方后口干、怕热，心烦较前减轻，皮下肿块较前有所缩小，质变软，上方加白花蛇舌草 15g，继服 14 剂。上方加减服药至 2011-12-9 患者皮肤肿块已消失，无明显不适，精神较前明显好转。之后隔周前来复诊。

**复诊（2012-04-13）**　服药后精神可，皮肤未见肿块、结节，偶有咳嗽、咳痰，食欲可，二便调，舌紫苔薄，脉细。治以清热解毒，活血散结，养阴润肺。

方药　丹皮 12g　夏枯草 12g　皂角刺 9g　全银花 15g　连翘 12g　山慈菇 9g　三叶青 20g　玄参 15g　野菊花 12g　桑白皮 12g　炙百部 12g　穿山甲（先煎）9g　猫爪草 15g　漏芦 12g　佛手 9g　浮萍 15g　紫花地丁 15g　石见穿 15g　僵蚕 12g　鲜铁皮石斛（先煎）12g

中药 14 剂，每日 1 剂，水煎服两次。

自 2012-04-27 至 2013-7-19 期间复诊，在上方基础上随症加减，患者病情稳定。

**复诊（2013-07-19）**　患者复查彩超示多部位淋巴结较前略有缩小，患

浙江中医临床名家·罗秀素

者皮肤上未见再发结节，感口干，无口苦，胃纳、睡眠可，夜间小便 2～3 次，大便正常，舌红紫苔薄，脉细略数。

方药　夏枯草 12g　山慈菇 9g　覆盆子 12g　桑螵蛸 9g　鲜铁皮石斛 12g　枸杞子 12g　皂角刺 9g　玄参 15g　猫爪草 20g　佛手 9g　全蝎 5g　片姜黄 9g　红豆杉 6g　浙贝 10g　漏芦 9g　生牡蛎 30g　金银花 15g　茶树根 15g　紫花地丁 15g　穿山甲 9g（先煎）　当归 12g　炒白芍 12g　怀牛膝 12g　白芥子 9g

中药 14 剂，每日 1 剂，水煎服两次。

转归　患者自罗老门诊就诊后皮肤结节明显好转，未再复发，多次复查彩超全身淋巴结无肿大，定期门诊复诊至今已 7 年余，现仍继续随访中，病情平稳，生活质量明显提高。

按　本案为病理确诊的外周 T 细胞淋巴瘤（皮肤型），外周 T 细胞淋巴瘤是一类种族异质性合地域变异性的成熟 T 细胞淋巴瘤，占成人非霍奇金淋巴瘤的 5%～15%，具有侵袭性、变异性大、预后差、易复发等特点。该病多见于中老年人，极少侵犯皮肤，皮肤型外周 T 细胞淋巴瘤即使通过积极治疗 5 年生存期约为 12%。该病以反复出现皮肤结节、肿块为主要表现，中医认为结节、肿块多因气滞、瘀血、痰凝日久瘀积体内所致。本案患者主要以皮肤结节、软组织肿块为主，"人之一身，无非血气周流，痰亦随之，则痰能到身体各处，流走不定"，而罗老善于从"痰"论治，以自拟消瘤丸方加减，考虑痰郁日久于表化热，合五味消毒饮清解表热，用浮萍引药达表，但病本为虚，善用覆盆子、铁皮石斛、枸杞等养阴药物调补肝脾肾三脏，并重用穿山甲、僵蚕、夏枯草加大软坚散结力度。罗师认为穿山甲走窜之性无所不至，善消各种癥瘕、积聚肿块，非重用无奇效，一般多在 9 克以上，但目前因不纳入医保报销，罗师多建议小剂量反复煎煮 3 次以上，不主张研磨吞服防止妨碍脾胃运化。此病人经罗师治疗至今未见复发，病情控制平稳。

### 案 2　套细胞淋巴瘤（Ⅳ期 A）

李某，男，83 岁，退休，初诊时间：2015-03-16。

诊治经过　2013 年 10 月患者因"发现腹股沟淋巴结肿大 2 月"在浙江某三甲医院住院，经右侧腹股沟淋巴结活检，确诊为套细胞淋巴瘤Ⅳ期 A，共予 R-CHOP 方案化疗 6 疗程，末次化疗于 2014 年 12 月 09 日结束，并诱发高血压和糖尿病，经苯磺酸氨氯地平和格列齐特维持治疗后，血压及血糖保持稳定。此后由于患者拒绝继续化疗，转求中医治疗，于 2015 年 03 月 16

日前来罗老门诊就医。

**四诊** 家人搀扶进诊室，面色青偏黑，口唇暗红，言语低微，自感乏力，口干，无骨痛，纳眠正常，舌红苔薄，脉细滑数。血常规：WBC $6.06×10^9$/L，N 72.9%，HGB 131g/L，PLT $126×10^9$/L。

**诊断** 痰核。

**辨证** 肝肾阴虚型。

**治法** 滋阴降火，疏肝理气，化痰散结。

**方药** 四物汤加黄柏合消瘤丸加减。

熟地黄 12g　当归 12g　川芎 9g　赤芍 12g　枸杞子 12g　黄柏 9g　僵蚕 9g　玄参 15g　浙贝母 12g　片姜黄 9g　桑椹子 12g　三叶青 6g　猫爪草 15g　夏枯草 15g　生牡蛎（先煎）30g　全蝎 4g　乳香 6g　没药 6g　佛手 9g　炒麦芽 15g

中药 7 剂，日 1 剂，水煎服两次。

**复诊（2015-04-6）** 精神较前佳，乏力、口干较前减轻，胃纳、睡眠可，大便欠顺畅，舌嫩紫苔薄黄，脉弦细。治以滋阴清热、软坚散结、活血化瘀。

**方药** 熟地黄 12g　当归 12g　川芎 9g　赤芍 12g　枸杞子 12g　黄柏 9g　僵蚕 9g　玄参 15g　浙贝母 12g　片姜黄 9g　猫爪草 15g　夏枯草 15g　生牡蛎（先煎）30g　全蝎 4g　乳香 6g　没药 6g　火麻仁 12g　炒枳壳 12g　佛手 9g　炒麦芽 15g　皂角刺 12g　漏芦 12g　石见穿 15g

中药 14 剂，日一剂，水煎服两次。

**转归** 患者确诊套细胞淋巴瘤至今 5 年多，西医化疗 6 疗程后未再继续治疗。于罗老门诊服中药已 4 年，精神状态佳，疾病复查无进展，现仍坚持于罗老门诊随访。

**按** 本案为高龄老年患者，经淋巴结病理确诊套细胞淋巴瘤，该病以淋巴结肿大为主要表现，5 年生存率约 25%，且对 CHOP 方案疗效不满意，只有少数病人可达完全缓解，但本案患者生存已达 5 年多。年老患者本体虚，对化疗药物耐受差，容易耗伤气血阴液，阴虚则火动，水不滋木，则肝火妄动，火灼阴液易成痰，痰停日久则留瘀。故罗师在本案中着重滋阴降火，佐化痰软坚，疏肝理气，滋补肾阴为本，化痰、理气、软坚散结为表，标本兼治，病乃易除。罗师指出恶性淋巴瘤的缓解期治疗多以"肝肾"或"脾肾"入手，抓住"痰"之成因，多能提高患者的生活质量，减少化疗次数，延长生存时间。

**案 3　弥漫大 B 细胞淋巴瘤**

郭某，男，49 岁，公司经理，初诊时间：2012-05-01。

**诊治经过**　患者因"发现左腋下肿块 1 月"于 2010 年 11 月在浙江省某三甲医院就诊，行左侧腋下肿块穿刺活检确诊为"弥漫大 B 细胞淋巴瘤"，行 R-CHOP 化疗方案 12 次，末次化疗于 2012 年 3 月结束。2012-05-01 日于罗老处转求中医治疗。

**四诊**　中年患者，既往有慢性乙肝史 10 多年。自诉化疗后自感乏力，精神不振，日常工作后易疲惫，夜间盗汗，时感口干，胃纳一般，睡眠可，小便偏黄，大便正常，舌红无苔，脉滑。

**诊断**　痰核。

**辨证**　肝肾阴虚型。

**治法**　滋补肝肾，理气散结，清热化痰。

**方药**　拟四物汤加黄柏合消瘤丸加减。

熟地黄 12g　当归 12g　川芎 9g　黄柏 9g　枸杞子 12g　炒川楝子 9g　僵蚕 9g　玄参 15g　浙贝母 12g　片姜黄 9g　桑椹子 12g　三叶青 6g　猫爪草 15g　夏枯草 15g　炒白芍 12g　生牡蛎（先煎）30g　佛手 9g　炒麦芽 15g

中药 14 剂，日 1 剂，水煎服两次。

**复诊（2012-05-15）**　患者诉服用中药后乏力、盗汗、口干症状较前均有所改善，但活动耐力仍差，食欲尚可，舌红苔薄黄腻，脉弦滑，继续上方加减服用，叮嘱少熬夜，多休息，饮食清淡，适当运动。

2012 年至 2018 年患者定期门诊随诊，坚持上方随症加减。

**复诊（2018-04-30）**　患者自诉本月复查生化示甘油三酯 7.6mmol/L，余无明显不适，精神、体力一如常人，正常工作生活不受影响，纳眠正常，舌偏紫苔薄，脉细弦。治以理气活血，软坚散结。

**方药**　玄参 20g　浙贝 12g　片姜黄 9g　皂角刺 15g　丹参 12g　生牡蛎 30g　莪术 9g　川芎 9g　漏芦 12g　山慈菇 9g　三棱 9g　炒枳壳 9g　当归 12g　猫爪草 15g　夏枯草 12g　全蝎 5g　红景天 12g　佛手 9g　刺五加 30g　炒山楂 12g　制首乌 12g　炒槐花 15g　泽泻 9g

中药 14 剂，每日 1 剂，水煎服两次。

**复诊（2018-05-21）**　近来食欲佳，时有熬夜，大小便正常，舌偏紫苔薄，脉细弦。治以滋阴清肝，活血软坚。

方药 生牡蛎（先煎）30g 夏枯草 12g 玄参 20g 浙贝 12g 川芎 9g 当归 12g 皂角刺 15g 漏芦 12g 猫爪草 15g 全蝎 5g 山慈菇 9g 熟地 12g 黄柏 9g 枸杞子 12g 制首乌 12g 泽泻 9g 炒槐米 15g 决明子 15g 炒山楂 12g 佛手 9g 片姜黄 9g

中药 14 剂，每日 1 剂，水煎服两次。

上方随症加减 2 月，复查生化示甘油三酯 2.0mmol/L，叮嘱继续加强运动，饮食控制。

**转归** 患者确诊至今生存近 9 年，于罗老处服中药近 7 年，病情长期稳定无复发，目前仍继续中药治疗，早已正常工作。

**按** 弥漫大 B 细胞淋巴瘤是非霍奇金淋巴瘤中最常见的类型，亦是一种高侵袭性淋巴瘤，虽然 CD20 单抗的出现明显改善了此类患者的预后，但部分患者仍出现复发。本案患者化疗后未再西医治疗，长期服用中药巩固，患病已近 9 年时间，生活质量明显提高。该患者为中年男性，工作压力大，生活无规律，长期熬夜，罗老认为此类患者多为中青年男性，生活无节制，导致肝气郁结，相火妄动，火灼阴液，肾阴亏耗，当以滋阴清火为主治，善用四物汤加黄柏。金元名家朱丹溪对血证论治，多从"阴虚火旺"立论，善用四物汤加清热药，诸如黄柏、芍药、栀子、生熟地等药物，阴虚而火动者，四物汤加黄柏乃"滋阴降火"之妙剂，后世医家多将此方作为滋阴降火之主方。罗老借鉴丹溪之法，在此基础随症加减，临证中收效甚著。

"舌诊"是罗老临证中精准辨证的法宝，四诊要善于观察舌质，特别是随着现代医学的进步，往往很多医师只重视检查而忽视中医四诊，只辨病不辨证，收效大打折扣。舌诊是我们中医师的基本功，舌与五脏六腑及气血津液有着密切的联系，通过动态观察舌体、舌质、舌苔、舌下络脉等变化，为精准辨证提供有力客观证据。

本案患者血脂曾明显增高，罗老认为血脂过高，气血运行缓慢，瘀滞于血管和其他器官，导致瘀血难化，疾病难除。罗师擅用决明子、炒山楂、泽泻、制首乌、炒槐米来降血脂。

**案 4 外周 T 细胞淋巴瘤**

曹某，女，66 岁，农民，初诊时间：2017-10-16。

诊治经过 2016 年 9 月份患者因"鼻塞伴眼部不适 1 年余"在省某三甲医院就诊，经鼻咽部活检，确诊为"外周 T 细胞淋巴瘤"。行 5 疗程联合化疗，末次化疗于 2017 年 9 月结束，因化疗效果欠佳，仍有鼻咽部不适感，于

2017-10-16 为求中医治疗就诊于罗老门诊。

四诊　自诉平时易乏力，畏寒，喜热饮，鼻塞似有物堵住，吞咽不顺畅，夜间张口呼吸，腰酸痛，纳可，睡眠稍差，二便通畅，舌红紫苔薄白，脉细滑。

诊断　痰核。

辨证　气虚血瘀型。

治法　健脾益气，活血化瘀，软坚散结。

太子参 30g　茯苓 12g　苍术 9g　鸡血藤 12g　仙鹤草 30g　远志 12g　佛手 9g　浙贝母 12g　玄参 15g　生牡蛎（先煎）30g　炒山楂 12g　皂角刺 15g　漏芦 12g　全蝎 4g　片姜黄 9g　夏枯草 9g　猫爪草 15g　炒麦芽 15g　当归 12g　炒白芍 12g　莪术 9g　蒲公英 9g　娑罗子 9g。

中药 7 剂，每日 1 剂，水煎服两次。

**复诊（2017-10-23）**　自诉服用上方后乏力较前稍有减轻，鼻塞稍感通畅，夜间张口呼吸有所缓解，舌脉同前，继续上方服用。

**复诊（2018-04-02）**　观神色佳，鼻塞已解，偶有鼻干、鼻衄，曾夜间口干亦解，能安然入睡，舌红紫苔薄，舌下络脉发紫，脉细数，当日血常规：WBC $4.87 \times 10^9$/L，N 64.6%，HGB 111g/L，PLT $119 \times 10^9$/L。治以清肺养阴，凉血止血，软坚散结。

方药　浙贝 12g　玄参 15g　生牡蛎（先煎）30g　皂角刺 20g　漏芦 12g　片姜黄 9g　夏枯草 9g　猫爪草 15g　当归 12g　莪术 9g　桔梗 9g　桑白皮 12g　南沙参 12g　北沙参 12g　生地榆 12g　连翘 15g　穿山甲（先煎）6g　山慈菇 9g　木蝴蝶 3g　茶树根 12g　娑罗子 9g

中药 21 剂，每日 1 剂，水煎服两次。

**复诊（2018-05-07）**　自诉鼻干、鼻衄好转，仍口干，舌嫩紫苔薄，脉细略数。治以清肺养阴，活血祛瘀，软坚散结。

方药　茶树根 12g　浙贝 12g　玄参 15g　生牡蛎（先煎）30g　皂角刺 20g　漏芦 12g　片姜黄 9g　夏枯草 9g　猫爪草 15g　当归 12g　莪术 9g　佛手 9g　桔梗 9g　穿山甲（先煎）6g　生地榆 12g　桑白皮 12g　南沙参 12g　川芎 9g　熟地 12g　炒白芍 12g　黄柏 9g　山慈菇 9g

中药 21 剂，每日 1 剂，水煎服两次。

**复诊（2018-05-28）**　目前鼻咽部无不适，无口干，胃纳可，二便调，舌红紫苔薄，脉细数。治以清肺养阴，活血祛瘀，软坚散结。

方药　浙贝 12g　生牡蛎（先煎）30g　猫爪草 15g　夏枯草 9g　当归

12g 玄参 9g 南沙参 12g 桑白皮 12g 生地榆 12g 山慈菇 9g 穿山甲（先煎）6g 片姜黄 9g 桔梗 9g 熟地 12g 炒白芍 12g 川芎 9g 黄柏 9g 茶树根 12g 佛手 9g 全蝎 4g 皂角刺 20g 漏芦 12g

中药 21 剂，日 1 剂，水煎服两次。

**转归** 患者中止化疗后定期门诊就诊，服药至今，鼻咽部症状已除，精神佳，经西医复查无明显进展。

**按** 本案例为确诊鼻咽部 T 细胞淋巴瘤 5 疗程化疗后，因西医化疗效果不理想转求中医治疗。其主要以鼻咽部不适症状为主，严重影响呼吸睡眠，生活质量明显下降。鼻为肺之窍，中医治疗鼻部疾病往往选用辛夷、苍耳子、白芷等祛风解表、通塞利窍药物，但该患者罗老并未以常规思路选方用药，因此类患者并非外感风邪束表所致，应用祛风解表药物往往不能奏效，而应从疾病致病之本入手，鼻咽部肿块形成因"痰""瘀"所致，治当清肺祛痰，活血化瘀，同时善用软坚散结药物，从本案例治疗效果看，鼻腔肿块已消，困扰患者的临床症状已除，效果明显。罗老认为中医诊治疾病切不可形成思维定式，思想中时刻要有"同病异治"的理念，致病病因不同、致病病理产物不同，治则大相径庭。只有不断尝试摸索才能总结自己的临证经验。

### 案 5 伯基特淋巴瘤（Burkitt）

韩某，女，57 岁，初诊时间：2015-11-09。

**诊治经过** 患者因"发现左乳房肿块半年"于 2015-05-08 就诊省某三甲医院，无恶寒、发热，无消瘦、乏力、盗汗等。检查示左乳外上限可及一约 4cm×5cm 大小肿块，质偏硬，边界不清，活动可，有压痛。PET-CT 示：左侧乳腺内异常摄取，左侧腋下淋巴结异常摄取，考虑为左侧乳腺 Ca 伴左腋下淋巴结转移可能。后经左乳肿块穿刺病理活检确诊"Burkitt 淋巴瘤"，临床分期Ⅳ期 A，予 R-CHOP 方案 6 疗程，末次化疗于 2015-10-07 结束。后期为巩固治疗，2015-11-09 于罗老门诊就医。

**四诊** 精神软，面色无华，神倦乏力，胃纳、睡眠欠佳，二便尚调，舌紫苔白厚腻，脉细涩。

**辅检** 2015-11-06 复查血常规示：WBC $4.0×10^9$/L，N 73.3%，HGB 111g/L，PLT $280×10^9$/L，肝肾功能正常。

**诊断** 痰核。

**辨证** 脾肾阳虚型。

**治法** 益气扶正，健脾祛湿，活血化瘀。

*方药* 六君子汤加减。

太子参 15g 茯苓 12g 制苍术 9g 炒白术 12g 姜半夏 9g 炒陈皮 9g 炒薏仁 30g 砂仁（后下）6g 当归 12g 川芎 9g 鸡血藤 12g 补骨脂 12g 炒白芥子 9g 莪术 9g 炒麦芽 15g 生黄芪 20g 防风 9g

中药 7 剂，每日 1 剂，水煎服两次。

**复诊（2015-11-23）** 患者诉乏力困倦较前略减轻，睡眠有所好转，近日纳谷不香，二便调，舌紫苔白厚，脉细缓。复查血常规示 WBC 1.82×10⁹/L，N 35.7%，HGB 116g/L，PLT 162×10⁹/L。治以健脾祛湿，活血化瘀。

*方药* 蔻仁 6g 杏仁 9g 米仁 30g 姜半夏 9g 滑石 15g 川朴 9g 通草 6g 片姜黄 12g 鸡血藤 12g 制苍术 9g 川芎 9g 防风 9g 生黄芪 15g 茯苓 12g 炒麦芽 15g 六神曲 15g 炒莱菔子 9g 生甘草 6g

中药 14 剂，每日 1 剂，水煎服两次。

**复诊（2016-01-29）** 夜寐欠安，感四肢作胀，麻木不适，双膝关节活动欠灵，舌紫苔薄白，脉细滑，治以调和气血，软坚散结，宁心安神。

*方药* 生黄芪 30g 当归 12g 鸡血藤 12g 川芎 9g 炒白芍 12g 茯苓 12g 制苍术 9g 陈皮 9g 路路通 12g 玄参 15g 炒麦芽 15g 怀牛膝 12g 浙贝 12g 补骨脂 12g 女贞子 12g 生牡蛎（先煎）30g 灵磁石 30g 刺五加 30g 皂角刺 15g 猫爪草 15g 全蝎 4g 漏芦 12g 片姜黄 9g

中药 21 剂，每日 1 剂，水煎服两次。

**复诊（2016-06-03）** 自诉晨起背部僵硬不适，双脚发麻，时有咳嗽，有痰不易咳出，胸闷，二便调，舌偏紫苔微糙，脉细。治以活血化瘀，化痰宽胸，软坚散结。

*方药* 玄参 15g 鸡血藤 12g 片姜黄 9g 乳香 5g 没药 5g 浙贝 12g 生牡蛎（先煎）30g 虎杖 15g 皂角刺 15g 莪术 9g 猫爪草 15g 穿山甲（先煎）6g 夏枯草 12g 鸡血藤 12g 伸筋草 15g 老鹳草 15g 当归 12g 莪术 9g 熟地 12g 紫石英 30g 灵磁石 30g 漏芦 12g 法半夏 9g 淡竹茹 9g

中药 14 剂，每日 1 剂，水煎服两次。

**复诊（2016-11-04）** 近日右侧项背部疱疹，带状分布，疼痛难忍，小便发黄，大便稍干，舌淡紫苔黄腻，脉细弦，治宜清热利湿，泻肝胆之火，方以龙胆泻肝汤加减。

*方药* 龙胆草 4g 黄芩 9g 柴胡 9g 生地 9g 车前子（包）15g 当归 12g 焦山栀 9g 泽泻 9g 大青叶 15g 淡竹叶 9g 滑石（包）15g 米

仁 30g　甘草 6g　冬葵子 12g　杏仁 9g　蔻仁 6g　玄参 15g　浙贝 12g　僵蚕 g　姜半夏 9g

中药 7 剂，每日 1 剂，水煎服两次。

**复诊（2016-11-11）** 背部疱疹已结痂，疼痛明显缓解，但仍有隐痛感，胃纳可，小便黄，大便调，舌紫苔薄黄，脉细弦。继以龙胆泻肝汤清利湿热，泻肝火。

方药　龙胆草 4g　黄芩 9g　柴胡 9g　焦山栀 9g　车前子 15g　大青叶 15g　当归 12g　生地 9g　米仁 30g　冬葵子 12g　姜半夏 9g　淡竹叶 9g　滑石 15g　猫爪草 15　夏枯草 12g　蜈蚣 2 条　皂角刺 15g　漏芦 12g　片姜黄 9g　甘草 6g　浙贝 12g

中药 14 剂，每日 1 剂，水煎服两次。

**复诊（2016-12-30）** 患者自诉经服用上方 14 剂后，皮肤结痂已脱落，无明显疼痛感，项背部有绷紧感，睡眠质量差，多梦易惊，舌紫苔微腻，脉细弦。复查腹部及浅表淋巴结超示：双侧颈部、腋窝、腹股沟及后腹膜均无异常肿大淋巴结，肝胆脾胰及双肾无殊，双侧乳房未发现异常。今日血常规示：WBC $3.7 \times 10^9$/L，N 39.6%，HGB 122g/L，PLT $171 \times 10^9$/L。治以清热利湿，活血通络，安神定志。

方药　黄芩 9g　柴胡 9g　焦山栀 9g　大青叶 15g　米仁 30g　淡竹叶 9g　当归 12g　姜半夏 9g　制苍术 9g　泽泻 9g　猫爪草 15g　夏枯草 12g　皂角刺 15g　漏芦 12g　全蝎 4g　炒白芥子 12g　片姜黄 9g　葛根 15g　灵磁石 30g　刺五加 30g　红景天 12g

中药 14 剂，每日 1 剂，水煎服两次。

**复诊（2018-05-11）** 自觉精神佳，背部绷紧感早已消失，睡眠质量佳，胃纳可，大小便正常，舌偏紫苔白糙，脉细，2018-04-26 复查 B 超示：双乳及腋窝淋巴结消失，双腹股沟淋巴结未见明显异常，双侧甲状腺术后，甲状腺区未见明显异常；胸部 CT 示：两肺纤维增殖钙化灶，左乳结片影，肝多发囊肿；血沉 17mm/H，肝肾功能正常，$\beta_2$- 微球蛋白 2559ug/L，血常规示：WBC $4.9 \times 10^9$/L，N 39.2%，L 52.1%，HGB 138g/L，PLT $219 \times 10^9$/L。治宜清热利湿，活血通络，软坚散结。

方药　豆蔻 5g　米仁 30g　杏仁 9g　姜半夏 9g　滑石（包）15g　通草 5g　茯苓 12g　茵陈 15g　车前子（包）15g　片姜黄 9g　猫爪草 15g　当归 12g　蜈蚣 2 条　山慈菇 9g　皂角刺 15g　漏芦 12g　莪术 9g　炒莱菔子 12g

浙江中医临床名家 · 罗秀素

浙贝 12g　炒白芥子 9g　牡蛎 30g　僵蚕 9g　乳香 5g　没药 5g

中药 14 剂，每日 1 剂，水煎服两次。

**转归**　患者化疗后免疫能力低下，曾合并带状疱疹，经中药治疗已愈，复查评估病情，疾病一直稳定，生活质量佳，持续服用中药至今。

**按**　本案是经乳房肿块病理确诊的伯基特淋巴瘤（Burkitt 淋巴瘤），为高度侵袭性的 B 细胞非霍奇金淋巴瘤，肿瘤增殖率很高，大多预后不良，复发率高。化疗虽能及早控制病情，但却造成诸多并发症，如今对于恶性血液病的治疗提倡达到长期无病生存，因此并发症的处理是否及时得当尤为重要。本案患者虽经 6 疗程化疗，后期化疗毒副反应明显，肢体麻木、带状疱疹困扰患者日常生活，严重影响患者生活质量。化疗药物易损伤正气，气血不足，血不荣络则致肢体麻木；正气不足，邪气必凑，则出现皮肤带状疱疹。罗老在本案治疗中，结合患者临床表现，着重以"湿"论治，湿阻经络易致麻木不仁，肝经湿热，外溢肌肤而发带状疱疹，治疗以清热利湿为主，常用平胃散、龙胆泻肝汤化裁。且罗老较为推崇张锡纯关于全蝎的描述："蝎子色青，味咸，性微温……原具厥阴风木之气化，故善入中肝经，搜风发汗，治痉痫抽掣，中风口眼歪斜，或周身麻痹，其性虽毒转善解毒，消除一切疮疡，为蜈蚣之伍药，其力相得益彰也"。因此在治疗血不循经、荣络闭阻中喜用蜈蚣、全蝎等虫类药物以搜风通络，临床疗效可靠。

### 案 6　鼻咽部 NK/T 细胞淋巴瘤

孙某，女，42 岁，初诊时间：2014-03-28。

**诊治经过**　患者于 2012 年 8 月因"发热"在当地某三甲医院住院，因诊断不明于 2012 年 10 月入住省某三甲医院感染科，经 PET/CT 检查诊断为右鼻腔淋巴瘤，后经病理活检确诊为鼻腔 NK/T 细胞淋巴瘤，即转至血液科，经 1 疗程联合化疗，仍发热。于 11 月转至放疗科，经放疗 5 次后体温恢复正常，以后共放疗 28 次，病情控制出院。2013-07-18 在省某三甲医院复查 PET/CT 示：非霍奇金淋巴瘤全身多部位浸润。于 2013-07-20 以"乏力，反复发热"入住当地某医院，2013-07-26 予 DICE 方案化疗，自此后定期共行 8 疗程联合化疗，末次化疗于 2014 年 03 月 14 日结束，复查 PET/CT 检查，病情控制。化疗结束后为巩固治疗转求中医，2014 年 03 月 28 日于罗老门诊就诊。

**四诊**　患者自觉乏力，口干明显，言语时常需喝水，胃纳差，不能进食米饭，只能喝粥，味觉、嗅觉失灵，时有泛酸，夜寐欠佳，夜尿多，大便正常，舌红绛苔少，脉细数。

辅检　血常规示 WBC $1.10 \times 10^9$/L，N 61.5%，HGB 68g/L，PLT $77 \times 10^9$/L。

诊断　痰核。

辨证　肺肾阴虚证。

治法　滋肾养阴，收敛固涩，软坚散结。

方药　太子参 30g　麦冬 12g　五味子 6g　炙甘草 6g　熟地 12g　当归 12g　炒白芍 12g　制女贞子 12g　旱莲草 12g　金樱子 12g　覆盆子 12g　煅瓦楞子 15g　枸杞子 12g　制首乌 15g　佛手 9g　鲜铁皮石斛 12g　炒麦芽 15g

中药 14 剂，每日 1 剂，水煎服两次。

**复诊（2014-04-11）**　患者目前化疗后 1 月，服上药后乏力、口干、纳差、泛酸等症较前减轻，睡眠仍欠佳，夜尿次数减少，大便正常，舌红绛苔少，脉细。今复查血常规示 WBC $2.16 \times 10^9$/L，N 72%，HGB 74g/L，PLT $118 \times 10^9$/L。患者仍有口干、舌红绛苔少，脉细。罗师考虑其肝肾阴虚，治以益肾养阴，收敛固涩，软坚散结，拟四物汤加黄柏合消瘤丸加减。

方药　北沙参 12g　麦冬 12g　制玉竹 12g　炙甘草 6g　生地 9g　当归 12g　炒白芍 12g　女贞子 12g　旱莲草 12g　金樱子 12g　覆盆子 12g　煅瓦楞子 15g　枸杞子 12g　制首乌 12g　佛手 9g　鲜铁皮石斛 12g　炒麦芽 15g　黄柏 9g　鸡血藤 15g　元参 15g　浙贝 12g　仙鹤草 15g　梅花 6g　生牡蛎 30g

中药 14 剂，每日 1 剂，水煎服两次。

**复诊（2015-01-02）**　精神可，口干已明显好转，胃纳、睡眠可，大小便正常，无怕冷，舌红绛苔薄，脉细数。2014-12-27 血常规示 WBC $2.6 \times 10^9$/L，N 80%，HGB 125g/L，PLT $143 \times 10^9$/L，PET-CT 示：右肺下叶有纤维病灶，考虑淋巴瘤浸润可能。治以滋肾润肺养阴兼软坚散结。

方药　北沙参 12g　麦冬 12g　制玉竹 12g　炙甘草 6g　生地 12g　当归 12g　炒白芍 12g　煅瓦楞子 15g　枸杞子 12g　佛手 9g　鲜铁皮石斛 12g　桑白皮 12g　元参 15g　大枣 15g　全蝎 4g　浙贝 12g　梅花 6g　生牡蛎 30g　天冬 12g　桔梗 9g　乳香 5g　桑黄 20g　灵芝 12g　五味子 6g　炙百部 9g　夏枯草 12g　桑椹子 15g　猫爪草 15g

中药 14 剂，每日 1 剂，水煎服两次。

**复诊（2015-10-30）**　精神佳，口干燥已明显好转，言语时无需再补水，无乏力，胃纳、睡眠可，大小便正常，舌红绛较前明显改善，苔薄有剥落，脉细数。2015-10-30 血常规示 WBC $3.5×10^9$/L，N 79.5%，HGB 130g/L，PLT $120×10^9$/L。治以滋肾养阴润肺兼软坚散结。

方药　北沙参 12g　麦冬 12g　制玉竹 12g　炙甘草 6g　天冬 12g　当归 12g　炒白芍 12g　煅瓦楞子 15g　鲜铁皮石斛 12g　桑白皮 12g　元参 15g　浙贝 12g　梅花 6g　生牡蛎 30g　桔梗 9g　夏枯草 12g　桑椹子 15g　猫爪草 15g　片姜黄 9g　制女贞子 12g　墨旱莲 12g　黄柏 9g　熟地 12g　川芎 9g

中药 14 剂 每日 1 剂，水煎服两次。

**复诊（2016-01-01）**　患者精神可，味觉、嗅觉基本恢复正常，无明显不适，二便调，舌红绛苔薄，脉细。2015-12-27 复查胸部 CT 平扫示右肺中、下叶病灶对比 2015-08-17，病灶较前缩小。治以滋肾养阴润肺兼软坚散结。

方药　北沙参 12g　麦冬 12g　制玉竹 12g　炙甘草 6g　天冬 12g　当归 12g　炒白芍 12g　煅瓦楞子 15g　鲜铁皮石斛 12g　桑白皮 12g　元参 15g　浙贝 12g　梅花 6g　生牡蛎 30g　桔梗 9g　夏枯草 12g　桑椹子 15g　猫爪草 15g　片姜黄 9g　制女贞子 12g　黄柏 9g　熟地 12g　川芎 9g　五味子 6g　僵蚕 9g

中药 14 剂 日 1 剂，水煎服两次。

**复诊（2016-7-15）**　患者自诉近来有咽干，咳嗽、咳痰，痰少略黄，痰黏不易咳出，无胸闷气急，无发热恶寒，舌红绛苔少，脉细偏浮数。7 月 4 日复查血常规示 WBC $3.3×10^9$/L，N 73%，HGB 107g/L，PLT $166×10^9$/L，肝肾功能正常，鼻窦 CT 示：两侧副鼻窦炎考虑，右侧鼻腔及右侧鼻咽腔后部增厚，请排除肿瘤病变，后经鼻腔镜检查无异常。治以滋阴益肾、养阴润肺、软坚散结。

方药　北沙参 12g　麦冬 12g　制玉竹 12g　天冬 12g　当归 12g　炒白芍 12g　煅瓦楞子 15g　鲜铁皮石斛 12g　桑白皮 12g　元参 15g　浙贝 12g　蒲公英 9g　生牡蛎 30g　桔梗 9g　夏枯草 12g　桑椹子 15g　猫爪草 15g　片姜黄 9g　黄柏 9g　熟地 12g　川芎 9g　怀山药 30g　连翘 12g　石见穿 15g　枸杞子 12g　山慈菇 9g　瓜蒌皮 9g　黄芩 12g

中药 14 剂 日 1 剂，水煎服两次。

**复诊（2016-09-09）**　患者诉咳嗽咳痰，咽干等症较前明显好转，胃纳睡眠可，大小便正常，舌红绛苔少，脉细偏浮数。复查血常规示 WBC $3.8×10^9$/L，N 82.7%，HGB 118g/L，PLT $159×10^9$/L。上方去蒲公英、瓜蒌皮、黄芩，加肺形草 15g，杏仁 9g，桃仁 6g，木蝴蝶 3g。

转归 患者自化疗结束后一直在罗师门诊就诊服中药至今已5年，目前患者病情平稳，西医复查未见明显异常。

按 本案患者为西医确诊鼻咽部 NK/T 细胞淋巴瘤，该病为非霍奇金淋巴瘤中较为少见类型，西医以放疗联合化疗治疗为主，无根治方法，低度恶性患者可以单纯化疗为主，中高度恶性则需放疗联合化疗治疗。本案患者经多次放疗及化疗方达到病情控制，后期巩固以中药治疗为主。该患者为中年女性，罗老根据患者四诊辨证，长期口干、咽干，特别是患者舌诊，舌质红绛无苔，属典型肺肾阴虚之证，究其原因为多次放化疗导致肺肾亏虚，阴液耗竭，阴虚内热，虚火上炎，故呈现口咽干燥。肾气不固则夜尿频多。中医有云"阳虚易治，阴虚难调"，因此在该患者整个治疗过程中，以生脉饮为主方，另取六味地黄汤之意，同时应用滋肾养阴药物，以达补肺肾阴之功。

### 案7 滤泡性淋巴瘤

许某，女，38岁，初诊时间：2013-01-10。

诊治经过 2009年12月患者因右耳后包块，如鸽蛋大小，于上海某人民医院就诊，经手术病理活检诊断"滤泡性淋巴瘤"，初始嘱观察，经中医治疗10月后，渐渐出现身体消瘦、咳嗽、低热，行 PET-CT 检查发现全身淋巴结肿大，于2010年10在省某三甲医院行化疗（CHOP 方案4个疗程+R-CHOP 方案4个疗程），至2012年7月复发，再次行6疗程（R-CHOP 方案）化疗，后经人介绍于2013-01-10至罗老门诊寻求中医治疗。

四诊 精神软，感乏力，胸闷、心慌，活动后明显，夜间盗汗，睡眠欠佳，胃纳一般，大小便正常，舌红绛，苔薄白，脉细数。

诊断 痰核。

辨证 肝肾阴虚型。

治法 滋补肝肾，软坚散结，宁心敛汗。

方药 四物汤加黄柏合消瘤丸加减。

浙贝20g 玄参15g 生牡蛎30g 山慈菇9g 海螵蛸15g 当归12g 炒白芍12g 炮山甲6g 川芎9g 皂角刺15g 三叶青15g 炒枣仁20g 漏芦9g 猫爪草15g 生地12g 茶树根12g 浮小麦30g 太子参30g 黄柏9g

中药7剂 日1剂，水煎服两次。

复诊（2013-04-23） 患者精神可，诉盗汗较前好转，乏力、胸闷、心慌较前减轻，胃纳可，二便调，舌红绛苔薄白，脉细数。治以活血化瘀，消瘤散结。

　　*方药*　浙贝 20g　玄参 15g　生牡蛎 30g　山慈菇 9g　当归 12g　生地 12g　炮山甲 6g　青龙衣 9g　皂角刺 15g　三叶青 15g　灵芝 12g　漏芦 9g　猫爪草 15g　徐长卿 12g　生黄芪 30g　片姜黄 9g　僵蚕 9g　炒白芍 12g　黄柏 9g　麦冬 9g　五味子 6g　佛手 9g

　　中药 7 剂　日 1 剂，水煎服两次。

　　**复诊（2018-04-23）**　经上方治疗至今，精神可，已无盗汗，乏力心慌已明显改善，近日咽痒咳嗽，晨起有痰，睡眠欠佳，舌紫暗，苔薄，脉细略数。治以消瘤散结，佐以化痰安神。

　　*方药*　浙贝 12g　漏芦 12g　当归 12g　皂角刺 15g　片姜黄 9g　猫爪草 15g　山慈菇 9g　玄参 15g　生牡蛎 30g　茶树根 15g　徐长卿 12g　牛膝 12g　女贞子 12g　刺五加 30g　炒白芍 12g　杞子 12g　娑罗子 9g　珍珠母（先煎）30g　紫贝齿 30g　炒枣仁 20g　木蝴蝶 3g　瓜蒌皮 9g　蝉蜕 6g

　　中药 14 剂　每日 1 剂，水煎服两次。

　　**复诊（2018-06-04）**　患者诉月经每至，量少，色黯，伴血块，精神、睡眠均已如常，胃纳可，二便调，舌红嫩苔薄，脉细。治以益肾调经，消瘤散结。

　　*方药*　浙贝 12g　漏芦 12g　当归 12g　皂角刺 15g　片姜黄 9g　猫爪草 15g　山慈菇 9g　玄参 12g　生牡蛎（先煎）30g　茶树根 15g　徐长卿 12g　牛膝 12g　女贞子 12g　刺五加 30g　炒白芍 12g　杞子 12g　娑罗子 9g　紫贝齿（先煎）30g　炒枣仁 20g　全蝎 4g　益母草 15g　益智仁 12g　金樱子 12g

　　中药 14 剂，每日 1 剂，水煎服两次。

　　*转归*　患者确诊淋巴瘤已 9 年，坚持于罗老门诊中药调理 6 年，病情平稳，目前已正常上班近三年。

　　**按**　本例为经病理确诊的滤泡性淋巴瘤患者，滤泡性淋巴瘤是滤泡生发中心来源的惰性 B 细胞淋巴瘤，约占非霍奇金淋巴瘤的 13%，其临床表现及预后具有明显异质性，治疗后易复发，且有可能转变为具有较强侵袭性的 B 细胞淋巴瘤。该案患者患病初期曾接受中医治疗，但疾病进展快，改为西医化疗。罗老在治疗恶性血液病过程中，始终强调西医与中医相结合的阶段性诊治思路，恶性血液病初期病势迅猛，进展快，若坚持中医治疗，容易贻误病情，前期可以西医治疗为主，待病势缓和，以中医长期巩固，既可调理因放化疗所带来的脏器亏虚，又可巩固疗效，防止复发。"衷中参西，西为中用"是罗老坚持的诊治经验，结合现代医学先进的检验条件，早期诊断，早期治疗。

该患者化疗后有反复心悸的表现，罗老善用苦参、徐长卿、茶树根等药物以改善心悸等表现，现代研究表明苦参、徐长卿、茶树根有减慢心率、抗心律失常的作用。

年轻患者初患恶性疾病，多思想压力大，整日忧心忡忡，担忧疾病复发，罗老在治病时善言宽慰，耐心疏导，解除其焦虑，鼓舞信心。罗老说"善治病者，既善医病，更善医心，患者心情舒畅，则病自愈半矣"。

## 案8　T淋巴母细胞淋巴瘤

傅某，男，23岁，初诊时间：2013-12-13。

诊治经过　患者因"发热伴咳嗽"于2013年5月27日在当地医院就诊，胸部CT示：前上、中纵隔恶性肿瘤，考虑胸腺瘤或淋巴瘤，病灶累及心包；右肺中叶支气管受压变窄，远端阻塞性肺炎，心包积液；右侧胸腔积液。患者于2013年5月28日前往上海复旦大学附属某医院就诊，查血乳酸脱氢酶（LDH）：483u/L，行PET/CT：1.纵隔糖代谢增高，SUVmax 9.0，双侧锁骨区、纵隔、膈上、肝胃间隙可见糖代谢增高的肿大淋巴结，考虑恶性病变。2.双肺炎症，右肺中叶阻塞性肺炎，心包积液。患者2013年5月30日在超声引导下行纵隔肿块穿刺，病理活检：（前纵隔）非霍奇金淋巴瘤，T淋巴母细胞淋巴瘤。免疫组化：LCA（++），CD20（-），CD79a（-），CD3（+），CD56（-），BCL-2（+），CyClinD-1（-），CD5（+），TDT（+），CD34（少数+），BCL-6（-），CD10（+），MUM-1（-），CD4（++），CD8（++），Ki-67（近100%）。2013年5月31日行骨髓穿刺未见骨髓累及。予地塞米松针5mg ivgtt每日1次，4天后咳嗽好转。于2013年6月5日予以Hyper-CVAD方案A方案化疗，并于2013年6月27日行腰穿+鞘注化疗，2013年6月29日行Hyper-CVAD方案B方案治疗。2013年7月23日行胸腹部CT复查，疗效评估为PR。2013年7月24日至8月24日再次予Hyper-CVAD方案A、B方案化疗，2013年9月11日复查胸腹CT，评估疗效为持续PR。9月12日至10月13日再次行Hyper-CVAD方案A、B方案治疗。该疗程前后行2次腰穿+鞘注化疗。2013年11月28日胸腹部CT平扫+增强：前纵隔少许软组织影，较2013年9月11日大致相仿。腹部、盆腔平扫+增强：腹部、盆部CT未见明显占位征象。血生化、血常规正常，LDH 209u/L，评估病情仍维持PR。因患者不愿意接受放疗及干细胞移植治疗，建议门诊随访。患者为维持治疗，转求中医诊治，于 2013-12-13 前来罗老门诊就诊。

　　**四诊**　精神不振，面色无华，自觉言语气短，稍加活动易感疲劳，纳谷不佳，时有干呕，形体消瘦，饮食一般，二便调，舌红紫苔薄，脉细数。

　　**诊断**　痰核。

　　**辨证**　肝肾阴虚型。

　　**治法**　滋肾养阴，化痰散结。

　　**方药**　六味地黄汤加减。

　　天冬 9g　熟地 9g　山茱萸 12g　玄参 12g　炒白芍 12g　杞子 12g　浙贝 12g　生牡蛎 30g　当归 12g　夏枯草 12g　猫爪草 15g　片姜黄 9g　姜竹茹 9g　三叶青 12g　全蝎 4g　鲜铁皮石斛 12g　炒麦芽 15g　怀山药 30g　刀豆壳 12g

　　中药 14 剂，日 1 剂，水煎服两次。

　　**复诊（2013-12-27）**　面色少华，口干，胃纳稍振，舌红苔薄，脉细数。治以滋阴益肾，活血通络，解毒散结。

　　**方药**　太子参 30g　麦冬 12g　五味子 6g　玄参 12g　浙贝 12g　牡蛎 30g　当归 12g　杞子 12g　片姜黄 9g　桑椹子 12g　怀山药 20g　猫爪草 15g　夏枯草 12g　全蝎 4g　蜈蚣 2 条　桑黄 15g　佛手 9g　皂角刺 9g　三叶青 12g　鲜铁皮石斛 12g　炒麦芽 15g　焦六曲 12g

　　中药 14 剂，日 1 剂，水煎服两次。

　　**复诊（2014-01-24）**　神色较前明显好转，自觉咽干，喉中有痰不易咳出，纳眠正常，唯感身有烘热感，舌红苔薄，脉细数。复查肝肾功能正常，血常规 WBC $3.9×10^9$/L，N 49.1%，HGB 122g/L，PLT $150×10^9$/L。治以滋阴益肾，软坚散结，佐清虚热。方以四物汤加黄柏加减治疗。

　　**方药**　玄参 12g　杞子 12g　浙贝 12g　牡蛎 30g　当归 12g　片姜黄 9g　夏枯草 12g　猫爪草 15g　怀山药 30g　全蝎 4g　蜈蚣 2 条　桑黄 15g　熟地 12g　炒白芍 12g　川芎 9g　黄柏 9g　地骨皮 12g　皂角刺 9g　僵蚕 9g　佛手 9g　怀山药 30g　红豆杉 6g　山慈菇 9g　灵芝 12g　木蝴蝶 3g　瓜蒌皮 9g　皂角刺 12g　漏芦 12g　炒麦芽 15g

　　中药 14 剂，日 1 剂，水煎服两次。

　　**复诊（2016-04-22）**　患者自服中药后面色较前红润，体力明显改善，自觉生活如常人，舌红紫苔薄，脉细。辅助检查：CT 示：平扫肺窗示两肺纹理清晰，走向分布无异常，右肺中叶见条索状密度增高影，边界清，余肺实质未见渗出或占位病变。纵隔窗显示两肺门无增大，气管、支气管通畅，气管居中，纵隔未见肿大淋巴结。治以滋阴益肾，软坚散结。

**方药** 玄参 12g 牡蛎 30g 片姜黄 9g 莪术 9g 僵蚕 9g 炒白芍 12g 当归 12g 杞子 12g 麦冬 9g 太子参 30g 五味子 6g 佛手 9g 灵芝 12g 石见穿 15g 浙贝 12g 夏枯草 12g 猫爪草 15g 怀山药 30g 川芎 9g 炒麦芽 15g 三叶青 9g 皂角刺 12g

中药 14 剂，日 1 剂，水煎服两次。

**复诊（2018-08-31）** 自诉近几月易感冒，但未见迁延不愈，饮食可，二便调，睡眠佳，舌偏紫苔薄白，脉细。复查胸部 CT 示：两肺纹理清晰，左肺舌段及右肺中叶少许斑点、条索影，余肺实质未见渗出或占位病变，增强后未见明显异常强化。气管、支气管通畅，气管居中，纵隔未见肿大淋巴结。胸腔后缘未见明显液性密度影。治以滋阴益肾，益气固卫，软坚散结。

**方药** 玄参 12g 杞子 12g 桑椹子 12g 当归 12g 片姜黄 9g 川芎 9g 炒白芍 12g 浙贝 12g 牡蛎 30g 夏枯草 12g 猫爪草 30g 灵芝 12g 佛手 9g 皂角刺 15g 怀山药 30g 生黄芪 30g 防风 9g 炒白术 12g 全蝎 4g 桑黄 20g 漏芦 12g 刺五加 30g 炒麦芽 15g

中药 14 剂，日 1 剂，水煎服两次。

**转归** 患者自 2013 年 12 月服中药至今已 5 年余，多次复查（患者在 2014 年同 2015 年每年均作 CT 检查两次，告知结果均无纵隔淋巴结肿大。后因搬家，检查报告丢失，故无法具体描述）未见病情进展或复发，并于去年 3 月结婚。

**按** 本案是经纵隔肿块病理活检确诊的 T 淋巴母细胞淋巴瘤患者，该病为淋巴瘤中较为少见类型，一般好发于青少年，男性多见，主要发于淋巴结，常累及纵隔、骨髓及中枢神经系统，且易演变为白血病。其临床表现独特，病程短，预后不佳。本案患者虽经多次化疗，但一直未达到 CR，持续维持 PR 状态，服用中药近 5 年余，病情无进展。本案患者或口干、咽干、喉中有痰，或易感烘热，舌红少苔或无苔，一派阴虚之证，青年男性患者，体质本该气血充足、阴阳平衡之态，如此真阴亏损，当与疾病本身及化疗密不可分，罗老在本案治疗中，始终坚守滋阴为治则，同时应用活血化瘀、软坚散结药物，或补益肺阴，或滋肾养阴，多选用六味地黄汤、生脉饮等加减。罗老认为针对此类患者当补中有攻，攻中有补，攻补兼施。补为基础，真阴得以填补，攻则后方有援；攻为方略，以攻代守，真阴可存。但治疗此证医师当有耐心，更善于守方，切莫心浮气躁，追求短期疗效，否则定当无功而返。

**案9　弥漫大 B 细胞淋巴瘤**

郑某，男，71 岁，初诊时间：2010-02-24。

诊治经过　2009 年 9 月患者因无意中发现左腋下肿块（约 3.0cm×4.0cm 大小）而入住省某三甲医院，经活检确诊为：弥漫大 B 细胞淋巴瘤（多型体亚型），既往无高血压、糖尿病史，因拒绝化疗，要求出院。后于 2010-02-24 日至罗老门诊求中医诊治。

四诊　老年患者，自觉口干，面色偏红，心情急躁，有烘热感，夜间盗汗，精神可，纳眠佳，便调，舌红绛，苔薄，舌下络脉色紫，脉细涩偏数。

诊断　痰核。

辨证　肝肾阴虚型。

治法　滋肾柔肝，理气散结，清虚热。

方药　拟四物汤加黄柏合消瘤丸加减。

当归 12g　炒白芍 12g　川芎 9g　生地 12g　黄柏 9g　玄参 15g　浙贝 15g　三叶青 20g　皂角刺 12g　佛手 9g　五倍子 5g　全蝎 5g　枸杞子 12g　片姜黄 12g　地骨皮 12g　丹参 30g　生牡蛎（先煎）30g　桑椹子 12g　漏芦 12g　穿山甲（先煎）9g　猫爪草 15g

中药 7 剂，日 1 剂，水煎服两次。

**复诊（2012-12-12）**　自诉服上方后烘热有改善，夜间盗汗减轻，肤色、巩膜均无黄染，纳可，小便稍偏黄，大便调，舌红绛苔少，舌下络脉粗壮，脉细涩。复查总胆红素高，血三系正常。治以滋阴补肾，疏肝利胆，软坚散结。

方药　天门冬 12g　黄肉 12g　杞子 12g　桑椹子 12g　制玉竹 12g　玄参 15g　浙贝 15g　三叶青 20g　皂角刺 12g　佛手 9g　红豆杉 8g　全蝎 5g　当归 15g　片姜黄 12g　金钱草 30g　海金沙（包）15g　牡蛎（先煎）30g　赤芍 12g　漏芦 12g　山慈菇 12g　穿山甲（先煎）9g　猫爪草 15g

中药 14 剂，每日 1 剂，水煎服两次。

**复诊（2013-07-24）**　诉时有下肢肌肉抽搐，精神可，胃纳、睡眠可，大小便正常，舌红绛苔少，舌下络脉瘀滞较前减轻，脉细涩。治以滋阴补肾，消瘤散结，佐舒筋活络。

方药　玄参 15g　皂角刺 12g　红豆杉 8g　鲜铁皮石斛 12g　浙贝 15g　僵蚕 12g　炒白芍 12g　天门冬 12g　黄肉 12g　金钱草 30g　赤芍 12g　佛手

9g 片姜黄 12g 杞子 12g 当归 12g 夏枯草 12g 三叶青 15g 穿山甲 9g 猫爪草 15g 海金沙 15g 牡蛎 30g 木瓜 12g

中药 14 剂，日 1 剂，水煎服两次。

**复诊（2013-09-04）** 自诉下肢肌肉抽搐消失，无乏力感，纳眠正常，舌红绛苔少，舌下瘀滞，脉细涩。近期复查肝功能，总胆红素 30μmol/L，较前有明显降低，复查彩超未发现淋巴结肿大。治以滋阴补肾，疏肝利胆，消瘤散结。

方药 玄参 15g 皂角刺 12g 红豆杉 8g 佛手 9g 北沙参 12g 麦冬 12g 五味子 6g 鲜铁皮石斛 12g 浙贝 15g 炒僵蚕 12g 天门冬 12g 炙鳖甲 24g 漏芦 12g 海金沙 15g 金钱草 30g 赤芍 12g 当归 12g 猫爪草 15g 杞子 12g 穿山甲 9g 片姜黄 12g 牡蛎 30g

中药 14 剂，日 1 剂，水煎服两次。

**复诊（2014-03-30）** 诉精神、体力佳，日常生活不受影响，稍觉食欲欠佳，口中无味，二便调，舌红绛苔薄，脉细。近期行全面复查，肝肾功能正常，血三系正常，淋巴结彩超未发现异常肿大淋巴结。继以活血化瘀，软坚散结治疗。

方药 生牡蛎 30g 玄参 15g 猫爪草 15g 皂角刺 12g 浙贝 15g 漏芦 12g 夏枯草 12g 僵蚕 12g 佛手 9g 鲜铁皮石斛 12g 片姜黄 9g 熟地 12g 当归 12g 炒白芍 12g 川芎 9g 黄柏 9g 三叶青 12g 刺五加 20g 赤芍 12g 生麦芽 15g 炒麦芽 15g

中药 14 剂，日 1 剂，水煎服两次。

**转归** 患者自确诊淋巴瘤坚持服用中药至 2016 年底，此后未再复诊，目前随访自诉体质可，生活如常。

**按** 本案为病理活检确诊弥漫大 B 细胞淋巴瘤的老年患者，本人及家属因考虑年龄因素及化疗副作用，拒绝西医化疗，之后坚持中医中药治疗 6 年。虽然弥漫大 B 细胞淋巴瘤为高侵袭性，但患者至今未见结外浸润及病情进展，充分证明中医治疗恶性血液病的有效性。罗老认为目前老年恶性血液病发病呈逐年上升趋势，无论西医或是中医，在治疗中应充分考虑患者年龄因素、体质状况、治疗意愿及家庭经济情况，切莫一概而论，造成人财两空的境地。本案中罗老结合患者年龄及体质状况，始终以滋阴补肾，消瘤散结为治则，缓补缓攻，随症加减，瘀去瘤消，病乃除矣。因此针对老年患者，若无化疗基础或意愿，可结合中医中药治疗亦可达到控制疾病之目的。

**案 10　胃黏膜相关淋巴组织淋巴瘤**

吴某，男，64 岁。初诊时间：2012-11-14。

诊治经过　2011 年 6 月患者因"胃部饱胀、黑便"于杭州市某三甲医院就诊，经胃镜检查病理活检确诊"胃黏膜相关淋巴组织淋巴瘤"。经 6 个疗程的 R-CHOP 方案化疗，2012 年 11 月 11 日行外周淋巴结彩超示：双侧颈部、腹股沟均可探及低回声团。为求进一步诊治，于 2012 年 11 月 14 日至罗老门诊就诊。

四诊　面色无华，神疲乏力，稍加活动即感心慌，胃纳一般，二便调，舌淡苔白，脉细。

辅检　血常规示：WBC $3.8×10^9$/L，HGB 119g/L，PLT $180×10^9$/L。淋巴结 B 超示：双侧颈部、腹股沟 B 超检查均可探及低回声团。

诊断　痰核。

辨证　气血亏虚。

治法　益气养血，化痰散结。

方药　四君子汤合玉屏风散加减。

太子参 30g　茯苓 12g　白术 12g　黄芪 30g　防风 12g　炒僵蚕 12g　无花果 15g　玄参 12g　蛇蜕 9g　当归 12g　漏芦 12g　佛手 9g　茶树根 12g　枳壳 9g　炒麦芽 15g　焦六神曲 15g　浙贝母 20g　生牡蛎 30g（先煎）

中药 7 剂，每日 1 剂，水煎服两次。

**复诊（2012-12-19）**　患者自觉乏力较前有所改善，但活动后仍有疲劳感，皮肤瘙痒，胃纳一般，二便调，舌淡苔白，脉细。复查血常规提示：WBC $4.3×10^9$/L，HGB 132g/L，PLT $165×10^9$/L。治以补中益气固表，理气活血软坚。

方药　太子参 30g　茯苓 12g　白术 12g　黄芪 30g　防风 12g　炒僵蚕 12g　无花果 15g　炒芥子 9g　蛇蜕 9g　当归 12g　漏芦 12g　佛手 9g　枳壳 9g　炒麦芽 15g　蒺藜 12g　皂角刺 12g　莪术 10g。

中药 14 剂，每日 1 剂，水煎服两次。

**复诊（2013-04-24）**　自觉仍有活动后心慌，皮肤瘙痒，胃纳一般，大便不成形，舌偏紫，苔薄白，脉细数。复查血常规示：WBC $5.7×10^9$/L，HGB 121g/L，PLT $198×10^9$/L。B 超复查示：双侧腋下、左右腹股沟均可触及肿大淋巴结，最大直径约 2.6cm×0.8cm。治以健脾益气，软坚散结。

方药　太子参 30g　徐长卿 12g　黄芪 30g　白芍 12g　茯苓 12g　皂角刺 12g　片姜黄 12g　白术 12g　漏芦 9g　炒僵蚕 12g　姜半夏 9g　三叶青

15g 佛手 9g 茶树根 12g 枸杞子 12g 炒麦芽 15g 全蝎 4g 穿山甲 9g 红豆杉 6g 当归 12g 无花果 20g

中药 14 剂,日 1 剂,水煎服两次。

**复诊(2013-09-11)** 患者诉牙龈肿痛,体力尚可,胃纳一般,二便尚调,舌淡,苔白腻,脉细。复查血常规示:WBC $4.2×10^9$/L,HGB 136g/L,PLT $167×10^9$/L。治以健脾祛湿,清胃热,软坚散结。

方药 太子参 30g 茯苓 12g 黄芪 30g 防风 12g 徐长卿 12g 无花果 15g 炒芥子 9g 白术 12g 当归 12g 漏芦 9g 佛手 9g 枳壳 9g 全蝎 4g 石斛 12g 茶树根 12g 皂角刺 12g 穿山甲 6g 枸杞子 12g 石膏 10g 知母 9g 猫爪草 15g 片姜黄 9g 米仁 30g 炒苍术 9g 炒莱菔子 9g

中药 14 剂,日 1 剂,水煎服两次。

**复诊(2013-12-15)** 患者自诉牙龈肿痛已好转,精神、体力均尚可,寐可,二便调,舌紫苔薄,脉细。复查 B 超示右腋下淋巴结肿大 2.3cm×0.8cm,双侧腹股沟无肿大淋巴结。治以健脾益气,软坚散结。

方药 猫爪草 15g 皂角刺 12g 橘络 6g 漏芦 12g 夏枯草 12g 片姜黄 9g 炒芥子 9g 太子参 30g 茯苓 12g 黄芪 30g 防风 12g 炒麦芽 20g 木香 6g 炒苍术 9g 莪术 9g 当归 12g 佛手 9g 枳壳 9g 炒僵蚕 12g 姜半夏 9g 茶树根 12g 穿山甲(先煎)9g 红豆杉 6g

中药 14 剂,日 1 剂,水煎服两次。

**复诊(2014-04-09)** 患者自觉食后腹胀,纳谷不香,二便尚调,舌紫苔白,脉细。复查 B 超示:右腋下淋巴结肿大 2.3cm×0.6cm。治以理气活血,软坚散结。

方药 猫爪草 15g 皂角刺 12g 橘络 6g 漏芦 12g 夏枯草 12g 片姜黄 9g 炒芥子 9g 太子参 30g 穿山甲 9g 炒麦芽 20g 木香 6g 莪术 9g 当归 12g 佛手 9g 枳壳 9g 龙齿 30g 茶树根 12g 徐长卿 12g 苦参 9g 首乌藤 15g 全蝎 4g 川牛膝 9g 浙贝母 12g 玄参 15g 生牡蛎(先煎)30g

中药 14 剂,日 1 剂,水煎服两次。

**复诊(2014-08-27)** 自诉目前身体状况恢复如患病前,无任何不适,日常生活不受任何影响,纳眠均可,二便调,舌紫苔白,脉细数。复查 B 超示:右腋下淋巴结肿大 1.8cm×0.6cm。治以活血化瘀,软坚散结。

方药 猫爪草 15g 皂角刺 12g 漏芦 12g 夏枯草 12g 穿山甲(先煎)

9g　片姜黄 9g　炒麦芽 20g　当归 12g　佛手 9g　枳壳 9g　茶树根 12g　炒芥子 9g　熟地黄 12g　川芎 9g　莪术 9g　白芍 12g　红花 6g　红豆杉 6g

中药 14 剂，日 1 剂，水煎服两次。

**转归**　患者自 2011 年明确诊断为胃黏膜相关组织淋巴瘤至今已 8 年余，经 6 程联合化疗后坚持服用中药，目前病情持续稳定，生活质量尚佳。

**按**　黏膜相关组织淋巴瘤（MALT）是起源于黏膜相关淋巴组织的 B 细胞淋巴瘤，分为胃和非胃 MALT 淋巴瘤，属非霍奇金淋巴瘤的一种独立类型，胃 MALT 淋巴瘤约占 50% 左右，以成人多见。本案为病理确诊的胃黏膜相关淋巴组织淋巴瘤，起病初以西医化疗为主，经 6 程 R-CHOP 方案联合化疗，患者化疗后，脾胃受损，脾为气血生化之源，导致气血亏虚，气血亏虚是本案患者主证，故在本案治疗中罗老始终以调气血为治疗之本，罗老善用四君子汤合玉屏风散加减健脾益气固表，补气之时不忘理气，常用佛手、枳壳、木香等理气，治疗中着重护胃，无花果具有健脾和胃之功，同时药理研究具有抗癌功效。罗师在辨证的基础上常加用玄参、漏芦、浙贝母、猫爪草、夏枯草、皂角刺、生牡蛎等软坚散结，三叶青、红豆杉清热解毒抗瘤，全蝎、穿山甲祛风通络散结。此患者合并牙痛，方选清胃散之意清胃火；痰湿明显加用莱菔子、米仁、炒芥子行气化痰；如咳嗽咳痰者加用枇杷叶、旋覆花化痰止咳。回顾本案治疗特点，以补益气血为本，兼以理气活血、软坚散结，治疗过程循序渐进，淋巴结逐渐缩小，疾病始终稳定。

### 案 11　伯基特淋巴瘤（Burkitt）

骆某，女，37 岁，初诊时间：2015-04-27。

**诊治经过**　2014 年 11 月 11 日患者因"发现右侧颈部淋巴结肿大 10 余天"在省某三甲医院就诊查颈部 MRI 示：1、右侧咽扁桃体占位，右颈部第 Ⅱ 区淋巴结明显增大、融合，考虑淋巴瘤可能；2、双侧颈部多发小淋巴结。遂于 2014 年 11 月 13 日在浙江省某肿瘤医院就诊行右侧颈部肿块切除术，病理检查提示右侧颌下淋巴结高级别细胞淋巴瘤，结合形态及免疫组化结果，Burkitt 淋巴瘤首先考虑。于 2014 年 11 月 19 日在省某三甲医院住院治疗，当时入院时诉咽部疼痛。查体：神清，精神可，右侧颈部可见 3cm 大小的手术切口疤痕，左侧颈部可触及小淋巴结，两侧咽部可见黄白色斑，余无殊。入院后复查血常规示：WBC $6.1 \times 10^9$/L，HGB 133g/L，PLT $211 \times 10^9$/L；2014-11-20 行骨髓穿刺＋活检，结果未见明显异常。于 2014-11-24 开始 R-Hyper-CVAD-A 方案治疗，化疗过程顺利，2014-12-02 查免疫球蛋白重链基因重排

（-），T 细胞受体基因重排（-）。之后相继给予 5 个疗程的联合化疗，末次化疗于 2015-4-6 结束，建议自体干细胞移植以预防复发，但 2 次干细胞动员均未成功，故于 2015-4-27 前来罗老门诊寻求中医治疗。

**四诊** 精神软，搀扶进诊室，面色萎黄，消瘦貌，言语低沉，自诉乏力、纳差、盗汗、睡眠欠佳，口腔溃疡明显，小便偏黄，大便 3-4 天 1 次，排便困难，舌淡紫苔薄白，舌边有齿痕，舌下瘀滞，脉细涩。

**辅检** 复查血常规示 WBC $3.7 \times 10^9$/L，N 64.3%，HGB 85g/L，PLT $175 \times 10^9$/L。

**诊断** 痰核。

**辨证** 气血亏虚。

**治法** 益气养血，润肠通便。

**方药** 黄芪 30g 生晒参 9g 炒白术 12g 当归 12g 炙甘草 6g 杭白芍 12g 茯苓 12g 生地榆 12g 白芨 9g 鸡血藤 12g 炒麦芽 15g 防风 9g 火麻仁 15g 炒枳壳 12g 生地 12g 五倍子 6g 煅牡蛎 30g 柏子仁 15g

中药 7 剂，日 1 剂，水煎服两次。

**复诊（2015-05-11）** 患者诉口腔溃疡、盗汗较前改善，乏力、纳差较前减轻，睡眠欠佳，大便 1-2 天 1 次，舌淡紫苔薄白，舌边有齿痕，舌下瘀滞，脉细涩。前方减地榆加肉桂 3g，刺五加 30g。中药 14 剂，日 1 剂，水煎服两次。

**复诊（2015-05-25）** 精神欠佳，口腔溃疡已愈，盗汗好转，近几日着凉后出现咳嗽咳痰、鼻塞、流涕、怕冷，无发热，仍有乏力、纳差、睡眠欠佳，皮肤时有瘀斑，可自行消退，大便 1-2 天/次，舌淡紫苔薄白腻，有齿痕，舌下瘀滞，脉浮弦细沉取无力。复查血常规示 WBC $1.73 \times 10^9$/L，N 40.4%，HGB 80g/L，PLT $66 \times 10^9$/L。拟以益气固表，健脾和胃，止咳化痰。

**方药** 黄芪 30g 炒白术 12g 防风 9g 炙甘草 6g 制苍术 9g 炒麦芽 15g 神曲 15g 当归 12g 仙鹤草 30g 无花果 12g 太子参 30g 炒蒲黄 15g 鸡血藤 12g 炒白芍 12g 何首乌 12g 茯苓 12g 苦杏仁 12g 紫苏叶 12g 鱼腥草 15g 苍耳子 9g 白芷 9g 通草 5g 瓜蒌皮 9g 木蝴蝶 3g

中药 7 剂，日 1 剂，水煎服两次。

**复诊（2015-06-22）** 患者诉上方服用后咳嗽、鼻塞流涕较前好转，皮肤未再发瘀斑，在当地医院转方 7 天。今前来就诊，患者精神可，乏力、纳差较前好转，动则汗出明显，腰酸脚软，睡眠欠佳，大小便调，舌淡紫苔薄白腻，舌边有齿痕，舌下瘀滞，脉弦细。复查血常规示 WBC $4.0 \times 10^9$/L，N

75.3%，HGB 88g/L，PLT 104×10⁹/L。拟补益脾肾，软坚散结。

　　方药　黄芪30g　枸杞子12g　茯苓12g　佛手9g　制何首乌12g　炒麦芽15g　生牡蛎30g　全蝎4g　炒山楂12g　片姜黄9g　浙贝12g　玄参15g　补骨脂12g　鸡血藤15g　炒白芍12g　太子参30g　无花果12g　仙鹤草30g　神曲15g　防风9g　炒苍术12g　炙甘草6g　当归12g

　　中药7剂，日1剂，水煎服两次。

　　**复诊（2015-09-21）**　患者面色欠佳，动则汗出、腰酸较前减轻，怕冷，睡眠仍欠佳，多梦难以入睡，胃纳可，大小便正常，舌淡紫苔薄白腻，舌边有齿痕，舌下瘀滞，脉弦细。复查血常规示 WBC 2.53×10⁹/L，N 58.3%，HGB 99g/L，PLT 136×10⁹/L。B超示：颈部、腋下均有肿大淋巴结，较大者约2.4cm×1.1cm。治以益肾健脾，活血软坚兼安神。

　　方药　黄芪30g　防风9g　炙甘草6g　神曲15g　当归12g　太子参30g　制女贞子12g　何首乌12g　鸡血藤15g　补骨脂12g　佛手9g　炒山楂12g　玄参15g　生牡蛎30g　浙贝12g　仙灵脾12g　皂角刺15g　漏芦12g　猫爪草15g　炒枣仁12g　紫贝齿30g　枸杞子12g　黄精12g

　　中药14剂，日1剂，水煎服两次。

　　**复诊（2016-01-12）**　患者精神尚可，诉易疲劳，易出汗，怕冷，腰酸，脾气易急躁，睡眠欠佳，难以入睡，多梦，胃纳可，大小便正常，舌淡红苔薄白，舌下瘀滞，脉弦细，血常规示 WBC 3.7×10⁹/L，N 51.3%，HGB 119g/L，PLT 136×10⁹/L。2016-01-11复查B超示：双侧颈部淋巴结，左侧大者1.18cm×0.18cm，右侧1.17cm×0.2cm，颌下淋巴结1.49cm×0.47cm，腹股沟淋巴结左侧大者1.88cm×0.39cm，右侧1.0cm×0.29cm。治以温肾壮腰，健脾益气，活血散结。方选阳和汤合消瘤丸加减。

　　方药　莪术9g　佛手9g　黄芪30g　炒枣仁12g　当归12g　茯苓12g　太子参30g　防风9g　炒白术12g　浙贝12g　六神曲15g　熟地12g　制半夏9g　麻黄6g　鹿角片12g　先煎　肉桂4g　甲片6g　皂角刺15g　全蝎4g　白芥子9g　漏芦12g　猫爪草20g　生牡蛎30g

　　中药14剂，日1剂，水煎服两次。

　　上方持续加减至2017年10月。

　　**复诊（2017-10-24）**　患者精神可，乏力、气短、腰酸、怕冷等不适较前明显好转，睡眠较前好转，仍多梦易醒，舌淡红苔薄白，舌下瘀滞较前减轻，脉细。2017-10-16复查B超示：双侧颈部、腋下、腹股沟均有肿大淋巴结，与前相仿，边界清。治以益气养血，活血化瘀，软坚散结。方选八珍汤合消瘤丸加减。

方药 红豆杉 6g 莪术 9g 佛手 9g 枸杞子 12g 川芎 9g 当归 12g 太子参 30g 炒白术 12g 浙贝 12g 玄参 15g 怀山药 30g 桔梗 9g 益母草 15g 片姜黄 9g 皂角刺 15g 全蝎 4g 漏芦 12g 猫爪草 20g 生牡蛎 30g 三七粉 3g（分吞）

中药 14 剂，日 1 剂，水煎服两次。

转归 患者自 2015 年 4 月 27 日初诊以来，至今已 4 年，坚持服用中药，自 2018 年 2 月上班已 1 年余，多次复查彩超淋巴结虽有肿大，与前比较均无明显增大，边界清，病情平稳。

按 本案为颈淋巴结病理确诊的 Burkitt 淋巴瘤，因该型淋巴瘤侵袭性高，死亡率高，3 年及 5 年生存率较低，目前西医治疗以早期、高强度、高频率、足疗程化疗为主，序贯自体干细胞移植巩固治疗。该患者前期经 6 疗程联合化疗，因两次干细胞动员均未成功而被迫寻求中医巩固治疗。患者于罗老门诊初诊时因化疗不良反应，导致体质状况不佳，生活质量较差，结合患者四诊罗老认为属典型化疗后气血亏虚之证，方选八珍汤加以润肠通便之剂，腑气一通，溃疡收敛康复，治以补虚为本，着重"脾肾"二脏，健脾益气贯穿始终，治疗过程中依据不同阶段四诊变化或健脾补肾，或温补肾阳，选方用药灵活多变，但"本"不变治则不变。脾胃调和，则气血生化有源，肾为先天之本，肾气旺盛，则元气充裕，阴阳调和，阴平阳秘则邪不可干。本案患者虽为高度恶性淋巴瘤，通过健脾补肾、软坚散结巩固治疗，虽未行造血干细胞移植，但疾病稳定，未见复发，既降低了治疗成本，又免去了移植后的诸多不良反应。罗老认为淋巴瘤的治疗重在思路的转换，切莫被西医的疾病指南而左右，应讲究个体化、阶段化治疗，恶性疾病并非不治之症，作为医师当有灵活多变的思维，思路不可僵化，医师对疾病治疗的信心直接影响着患者对疾病治疗的预期。

## 第三节 多发性骨髓瘤

多发性骨髓瘤（MM）是血液系统中恶性克隆性浆细胞疾病，多见于中老年人。其特征是单克隆浆细胞恶性增生并广泛浸润，单克隆免疫球蛋白大量出现及沉积，正常多克隆浆细胞和多克隆免疫球蛋白分泌受到抑制，引起广泛骨质破坏、反复感染、贫血、高钙血症、高黏滞综合征、肾功能不全等一系列临床表现。常见类型包括IgG型、IgA型和轻链型。少见类型包括IgD型、IgE型、IgM型、双克隆型和不分泌型。化疗是治疗本病的基本疗法，可改善症状、延长生存期，但不能治愈。一般根据Durie-Salmon分期体系和国际分期体系（ISS）及修订的国际分期体系（R-ISS）来评估病情。

多发性骨髓瘤属于中医"骨痹""骨蚀""虚劳""癥瘕"等范畴，罗老常将本病定义为"骨痹"。由于本病为脏腑经络失调、阴阳气血亏虚导致气机阻滞、痰瘀互结所致。脏腑亏损，气血不足，加之风湿邪毒内侵，逐渐形成痰、毒、瘀内搏于骨，而形成本病。其源在髓，流注于骨。故本病在中医上应以"痹"证来论治。本病主要以"肝、脾、肾"三脏亏虚为本，以"痰、毒、瘀"为标。临床分型为"肝肾阴虚、脾肾阳虚、气血亏虚"三型，治疗中当以"祛风通络，活血化瘀，补肝益肾或温肾健脾"为基本治则。

**案1　多发性骨髓瘤（IgA-λ型）**

董某，女，35岁。初诊时间：2013-10-16。

诊治经过　患者2013年3月因"面黄、乏力3年"就诊于浙江省某三甲医院。当时查血常规提示：WBC $5.92\times10^9$/L，中性粒细胞59.2%，HGB $88\times10^9$/L，PLT $226\times10^9$/L。生化示：肝肾功能正常，查血清免疫球蛋白IgA 24.1g/L，头颅及骨盆摄片未见骨质疏松及破坏。骨髓常规示：浆细胞占12%，考虑MM可能；流式细胞学：骨髓有核细胞可见约1.9%浆细胞，其免疫表型为CD38++、CD138-、CD19-、CD56+。骨髓活检：浆细胞骨髓瘤。血尿免疫固定电泳：可见IgA、λ单克隆条带。FISH检测示：P53基因拷贝数异常检测6%。确诊为"多发性骨髓瘤（IgA-λ型），D-S分期Ⅰ期，ISS分期Ⅰ期"。西医当时未予化疗，给予多糖铁治疗以纠正贫血，约经4～5个月后面黄、乏力有好转。为寻求进一步治疗，于2013年10月16日在罗老门诊就诊。

四诊　患者面色少华，感神疲乏力，稍多活动后感心慌气短，睡眠一般，食欲欠佳，便稍烂，舌偏紫苔白，脉沉细。

辅检　血常规示：WBC $4.2\times10^9$/L，HGB $117\times10^9$/L，PLT $164\times10^9$/L。

诊断　骨痹。

辨证　脾肾阳虚型。

治法　温肾健脾，活血祛瘀，祛风通络。

方药　自拟巴仙温肾汤合玉屏风散和四君子汤加减。

太子参 30g　茯苓 12g　白术 12g　蜜甘草 6g　黄芪 30g　仙灵脾 12g 防风 9g　鸡血藤 12g　猫爪草 15g　骨碎补 12g　炒芥子 12g　乌梢蛇 12g 莪术 12g　当归 12g　海风藤 12g　杜仲 10g　威灵仙 12g　三叶青 15g　穿山甲（先煎）6g　白芍 12g　桂枝 4g　细辛 3g

中药 7 剂，每日 1 剂，水煎服两次。

**复诊（2013-10-23）** 上方服用 7 剂后自觉疲倦较前稍好转，仍感乏力，无明显骨痛及发热，食欲仍欠佳，二便调，舌紫苔白腻，脉沉细。治法 健脾益气祛湿，温肾活血通络。

方药 仙灵脾 12g　鸡血藤 12g　猫爪草 15g　黄芪 30g　骨碎补 12g 防风 9g　炒芥子 12g　乌梢蛇 12g　太子参 30g　茯苓 12g　白术 12g　莪术 12g　当归 12g　海风藤 12g　杜仲 10g　巴戟天 12g　姜半夏 9g　穿山甲（先煎）6g　米仁 30g　白芍 12g　炒陈皮 9g

中药 14 剂，每日 1 剂，水煎服两次。

**复诊（2014-03-30）** 患者中断中药治疗已 3 个多月，感近期疲倦乏力较前明显，食欲不佳，面色无华，精神疲惫，少气懒言，舌偏红紫苔白，脉细。复查血常规提示：WBC $5.23 \times 10^9$/L，中性粒细胞 56.7%，HGB 119g/L，PLT $198 \times 10^9$/L。查血免疫球蛋白：IgA 22.3g/L。

治法 调补脾肾，活血通络。

方药 防风 9g　茯苓 12g　白术 12g　黄芪 30g　生地 9g　炒芥子 12g 鸡血藤 12g　猫爪草 15g　仙灵脾 12g　莪术 9g　当归 12g　白芍 12g　佛手 9g　海风藤 12g　穿山甲（先煎）6g　乌梢蛇 12g　太子参 30g　姜半夏 9g 川芎 9g

中药 14 剂，每日 1 剂，水煎服两次。

**复诊（2014-10-14）** 患者自诉经期延迟，色黯，伴有血块，经期每至腰背酸痛，畏寒，二便尚调，舌淡苔白，脉细。复查血常规示：WBC $4.79 \times 10^9$/L，中性粒细胞 52.09%，HGB 125g/L，PLT $201 \times 10^9$/L。血免疫球蛋白：IgA 17.6g/L。

治法 温阳益肾，补气活血。

方药 仙灵脾 12g　鸡血藤 12g　骨碎补 12g　炒芥子 12g　巴戟天 12g 陈皮 9g　野葡萄根 15g　黄芪 30g　当归 12g　川芎 9g　海风藤 12g　穿山甲（先煎）6g　山药 30g　桑寄生 12g　威灵仙 12g　红豆杉 6g　莪术 9g　益母草 12g　泽兰 9g　制香附 9g

中药 14 剂，每日 1 剂，水煎服两次。

**复诊（2015-04-01）** 自述近数月月经规律，腰背酸痛明显改善。诉有鼻塞，通气不畅，咽干如贴异物，舌淡苔白，脉细。查血常规：WBC 4.71×$10^9$/L，N 61.3%，HGB 114g/L，PLT 192×$10^9$/L。复查血 IgA 15.83g/L。

*治法* 补益脾肾，活血通络。

*方药* 仙灵脾 12g 鸡血藤 12g 骨碎补 12g 炒芥子 12g 巴戟天 12g 陈皮 9g 白术 12g 防风 9g 芡实 20g 黄芪 30g 香茶菜 15g 无花果 20g 当归 12g 海风藤 12g 穿山甲（先煎）6g 桑寄生 12g 茯苓 12g 苍耳子 9g 辛夷 9g 通草 5g 木蝴蝶 3g

中药 14 剂，每日 1 剂，水煎服两次。

**复诊（2018-04-18）** 诉稍感乏力，腰背部疼痛，下肢酸困，舌稍紫苔白，脉沉细。血三系正常，查血 IgA 10.30g/L，肝肾功能正常。

*治法* 益气健脾，活血通络。

*方药* 鸡血藤 12g 骨碎补 12g 黄芪 30g 防风 9g 太子参 30g 佛手 9g 茯苓 12g 炒白术 12g 片姜黄 9g 莪术 9g 徐长卿 9g 乌梢蛇 9g 玉米须 30g 仙灵脾 12g 当归 12g 川芎 9g 独活 12g 牛膝 12g 蝉蜕 6g 桑寄生 15g 蜈蚣 3 条 杞子 12g

中药 14 剂，每日 1 剂，水煎服两次。

**复诊（2018-05-09）** 诉近期月经量有增多，神疲乏力，右膝关节疼痛，舌淡紫苔薄，脉细弱。

*治法* 益肾健脾，祛风通络。

*方药* 黄芪 30g 太子参 30g 当归 12g 熟地 12g 鸡血藤 12g 三七 9g 木香 6g 茯苓 12g 炒白术 12g 炙甘草 6g 炒白芍 12g 怀牛膝 12g 仙灵脾 12g 桑寄生 15g 独活 12g 蜈蚣 2 条 杞子 12g 蝉蜕 6g 乌梢蛇 9g 玉米须 30g 徐长卿 9g 伸筋草 15g

中药 14 剂，每日 1 剂，水煎服两次。

患者 2018 年 7 月 16 日复诊查血常规：HGB 144g/L，血免疫球蛋白示：IgA 10.3g/L。此后患者病情稳定，仍持续中药治疗。

**转归** 患者自 2013 年确诊多发性骨髓瘤至今，一直坚持中药治疗，多次病情评估未见疾病进展，日常生活均不受影响。

**按** 多发性骨髓瘤目前已成为危害中老年患者常见的血液系统恶性肿瘤，因临床表现多样，初诊科室不一，可能就诊于骨科、肾内科、消化内科等诸多科室,延迟诊断率高。本案患者为中年女性,诊断多发性骨髓瘤(IgA-λ型),DS 分期Ⅰ期,ISS 分期Ⅰ期,西医未给予化疗治疗,建议临床观察,密切随访。罗老常将多发性骨髓瘤归属中医"骨痹"范畴,痹乃痹阻不通,病机多因感受风寒湿邪日久痹阻脉络,气血运行不畅,血脉瘀阻,损及脏器、经络、关节等,当从"肝脾肾"论治,外感风寒湿之邪在本病发病中起到重要作用。治则当以祛风通络,重在调理"肝脾肾"。本案患者以乏力为主证就诊,脾失运化,气血生化乏源,表现为面色无华、疲倦、乏力,水谷精微不能上乘于心,血液生化乏源,血不养心,活动后感心慌气短,病程日久,肾气亏虚,表现为乏力懒困,腰膝酸软,气血亏虚,血脉瘀滞,舌体紫黯。故首诊临床辨证为脾肾阳虚之证,方用太子参、茯苓、黄芪健脾益气,乌梢蛇、威灵仙、海风藤等祛风通络;仙灵脾、杜仲、骨碎补补肝肾、强筋骨;桂枝、细辛温阳通脉;当归、鸡血藤活血通络;同时兼用三叶青、猫爪草等具有抗肿瘤作用药物。本案患者虽诊断多发性骨髓瘤至今已 6 年,且 P53 基因突变阳性,虽未经西医化疗治疗,但通过中医健脾益肾,祛风通络,活血化瘀治疗,病情始终稳定,且 MM 相关指标逐渐下降,生存期明显延长。

### 案 2 冒烟型多发性骨髓瘤(IgA-κ 型)

朱某,女,49 岁。初诊时间:2013-02-27。

**诊治经过** 患者因体检发现血 IgA 明显升高 1 月,于 2013 年 2 月 7 日到杭城某三甲医院就诊,查血常规血三系正常,生化示:肝肾功能均正常。头颅及骨盆摄片未见骨质破坏及骨质疏松。骨髓常规示:浆细胞占 13%,原浆细胞偶见,幼浆细胞占 4%。骨髓活检示:少片状浆细胞浸润。血免疫球蛋白:IgA 21.3g/L,免疫固相电泳示 IgA、κ 单克隆免疫球蛋白阳性。诊断为"冒烟型多发性骨髓瘤 IgA、κ 型。当时西医未给予患者治疗,建议随访观察。因患者担心疾病进展,于 2013 年 2 月 27 日到罗老门诊就诊。

**四诊** 初诊时面色有华,精神佳,无骨痛,下肢无浮肿,饮食、睡眠均可,二便调,舌偏紫苔白,脉沉细。自诉平时无明显不适,身体健康,若不是体检发现异常,尚不会就医。

**辅检** 血常规示:WBC $6.3 \times 10^9$/L,HGB 124g/L,PLT $209 \times 10^9$/L。查血免疫球蛋白示:IgA 21.3g/L,骨髓常规示:浆细胞比例增高。骨髓活检示:少片状浆细胞浸润。免疫固定电泳示 IgA、κ 单克隆免疫球蛋白阳性。

**诊断** 骨痹。

**辨证** 脾肾阳虚。

治则　温肾健脾，祛风通络。

处方　黄芪 30g　防风 12g　白术 12g　巴戟天 10g　莪术 12g　片姜黄 9g　鸡血藤 12g　当归 12g　徐长卿 15g　玄参 15g　炒乌梢蛇 12g　仙灵脾 12g　络石藤 12g　三叶青 15g　猫爪草 15g　太子参 30g　红豆杉 6g　佛手 9g　全蝎 4g　怀山药 30g　三七片 9g　海风藤 12g　玉米须 30g　穿山甲（先煎）9g。

中药 7 剂，每日 1 剂，水煎服两次。

**复诊（2013-06-08）**　自诉服中药 7 剂后无明显不适反应，持续服药 3 个多月。近自觉可，饮食、睡眠正常，舌偏紫苔薄白，脉沉细。复查血 IgA 17.7g/L。血 κ 轻链 1450mg/dL，$\beta_2$-MG1251mg/dl，骨髓常规示：成熟浆细胞占 11.5%，原幼浆占 4.5%。

治法　温肾健脾，祛风通络。

方药　黄芪 30g　防风 12g　白术 12g　巴戟天 10g　仙灵脾 12g　片姜黄 9g　鸡血藤 12g　当归 12g　徐长卿 15g　玄参 15g　炒芥子 9g　络石藤 12g　三叶青 15g　猫爪草 15g　红豆杉 6g　佛手 9g　蜈蚣 2 条　川芎 9g　三七片 9g　蕲蛇 9g　玉米须 30g　穿山甲（先煎）9g

中药 14 剂，每日 1 剂，水煎服两次。

**复诊（2013-08-07）**　自诉一般情况可，无不适，二便调，舌偏紫苔薄白，脉细。复查血 IgA 18.7g/L，血 κ 轻链 1610mg/dL。

治法　温肾健脾，祛风通络。

方药　黄芪 30g　防风 12g　白术 12g　巴戟天 10g　白花蛇舌草 15g　片姜黄 9g　鸡血藤 12g　当归 12g　徐长卿 15g　玄参 15g　炒乌梢蛇 12g　浙贝母 20g　络石藤 12g　三叶青 15g　穿山甲（先煎）9g　猫爪草 15g　太子参 30g　红豆杉 6g　佛手 9g　全蝎 4g　莪术 12g　三七片 9g　海风藤 12g　玉米须 30g　骨碎补 9g

中药 14 剂，每日 1 剂，水煎服两次。

**复诊（2014-04-09）**　患者诉生活如常，体力、精神均可，饮食可，二便调，舌偏紫苔薄白，脉细。复查血免疫球蛋白 IgA 17.5g/L，血 κ 轻链 1720mg/dL，血常规示：WBC $6.3 \times 10^9$/L，HGB 124g/L，PLT $209 \times 10^9$/L。治以温肾健脾，祛风通络。

方药　黄芪 30g　防风 12g　白术 12g　巴戟天 10g　仙灵脾 12g　猫爪草 15g　鸡血藤 12g　骨碎补 12g　炒芥子 12g　佛手 9g　川芎 9g　莪术 12g

当归 12g　徐长卿 12g　海风藤 12g　炒乌梢蛇 12g　白芍 12g　片姜黄 9g　穿山甲（先煎）9g　三七片 9g　太子参 30g　怀山药 30g

中药 14 剂，每日 1 剂，水煎服两次。

**复诊（2014-11-26）**　患者诉一般情况可，无不适，舌偏紫苔薄白，脉细。复查血 IgA 14.82g/L，血 κ 轻链 1780mg/dL，血常规示：WBC 6.3×10⁹/L，HGB 124g/L，PLT 209×10⁹/L。治以温肾健脾，祛风通络。

方药　黄芪 30g　防风 12g　炒苍术 9g　巴戟天 12g　仙灵脾 12g　猫爪草 15g　鸡血藤 12g　骨碎补 12g　炒芥子 12g　佛手 9g　川芎 9g　当归 12g　积雪草 15g　豨莶草 15g　白术 12g　穿山甲（先煎）9g　六月雪 15g　玉米须 30g　片姜黄 9g　海桐皮 12g

中药 14 剂，每日 1 剂，水煎服两次。

**复诊（2015-03-04）**　患者脉症无明显改变，复查血 WBC 5.73×10⁹/L，HGB 114g/L，PLT 285×10⁹/L。治以活血化瘀，通经活络。

方药　猫爪草 15g　鸡血藤 12g　骨碎补 12g　三七 9g　积雪草 15g　白术 12g　独活 9g　徐长卿 12g　六月雪 15g　制没药 5g　仙灵脾 12g　制乳香 5g　炒乌梢蛇 12g　川芎 9g　当归 12g　片姜黄 9g　海桐皮 12g　佛手 9g　巴戟天 12g　玉米须 30g　浙贝母 12g

中药 14 剂，每日 1 剂，水煎服两次。

**转归**　患者自诊断至今已 6 年余，一直于罗老门诊服用中药治疗，平日生活不受影响，疾病持续稳定，2018 年 10 月 22 日复查免疫球蛋白 IgA 16.44g/L，血 κ 轻链 14.5g/L，2019 年 2 月 25 日复查免疫球蛋白 IgA 13.69g/L，血 κ 轻链 5.25g/L。

**按**　冒烟型骨髓瘤是多发性骨髓瘤中相对少见类型，约占 2% 左右，因患者未出现 CRAB 症状，但浆细胞比例及 M 蛋白均已达到多发型骨髓瘤诊断标准，故为"冒烟"。西医认为此型骨髓瘤可暂给予临床观察，待疾病进展再给予化疗治疗。进展中位时间约 26 个月。本案患者未合并贫血、肾功能损害、骨破坏及高钙血症表现。诊断冒烟型骨髓瘤明确。罗老对此类疾病有着与西医治疗不同见解，中医讲究"未病先防，已病防变"，此类型骨髓瘤虽未合并临床症状，但疾病进展较快，若一味等待治疗，只会导致脏器受损，气血亏虚，为后期治疗增加难度。在疾病早期通过中医治疗及时调整气血阴阳、调补脏器，使机体达到脏腑气血阴阳的平衡，免于疾病进一步进展。该患者通过补脾益肾，祛风通络，活血化瘀等治疗，同时加用诸如猫人参、猫爪草、红豆杉等具有抗癌作用的药物，以达到最佳治疗效果。患者治疗6年余疾病未进展，充分证明中医"已病防变"治疗理念的科学性。

**案3　多发性骨髓瘤（IgA-λ型）**

陈某，男，61岁。初诊时间：2016-08-11。

诊治经过　2016年3月23日患者因"体检发现尿蛋白阳性2月"入住省某三甲医院，查血常规：WBC $4.1×10^9$/L，N 51.2%，L 35.4%，HGB 122g/L，PLT $201×10^9$/L。生化：肝肾功能正常，总蛋白65.2g/L，血免疫球蛋白示：IgA 12.48g/L，IgM 22mg/ml，IgG 4.68g/L，尿轻链λ 104mg/dl，血清蛋白电泳：β23.3+M，全身断层显像：双侧髂骨、双侧耻骨、左侧股骨头多枚小结节状致密影，未见FDG代谢增加。骨髓常规：原幼浆细胞占14%，成熟浆细胞占1%。当时因恐惧化疗于2016年4月3日以多发性瘤骨髓（IgA、λ型I期A组）出院。后于2016年4月19日再次入住该院复查血常规WBC $4.3×10^9$/L，HGB 117g/L，PIT $193×10^9$/L，查血免疫球蛋白IgA 12.75g/L，血清蛋白电泳β23.6+M，血免疫固相电泳IgA、λ轻链阳性，尿免疫固相电泳λ轻链阳性，CT平扫未见明异常征象。于2016年4月20日起PAD方案治疗，经过顺利。第二疗程于2016年5月中旬仍予PAD方案治疗，当时出现手脚严重麻木难忍，结束此次化疗后未再次继续化疗。于2016年8月11日来罗师中医门诊治疗。

四诊　患者神清，面色无华，感神疲乏力，稍畏寒，手足麻木明显，睡眠一般，食欲欠佳，二便正常，舌淡紫苔白，脉沉微。

辅检　血常规示：WBC $6.2×10^9$/L，HGB 144g/L，PLT $258×10^9$/L。血清免疫固定电泳：IgA、λ阳性。检查血免疫球蛋白IgA 8.76g/L。

诊断　骨痹。

辨证　脾肾阳虚型。

治法　温肾健脾，和血通痹，祛风通络。

方药　黄芪桂枝五物汤合巴仙温肾汤加减。

黄芪15g　桂枝9g　炒白芍9g　大枣15g　生姜（先煎）9g　路路通12g　乌梢蛇12g　太子参30g　茯苓12g　炒白术12g　防风9g　伸筋草15g　炒麦芽15g　北细辛3g　通草5g　鹿角片12g　白芥子12g　独活12g　羌活12g　仙灵脾12g　巴戟天12g

中药7剂，每日1剂，水煎服两次。

**复诊（2016-08-25）**　自诉初服7剂后手足麻木较前稍改善，后又在当地医院续方 7 剂。此次就诊诉目前手足麻木较前好转，精神、饮食可，体力如往，二便调，舌淡紫苔白，脉细。

治法 温肾健脾，通经活络。

方药 黄芪 15g 炒白芍 9g 大枣 15g 炙甘草 6g 鸡血藤 12g 莪术 9g 巴戟天 9g 仙灵脾 12g 甲片（先煎）9g 路路通 12g 乌梢蛇 12g 太子参 30g 茯苓 12g 炒白术 12g 防风 9g 伸筋草 15g 炒麦芽 15g 浙贝 12g 羌活 12g 老鹳草 15g 猫爪草 15g 骨碎补 12g 独活 12g 桂枝 6g 生姜 9g

中药 14 剂，每日 1 剂，水煎服两次。

**复诊（2016-11-24）** 患者诉服药后诸症较前好转，舌淡紫苔白，脉细。治以温肾健脾，通经活络。

方药 黄芪 15g 鸡血藤 12g 莪术 9g 巴戟天 9g 仙灵脾 12g 甲片（先煎）9g 路路通 12g 防风 9g 伸筋草 15g 炒麦芽 15g 白芥子 9g 猫爪草 15g 骨碎补 12g 蜈蚣 3g 三七 9g 当归 12g 五加皮 15g 老鹳草 15g 独活 12g 炒白术 12g

中药 14 剂，每日 1 剂，水煎服两次。

**复诊（2017-03-07）** 患者诉口腔有异味，大便稍干，小便正常，舌淡紫苔白，脉细。治以温肾健脾，通经活络。

方药 黄芪 15g 鸡血藤 12g 莪术 9g 当归 12g 片姜黄 9g 甲片（先煎）9g 路路通 12g 防风 9g 伸筋草 15g 炒麦芽 15g 乌元参 15g 猫爪草 15g 骨碎补 12g 蜈蚣 4g 鲜铁皮石斛 12g 枳壳 12g 火麻仁 15g 吴茱萸 3g 白芷 12g 太子参 30g 怀山药 30g

中药 14 剂，每日 1 剂，水煎服两次。

**复诊（2017-03-21）** 患者诉上方服用 14 剂后口腔异味明显改善。再予原方 14 剂。以后据症更方，患者病情一直稳定。2018 年 12 月 6 日复查血常规：WBC $6.2 \times 10^9$/L，HGB 144g/L，PLT $258 \times 10^9$/L。复查血 IgA 3.64g/L。血 λ 轻链 192mg/dL，血清免疫固定电泳：IgA、λ 轻链阳性。

**转归** 患者发病至今已 3 年余，生活质量佳，疾病无进展，目前仍一直给予中药治疗。

**按** 患者诊断为多发性骨髓瘤明确，西医曾给予含硼替佐米方案化疗，但患者因周围神经病变而终止化疗。周围神经病变是蛋白酶体抑制剂硼替佐米常见的不良反应，超过三分之一的患者会有不同程度的神经病变，部分患者往往因周围神经病变的困扰而拒绝继续化疗。西医治疗周围神经病变多应用维生素 B1、维生素 B12 等营养神经药物，但收效甚微。本案患者因周围神经病变手足麻木不适，不能耐受而终止化疗，罗老认为肢体麻木、疼痛等临床表现当归属中医"血痹"范畴，《金匮要略》中提出"血痹阴阳俱微，寸口关上微，尺中小紧，外证身体不仁，如风痹状，黄芪桂枝五物汤主之"。黄芪桂枝五物汤为《金匮要略》中温里之经典方剂，主治血痹，具有益气温经、和血通痹之功效，临床常用于治疗末梢神经炎、中风后遗症等常见的肢体麻木疼痛。罗老结合本案患者初诊四诊，乏力，畏寒，手足麻木，舌淡苔白，脉沉微，证属脾肾阳虚，气虚血滞，以黄芪桂枝五物汤为主治，加用鸡血藤、莪术养血活血；甲片、路路通、乌梢蛇、伸筋草、白芥子、羌活通络止痛；仙灵脾、巴戟天强筋骨，补肾阳。周围神经症状得到明显改善。罗老认为恶性血液病治疗过程中往往遇到诸多合并症或药物不良反应，正是因为这些合并症或不良反应导致患者丧失治疗的信心，因此在临证中不但要重视疾病本身，更应重视患者的心理感受，解决患者最主要的临床困扰。

### 案 4　多发性骨髓瘤（IgG-κ 型）

王某，女，66 岁。初诊日期：2012-12-07。

诊治经过　患者因"腰痛 2 月余，两侧肋骨疼痛半月"于 2012 年 8 月 24 日入住省某三甲医院。在未入该院之前曾于 2012 年 8 月 10 日在另一某三甲医院查 CT 示：腰二椎体压缩性骨折，腰椎退行性变，椎体骨质疏松症，腰 4/5 椎间盘膨出。2012 年 8 月 16 日查 CT 示：胸骨、两侧肩胛骨、两侧肋骨及胸椎骨密度不均匀减低，附见左上肺钙化灶，左下肺慢性感染，两下肺及左上肺纤维灶，两侧胸腔少量积液。2012 年 8 月 23 日查血常规 WBC $5.1 \times 10^9$/L，HGB 120g/L，PLT $208 \times 10^9$/L，血免疫球蛋白 IgG 46.6g/L，ESR26mm/h。入院后查血常规 WBC $4.7 \times 10^9$/L，中性粒细胞 46.4%，HGB 113g/L，PLT $210 \times 10^9$/L。肝肾功能正常，血尿轻链基本正常范围，血免疫球蛋白 IgG 32.6g/L，血清蛋白电泳：γ 30.2+M。血 $\beta_2$ 微球蛋白 1911mg/dl。头颅正侧位片：头颅及骨盆多发异常低密度区，血免疫固相电泳：IgG、κ 单克隆免疫球蛋白阳性。骨髓常规：一类异常浆细胞占 17%，符合 MM 骨髓象；免疫分型：异常浆细胞群占非红细胞的 7.19%；骨髓活检：造血组织增生低下伴不成熟浆样细胞样增生，符合骨髓瘤。于 2012 年 8 月 29 日起予 PAD 方案治疗，经过顺利。于 2012 年 9 月 10 日以"多发性骨髓瘤 IgG-κ 型"为诊断出院。此后又分别于 9 月 26 日、10 月 26 日、11 月 21 日再予 PAD 方案化疗，但在第四疗程期间出现双下肢麻木无法忍受而终止化疗，于 12 月 3 日出院。为求进一步治疗于 2012 年 12 月 7 日至罗老门诊就医。

**四诊** 患者面色暗淡无光，精神欠佳，少气懒言，自诉身热，面潮红，牙龈肿痛，腰背板滞酸痛，双脚麻木难忍，纳眠正常，大便干结，舌黯苔薄白，脉细涩。

**辅检** 骨髓常规：异常浆细胞占有核细胞的 17%，考虑多发性骨髓瘤。血清免疫固相电泳示：IgG、κ 单克隆免疫球蛋白阳性。

**诊断** 骨痹。

**辨证** 肝肾阴虚。

**治法** 滋阴降火，祛风通络。

**处方** 独活寄生汤加减。

片姜黄 9g 莪术 9g 络石藤 12g 伸筋草 15g 川芎 9g 槲寄生 12g 独活 12g 六月雪 15g 杜仲 10g 鸡血藤 12g 当归 12g 炒白芍 12g 怀牛膝 12g 火麻仁 12g 黄柏 9g 地骨皮 12g 生地黄 12g 炒枳壳 12g 泽泻 12g 丹皮 12g 生石膏（先煎）10g 知母 9g 肉桂（后下）4g

中药 7 剂，每日 1 剂，水煎服两次。

**复诊（2012-12-14）** 患者诉上方服用后牙痛已解，精神稍有好转，但仍感身热，大便干结，舌黯苔薄白，脉细涩。治以滋阴降火，祛风通络。

**方药** 片姜黄 9g 莪术 9g 络石藤 12g 川芎 9g 鸡血藤 12g 槲寄生 15g 杜仲 12g 怀牛膝 12g 炒白芍 12g 火麻仁 15g 桃仁 9g 炒枳壳 12g 红豆杉 6g 生地黄 12g 泽泻 12g 独活 12g 当归 12g 黄柏 9g 肉桂（后下）4g 乌梢蛇 9g 六月雪 15g

中药 14 剂，每日 1 剂，水煎服两次。

**复诊（2012-12-28）** 患者诉仍身热，大便干结，舌黯苔白，脉细涩。复查血免疫球蛋白示：IgG 5.66g/L，血、尿轻链均正常，复查血常规示 WBC $7.0\times10^9$/L，HGB 135g/L，PLT $335\times10^9$/L。治以滋阴降火，活血通络。

**方药** 片姜黄 9g 莪术 9g 络石藤 12g 川芎 9g 鸡血藤 12g 槲寄生 15g 杜仲 12g 怀牛膝 12g 生白芍 12g 火麻仁 15g 炒枳壳 12g 桃仁 9g 蕲蛇 9g 猫爪草 15g 红豆杉 6g 徐长卿 12g 生地黄 12g 当归 12g 黄柏 9g 地骨皮 12g 骨碎补 9g

中药 14 剂，每日 1 剂，水煎服两次。

**复诊（2013-6 月 28 日）** 患者诉背部自觉发凉，无腰背疼痛，纳眠佳，

浙江中医临床名家 · 罗秀素

大便干，舌黯苔薄白，脉细涩。复查血常规示：WBC 4.8×10⁹/L，HGB 146g/L，PLT 250×10⁹/L，肝肾功能正常，血、尿轻链均正常，血清免疫球蛋白示 IgG 10.4g/L。治以滋补肝肾，活血通络。

方药　生黄芪 30g　当归 12g　火麻仁 15g　骨碎补 9g　鸡血藤 12g　桑寄生 15g　蕲蛇 9g　南方红豆杉 6g　猫爪草 20g　炒枳壳 9g　莪术 9g　片姜黄 9g　生白术 12g　防风 9g　炒白芥子 9g　蜂房 5g　蜈蚣 2 条　川芎 9g　伸筋草 15g　杜仲 12g　怀牛膝 12g

中药 14 剂，每日 1 剂，水煎服两次。

**复诊（2014-01-10）**　患者自述精神、体力状况良好，无背部怕冷及腰背疼痛，舌紫苔薄微糙，脉细涩。复查血、尿轻链均正常，血 IgG 11.9g/L，肝肾功能正常，血常规 WBC 4.6×10⁹/L，HGB 146g/L，PLT 224×10⁹/L。沿用上方加减持续治疗中。

**复诊（2018-12-31）**　患者诉口干，腹胀，饮食一般，大便干燥，舌紫苔薄白，脉细涩。复查血常规 WBC 4.4×10⁹/L，HGB 135g/L，PLT 251×10⁹/L，肝肾功能正常，血 IgG 10.87g/L，血、尿轻链均正常，血清免疫固定电泳正常。治以补益肝肾，活血通络。

方药　怀牛膝 12g　槲寄生 15g　路路通 15g　当归 12g　独活 12g　片姜黄 9g　莪术 9g　络石藤 12g　骨碎补 9g　玉米须 30g　炒枳壳 12g　蜈蚣 2 条　乌梢蛇 9g　红豆杉 6g　猫爪草 30g　黄芪 30g　柏子仁 15g　火麻仁 15g　莱菔子 12g　积雪草 15g　老鹳草 15g　炒白芥子 12g　蒲公英 9g

中药 14 剂，每日 1 剂，水煎服两次。

**转归**　患者自 2012 年 11 月末次化疗期间开始给予中药治疗，中医治疗半年后停服沙利度胺，治疗过程中患者背部不适症状好转，检查相关项目指标一直保持稳定、正常。

**按**　本案为确诊多发性骨髓瘤的老年患者，合并多发骨质破坏，因不能耐受化疗而寻求中医诊治。本案患者以骨痛起病，归属"骨痹"范畴，"肾主骨，肝主筋，邪客筋骨，日久必致损伤肝肾，耗伤气血。又腰为肾之府，膝为筋之府，肝肾不足，则见腰膝痿软"，痹症日久，肝肾亏虚，精血不足，筋骨得不到精血的濡养，邪毒留连于筋骨，故发而为痹。肝肾阴虚，精血不足，阴虚则火动，症见身热，面潮红；虚火上炎则牙龈肿痛；阴虚火动，津液亏耗，肠道得不到津液之滋润，则现大便秘结；《备急千金要方》卷 8 "治腰背痛，独活寄生汤。夫腰背痛者，皆犹肾气虚弱，卧冷湿地当风所得也，不时速治，喜流入脚膝，为偏枯冷痹缓弱疼重，或腰痛挛脚重痹，宜急服此方。"罗老借鉴《备急千金要方》中独活寄生汤治疗肝肾两虚、气血不足之痹症，方用独活祛风止痛，槲寄生、牛膝、杜仲补肝肾，强筋骨，当归、白芍、地黄、川芎、鸡血藤养血活血，黄柏滋阴清火，络石藤、伸筋草、六月雪祛风通络，石膏、知母、地骨皮、泽泻、丹皮清虚热，莪术活血化瘀，肉桂引火归源。佐以蕲蛇、乌梢蛇、蜈蚣等虫类药物祛风通络。罗老从此案中充分诠释了"同病异治"的精髓，病同证不同，治亦不同。

### 案5　多发性骨髓瘤（IgG-κ型）

劳某，男，57岁。初诊日期：2014-12-08。

**诊治经过**　患者14个月前感胸部疼痛，当时未引起重视，后胸部疼痛逐渐加重，于2014年5月28日入住省某三甲医院，当时血常规：WBC $6.87\times10^9$/L，HGB 135g/L，PLT $312\times10^9$/L，生化示：肝肾功能正常。胸部CT检查示：右侧第六前肋膨胀，伴局部病理性骨折，T7及胸骨柄破坏，考虑多发性骨髓瘤，建议骨穿，脊柱磁共振示：所见颈椎、胸椎、腰椎部分椎体及附件、胸骨、双侧肩胛骨病变，结合病史，考虑多发性骨髓瘤。查血IgG 34.53g/L，IgA < 0.25g/L，IgM < 0.23g/L，骨髓常规检查：浆细胞增多伴幼稚形态，浆细胞骨髓瘤不能除外。骨髓活检：浆细胞增多，提示浆细胞骨髓瘤组织像。免疫固定电泳示：IgG-κ型。明确诊断为"多发性骨髓瘤IgG-κ型D-S分期ⅢA期ISS分期Ⅲ期"。给予3个疗程硼替佐米+地塞米松方案治疗，行第3疗程期间患者由于周围神经病变明显，手脚发麻，双脚麻木甚重，行走不利，从而终止化疗。于2014年12月8日因病友推荐至罗老门诊就诊。

**四诊**　患者自诉化疗后已无胸痛，但入夜怕冷较著，双下肢麻木明显，行走不便，纳可，二便调，舌紫苔根白腻，脉细涩。

**辅检**　骨髓常规检查：浆细胞增多伴幼稚形态，浆细胞骨髓瘤不能除外。骨髓活检：浆细胞增多，提示浆细胞骨髓瘤组织像。免疫固定电泳示：IgG-κ型。血常规WBC $8.6\times10^9$/L，HGB 167g/L，PLT $187\times10^9$/L。查血IgG 11.85g/L，血κ轻链3.23g/L，肝肾功能正常。

**诊断**　骨痹。

**辨证**　脾肾阳虚。

**治法**　温肾健脾，和血通痹。

**处方**　黄芪桂枝五物汤加减。

生黄芪30g　防风9g　炒白术12g　炒白芍9g　桂枝9g　生姜6g　大

鸡血藤 12g　仙灵脾 12g　猫爪草 15g　片姜黄 9g　巴戟天 12g　乌梢蛇 12g　片姜黄 9g　怀牛膝 12g　三七 9g　炒白芥子 9g　刺五加 15g　首乌藤 30g　无花果 30g

中药 7 剂，每日 1 剂，水煎服两次。

**复诊（2015-01-12）**　上方服用后自感畏寒略有减轻，继服上方 14 剂。诉仍感脚麻，自汗多，精神不佳，纳眠亦欠佳，舌紫苔白，脉细涩。

治法　温肾健脾，和血通痹。

方药　生黄芪 30g　防风 9g　制苍术 9g　当归 12g　炒白芍 12g　桂枝 9g　生姜 3g　大枣 15g　甘草 6g　鸡血藤 12g　仙灵脾 12g　巴戟天 12g　乌梢蛇 12g　猫爪草 15g　片姜黄 9g　米仁 30g　五倍子 6g　刺五加 30g　夜交藤 30g　炒山楂 12g　炒麦芽 15g

中药 14 剂，每日 1 剂，水煎服两次。

**复诊（2015-04-13）**　患者诉精神较前有所改善，足底麻痛，走路时加重，二便调，舌紫苔白腻，脉细涩。查血 IgG 17.6g/L，血 κ 轻链 5.4g/L，肝肾功能正常，治以温肾健脾，活血通络。

方药　生黄芪 30g　防风 9g　炒白术 12g　当归 12g　鸡血藤 15g　猫爪草 15g　片姜黄 9g　三七 9g　莪术 9g　骨碎补 12g　仙灵脾 12g　徐长卿 12g　积雪草 15g　怀牛膝 12g　老鹳草 15g　伸筋草 15g　乌梢蛇 9g　络石藤 12g　透骨草 15g　三叶青 12g　刺五加 30g　炒麦芽 15g

中药 14 剂，每日 1 剂，水煎服两次。

**复诊（2015-09-28）**　患者诉精神可，肢体麻木感明显减轻，体力尚可，饮食、睡眠无影响，二便调，舌紫苔微黄，脉细。查血 IgG 17.7g/L，血 κ 轻链 4.86g/L，肝肾功能正常尿 κ 轻链正常，治以温肾健脾，和血通痹。

方药　生黄芪 30g　当归 12g　防风 9g　猫爪草 15g　片姜黄 9g　莪术 9g　怀牛膝 12g　骨碎补 12g　老鹳草 15g　海风藤 12g　络石藤 12g　三七 9g　玄参 15g　鸡血藤 15g　苍术 9g　黄连 5g　白花蛇舌草 15g　蜈蚣 2 条　乳香 5g　玉米须 30g

中药 14 剂，每日 1 剂，水煎服两次。

**复诊（2015-12-21）**　患者诉脚麻已明显改善，无骨痛，饮食尚佳，舌紫舌下络脉粗壮苔白，脉细。复诊查肝肾功能正常，查血 IgG 20.30g/L 血 κ 轻链 6.59g/L，血常规示 WBC 7.6×10⁹/L，HGB 147g/L，PLT 191×10⁹/L。治以温肾健脾，和血通络。

方药 生黄芪 30g 当归 12g 片姜黄 9g 莪术 9g 骨碎补 12g 怀牛膝 12g 积雪草 15g 玉米须 30g 鸡血藤 15g 海风藤 12g 老鹳草 15g 伸筋草 15g 防风 9g 全蝎 4g 玄参 15g 乳香 5g 没药 5g 三七 9g 蛇舌草 15g 米仁 30g 茯苓 12g 紫贝齿（先煎）30g 刺五加 30g

中药 14 剂，每日 1 剂，水煎服两次。

**复诊（2016-07-04）** 患者诉大便欠顺畅，余无不适，纳眠正常，舌红苔薄黄，脉细。复诊查肝肾功能正常，查血 IgG 17.4g/L，血 κ 轻链 5.64g/L。血常规示：WBC $6.1×10^9$/L，HGB 138g/L，PLT $119×10^9$/L，治以温肾健脾、和血通痹。

方药 老鹳草 15g 制大黄 12g 莪术 9g 乳香 5g 徐长卿 15g 当归 12g 杜仲 9g 海风藤 12g 片姜黄 9g 鸡血藤 15g 牛膝 12g 路路通 12g 骨碎补 12g 玄参 20g 伸筋草 15g 蝉衣 6g 没药 5g 玉米须 30g 黄芪 30g 枳壳 12g 独活 12g

中药 14 剂，每日 1 剂，水煎服两次。

**复诊（2018-04-23）** 患者诉一直未间断中药治疗，自觉身体好许多，步履如常，精神面貌一如常人，饮食佳，二便调，舌红紫苔白，脉沉细。复查血 IgG 16.4g/L，血 κ 轻链 6.24g/L。血常规 WBC $6.4×10^9$/L，HGB 148g/L，PLT $145×10^9$/L，肝肾功能正常。治以调补脾肾，活血化瘀，祛风通络。

方药 生黄芪 30g 防风 9g 炒白术 12g 槲寄生 15g 独活 12g 川芎 9g 当归 12g 鸡血藤 12g 莪术 9g 片姜黄 9g 蜈蚣 2 条 仙灵脾 12g 乌梢蛇 12g 玄参 20g 杞子 12g 玉米须 30g 积雪草 15g 伸筋草 15g 老鹳草 15g 无花果 30g

中药 14 剂，每日 1 剂，水煎服两次。

**转归** 患者明确诊断后给予硼替佐米治疗，治疗过程中发生严重的周围神经病变，遂停用联合化疗。而后除间断服用沙利度胺外，一直持续中医治疗，肢体麻木明显好转，多发性骨髓瘤病情稳定，未见疾病进展。

**按** 本案同为多发性骨髓瘤合并周围神经病变患者，周围神经病变已成为影响多发性骨髓瘤患者继续化疗的最主要因素，含硼替佐米的化疗方案虽然目前是治疗多发性骨髓瘤患者首选治疗方案，但其带来的周围神经病变不容忽视，因此针对合并症的治疗异常重要，罗老在临证中遇到此类患者甚多，这也彰显了中医在治疗合并症及减轻药物不良反应方面的独特优势，体现了罗老在治疗此类患者方面的独到之处。本案患者同属脾肾阳虚证，罗老依然选用黄芪桂枝五物汤作为主方，以温肾健脾，和血通痹为主要治则，善用蜈蚣、乌梢蛇、全蝎等虫类药物搜风通络，收效甚为显著。罗老认为无论中医或是西医要善于运用辩证唯物主义思想来看待某种治疗，切忌盲目跟风，如今西医新药层出不穷，为患者带来希望的同时，作为医师要辨证看待这些药物的疗效可靠性及药物不良反应，不可被疾病指南或几个临床试验而左右。中医辨证论治的治疗思想正是辩证唯物主义思想的完美体现。

## 第四节 原发性血小板增多症

原发性血小板增多症为多能造血干细胞克隆性疾病之一，其主要为巨核细胞系增生，临床表现主要有血小板持续增多，部分患者合并出血和血栓，同时肝脾出现不同程度的肿大。基因突变作为血小板增多症患者的主要诊断依据和预后评估的重要指标，常见突变基因包括 JAK2、CALR、MPL，归属于慢性骨髓增殖性肿瘤，部分病例可转化为慢性粒细胞白血病、骨髓纤维化或真性红细胞增多症。

目前中医尚无原发性血小板增多症的统一病名，部分中医学者将该病归属于"血瘀""积证""血证""脉痹"等范畴，古代文献中把血液凝滞状态称之为"血积"，如《金匮翼·积聚统论》："血积，痛有定处，遇夜则甚，其脉芤涩……跌仆努力者，多有此症。或忧怒伤其内，风寒袭于外，气逆血寒，凝结成积。"罗老认为原发性血小板增多症为血液之病，以血运迟滞，积于脉道为主要病理基础，常讲本病归为"血瘀"。多与先天不足、七情内伤、久病体虚有关。先天肾阳不足，则寒凝气滞血瘀，形成阳虚血瘀；久病伤肾，则肾阴不足，阴虚则脉络失于濡养，血行不畅，形成阴虚血瘀。故罗老临床常将本病分为"阴虚血瘀"及"阳虚血瘀"两种证型，治疗上当以"温阳补肾、活血化瘀"或"滋阴补肾、活血化瘀"为主要治则。

### 案1 原发性血小板增多症

王某，男，39 岁。初诊时间：2015-10-22。

诊治经过 2011 年患者体检时查血常规发现血小板增多，当时血常规：PLT $1200 \times 10^9$/L，遂行骨髓常规、染色体、免疫分型、BCR/ABL、JAK2-V617 等检查，明确诊断为"原发性血小板增多症"。之后患者长期应用羟基脲治疗。由于担心羟基脲副作用，于 2015 年 10 月 22 日来罗老门诊就诊，就诊时服用羟基脲 0.5g 每日 3 次，口服。

**四诊**　患者初入诊室时神志清，精神可，面色晦暗，稍感头晕、乏力，平素畏寒，肝脾肋缘下未触及，饮食可，二便调，舌胖淡紫苔薄白，脉沉细。

**辅检**　复查血常规示：WBC $6.8\times10^9$/L，HGB 163g/L，PLT $489\times10^9$/L。

**诊断**　血瘀。

**辨证**　阳虚血瘀。

**治法**　温阳补肾，活血化瘀。

**方药**　通窍活血汤合附子汤加减。

当归尾 12g　川芎 9g　红花 9g　片姜黄 9g　炒白芍 12g　赤芍 9g　王不留行 12g　乌元参 15g　莪术 9g　麦芽 15g　白芥子 9g　佛手 9g　猫爪草 15g　制附子 6g　茯苓 12g　炙甘草 6g　桂枝 4g　三七 9g　炒白术 12g　乳香 5g　地龙 9g　桃仁 6g

中药 7 剂，每日 1 剂，水煎服两次。

**复诊（2016-03-24）**　患者诉近 2 日鼻塞，无发热，饮食、睡眠均佳，舌胖淡紫苔薄白，脉沉细。复查血常规示：WBC $7.2\times10^9$/L，HGB 168g/L，PLT $422\times10^9$/L。治以活血化瘀，温阳益肾，同时羟基脲减至 0.5g 每日 2 次口服治疗。

**方药**　当归尾 12g　川芎 9g　红花 9g　片姜黄 9g　炮姜 3g　佛手 9g　猫爪草 15g　制附子 6g　茯苓 12g　炙甘草 6g　三七 9g　炒麦芽 15g　肉桂 4g　黄芪 45g　王不留行 12g　白芷 10g　炒白芍 12g　炒白术 12g　陈皮 9g　徐长卿 9g

中药 14 剂，每日 1 剂，水煎服两次。

**复诊（2017-01-12）**　患者自诉一般情况可，无明显不适，饮食、睡眠均可，二便调，舌脉同前。复查血常规：WBC $8.4\times10^9$/L，HGB 171g/L，PLT $498\times10^9$/L。继以温阳补肾，活血化瘀。羟基脲改为 0.5g 每日 1 次治疗。

**方药**　当归尾 9g　川芎 9g　红花 9g　片姜黄 9g　佛手 9g　炙甘草 6g　三七 9g　炒麦芽 15g　黄芪 45g　王不留行 12g　枳壳 12g　乳香 5g　川牛膝 12g　龙骨 30g　牡蛎 30g　莪术 9g　猫爪草 15g　红景天 20g　路路通 12g　徐长卿 9g　炒白术 12g　桂枝 5g　茯苓 12g

中药 14 剂，每日 1 剂，水煎服两次。

2018 年 12 月 18 日复查血常规：WBC $7.6\times10^9$/L，HGB 176g/L，PLT $415\times10^9$/L。予羟基脲 0.5g 每日 1 次口服治疗。

**转归**　患者坚持中药治疗，羟基脲减至 0.5g 每日 1 次，血小板持续稳步下降，病情平稳，继续中药治疗至今。

　　**按**　原发性血小板增多症是临床较为常见的骨髓增殖性肿瘤，目前西医治疗主要以羟基脲、干扰素为主，以及JAK2抑制剂芦可替尼的上市，虽一定程度上使患者病情得到控制，但药物的不良反应及昂贵的医疗费用，使诸多患者望尘莫及。本案患者确诊亦给予羟基脲治疗，血小板得到有效控制，但羟基脲难以减药。本案患者正当壮年之时，本应肾气充盈，阳气正旺之时，却表现出畏寒、头晕、乏力等阳气不足之证候，这与患者先天禀赋及后天失养有关，工作压力，生活无节制，导致肾气亏耗，气虚日久，瘀血阻滞，阳虚寒凝，血液运行更加迟缓，故见面色晦暗、舌紫等血瘀表现，故罗老结合四诊辨证为阳虚血瘀，方用附子、桂枝、白芥子温阳散寒，当归、川芎、片姜黄活血行气。红花、莪术、三七、乳香活血化瘀。治疗过程中随着阳虚症状改善加强活血化瘀行气之药，以助行气化瘀。本患者患病久，初诊时羟基脲用量较大，经过中药治疗，羟基脲剂量逐渐减少，寄希望于通过中医中药治疗有望达到停用羟基脲的目的。

**案2　原发性血小板增多症**

李某，女，36岁。初诊时间：2014-05-22。

　　诊治经过　2014年4月患者体检时发现血小板增高，当时血常规提示：PLT $1900×10^9$/L，遂于杭州市某三甲医院住院，完善骨髓细胞学提示：全片共见442个巨核细胞，血小板成簇、成片可见，BCR/ABL阴性，JAK2-V617阴性。彩超示脾脏无肿大。诊断为"原发性血小板增多症"。患者曾给予两次单采血小板，血小板最低降至$650×10^9$/L，之后给予羟基脲0.5g每日2次口服治疗。患者由于担心羟基脲长期服用有副作用，故于2014年5月22日来罗老中医门诊就诊。

　　四诊　神志清，精神可，面色红，稍感头晕、乏力，口微干，大便干结，小便黄，舌红绛苔薄黄，脉细涩。

　　辅检　复查血常规示：WBC $3.0×10^9$/L，HGB 106g/L，PLT $860×10^9$/L。骨髓常规提示：全片共见442个巨核细胞，血小板成簇、成片可见。JAK2-V617阴性。

　　诊断　血瘀。

　　辨证　阴虚血瘀。

　　治法　滋阴增液，活血化瘀。

　　方药　四物汤加黄柏合增液承气汤加减。

生地 9g　当归 12g　炒白芍 12g　川芎 9g　黄柏 9g　乌元参 15g　浙贝 12g　石见穿 15g　制玉竹 9g　麦冬 9g　生姜衣 3g　炒麦芽 15g　三叶青 6g　佛手 9g　路路通 12g　王不留行 12g　佛手 12g　生大黄 3g

中药 7 剂，每日 1 剂，水煎服两次。

联合羟基脲 0.5g 每日 2 次，口服治疗。

**复诊（2014-06-17）**　服上药后大便干结较前好转，精神可，舌红绛苔薄白，脉细。复查血常规示：WBC $5.2\times10^9$/L，HGB 115g/L，PLT $960\times10^9$/L。治以滋阴增液、活血化瘀。

方药　生地 9g　当归 12g　炒白芍 12g　川芎 9g　黄柏 9g　乌元参 15g　浙贝 12g　石见穿 15g　北沙参 12g　麦冬 9g　生姜衣 3g　炒麦芽 15g　三叶青 6g　佛手 9g　甲片 6g　片姜黄 9g　红花 6g　地鳖虫 6g

中药 14 剂，每日 1 剂，水煎服两次。羟基脲调至 0.5g 每日 3 次治疗。

**复诊（2014-12-18）**　患者诉鼻腔干燥，口干，小便黄，舌红绛苔少，脉细。复查血常规示：WBC $6.1\times10^9$/L，HGB 118g/L，PLT $712\times10^9$/L。治以滋阴清热，活血化瘀。

方药　当归尾 9g　炒白芍 12g　川芎 9g　北沙参 12g　乌元参 15g　石见穿 15g　麦冬 9g　红花 6g　苏木 9g　桑白皮 12g　无花果 20g　川牛膝 9g　赤芍 9g　路路通 9g　芡实 20g　鲜铁皮石斛 12g　南方红豆杉 6g　浙贝 12g　生地 9g　黄柏 9g

中药 14 剂，每日 1 剂，水煎服两次。

**复诊（2015-06-18）**　复查血常规示：WBC $4.7\times10^9$/L，HGB 113g/L，PLT $732\times10^9$/L。诉口干，饮食可，二便调，舌红绛苔薄，脉细。治以滋阴增液、活血化瘀。

方药　当归尾 9g　川芎 9g　北沙参 12g　乌元参 15g　无花果 20g　三叶青 9g　王不留行 9g　葛根 20g　鲜铁皮石斛 12g　生地 9g　佛手 9g　芡实 20g　石见穿 15g　麦冬 9g　三七 9g　石榴皮 9g　制玉竹 12g　路路通 9g　天花粉 9g

中药 14 剂，每日 1 剂，水煎服两次。

**复诊（2015-09-24）**　复查血常规示：WBC $5.6\times10^9$/L，HGB 124g/L，PLT $626\times10^9$/L，继续前方随证加减。

**复诊（2018-04-09）**　患者自觉无不适症状，舌红苔薄，脉细，复查血常规示：WBC $4.69\times10^9$/L，N 47.1%，HGB 128/L，PLT $326\times10^9$/L。2017 年 11 月

曾复查骨髓常规加活检无异常，网状纤维染色（-）。

方药　当归尾 9g　川芎 9g　北沙参 12g　乌元参 15g　三叶青 9g　王不留行 9g　葛根 20g　鲜铁皮石斛 12g　生地 9g　佛手 9g　芡实 20g　石见穿 15g　麦冬 9g　三七 9g　石榴皮 9g　制玉竹 12g　路路通 9g　天花粉 9g　莪术 9g

中药 14 剂，每日 1 剂，水煎服两次。

转归　患者经中药及羟基脲逐渐减量治疗血小板持续下降，2016 年初羟基脲减量至每日 1 片，2017 年羟基脲减量至数日半片，2018 年 12 月患者停用羟基脲，目前仍口服中药治疗中，血小板维持在 300～320×10⁹/L。

按　本案为确诊原发性血小板增多症患者，血小板明显增高，该患者虽经单采血小板治疗，血小板曾一度明显下降，但单采血小板只作为防止血栓发生的临时治疗，并不能作为长期治疗方案，后期仍需长期羟基脲治疗控制血小板数量。该患者中医初诊以头晕、乏力、口干、大便干结、小便黄等为主要表现，临证以阴虚为本，阴虚血燥，津液亏虚，则口干、大便干结，治疗起始用乌元参、麦冬、生地、大黄增液通便；患病日久，病久必瘀，表现为头晕，予以当归、白芍、川芎、红花、路路通、石见穿活血化瘀，配合生地、黄柏起到养阴增液作用，以使血液流畅。后期患者合并鼻塞、鼻干，加用麦冬、北沙参等清肺养阴。该患者以养阴增液与活血祛瘀为主，并适当加用白花蛇舌草、三叶青、南方红豆杉等抗肿瘤之药，防止疾病转变。患者经中药治疗，羟基脲逐渐减量直至停用。回顾患者整个治疗过程，在初诊时血小板过高以西医治疗快速控制病情，防止血栓或出血发生；后期以中医治疗稳定病情，预防疾病转变，充分体现中西医结合治疗的优势。

### 案 3　血小板增多症

周某，男，61 岁，初诊日期：2009-03-04。

诊治经过　患者有血小板增多症两年于 2009 年 02 月 09 日因"头晕、胸闷"入住省某三甲医院，入院后查血常规 WBC 10.5×10⁹/L，N 82.4%，HGB 131g/L，PLT 745×10⁹/L，生化全套除血尿酸高外，余均正常，肿瘤全套正常，乙肝三系正常，凝血全套正常，血沉（11mm/h）正常，免疫全套正常，胃镜检查："胃窦"黏膜中度慢性浅表性炎（活动期）伴糜烂、轻度肠化、固有层淋巴组织增生及局限萎缩。HP（-）。骨髓常规：有核细胞增生活跃，粒系增生活跃，以成熟阶段粒细胞增生为主；红系增生尚活跃，以中晚幼红细胞增生为主，形态正常；淋巴细胞占 10.5%，形态正常；全片见巨核细胞 66 个，其中产板巨 18 个，血小板大簇可见，数量增多。骨髓活检：骨髓有核细胞增生尚活跃，粒系增生活跃，以成熟阶段粒细胞增生为主，原始幼稚细胞散在可见；红系增生尚活跃，以中晚幼红增生为主；巨核细胞增多，可见多核巨核细胞。网状纤维（＋～＋＋）。彩超：肝胆胰腺脾肾未见明显异常。BCR/ABL 阴性。住院期间曾给予干扰素 21 支（之后未再应用），羟基脲 0.5g 每日 2 次治疗，至 2009 年 02 月 19 日复查血常规 WBC $6.3×10^9$/L，N 75.2%，HGB 119g/L，PLT $625×10^9$/L。于 2009 年 02 月 20 日病情好转以血小板增多症出院。2009 年 03 月 04 日于罗老门诊转求中医治疗。

四诊　初入罗老门诊患者精神尚可，自诉头晕、胸闷、易疲劳，平素身烘热、口干，大便干，舌红绛苔薄，脉细。

辅检　复查血常规 WBC $4.1×10^9$/L，HGB 121g/L，PLT $574×10^9$/L。

诊断　血瘀。

辨证　阴虚血瘀。

治法　滋阴增液，活血化瘀。

方药　通窍活血汤合增液承气汤加减。

生地黄 12g　玄参 20g　麦冬 9g　三叶青 15g　地龙 9g　川芎 9g　当归尾 12g　炒白芍 12g　赤芍 12g　红花 6g　炒留行子 12g　石见穿 15g　片姜黄 9g　北沙参 12g　佛手 9g　三七 6g　炒麦芽 15g　鲜铁皮石斛 12g　黄柏 9g　生大黄 5g 后下　桃仁 6g

中药 7 剂，每日 1 剂，水煎服两次。

**复诊（2009-03-11）**　患者诉鼻腔干燥，涕中带血，身烘热有明显改善，大便调，舌红绛苔薄，脉细。复查血常规 WBC $4.0×10^9$/L，HGB 116g/L，PLT $576×10^9$/L。治以滋阴清热，活血化瘀。

方药　生地黄 9g　玄参 20g　丹皮 9g　川芎 9g　黄柏 9g　水牛角 15g　赤芍 9g　当归 12g　地龙 9g　麦冬 9g　北沙参 12g　桑白皮 12g　川牛膝 9g　炒白芍 12g　三七片 9g　三叶青 15g　鲜铁皮石斛 12g　佛手 9g

中药 14 剂，每日 1 剂，水煎服两次。

**复诊（2011-10-26）**　患者自觉精神状态良好，已无头晕、胸闷、疲劳，饮食、睡眠可，二便调，舌红苔薄，脉细。复查血常规 WBC $8.4×10^9$/L，HGB 130g/L，PLT $371×10^9$/L。生化：肝肾功能正常，甘油三酯高。治以滋阴增液，活血化瘀。

方药　生地黄 9g　玄参 20g　三叶青 15g　地龙 9g　川芎 9g　炒留行子

12g　三七片 9g　当归尾 9g　麦冬 9g　川牛膝 9g　片姜黄 9g　佛手 9g　红花 6g　炒白芍 12g　炒山楂 12g　鲜铁皮石斛 12g　红景天 9g　北沙参 12g　炒麦芽 15g

中药 14 剂，每日 1 剂，水煎服两次。

**复诊（2012-09-19）**　患者诉近 1 周时感头晕，无胸闷，二便调，舌红苔薄，脉细。复查血常规 WBC $8.6×10^9$/L，N 72.0%，HGB 132g/L，PLT $365×10^9$/L。治以滋阴增液，活血化瘀。

方药　生地黄 12g　玄参 20g　三叶青 15g　王不留行子 12g　川芎 9g　三七片 9g　当归尾 9g　炒白芍 12g　钩藤 15g　红花 6g　片姜黄 9g　鲜铁皮石斛 12g　佛手 9g　川牛膝 9g　炒山楂 12g　北沙参 12g

中药 14 剂，每日 1 剂，水煎服两次。

**复诊（2015-04-01）**　2013 年 10 月患者曾突发脑梗死，经住院治疗，现已完全恢复，无肢体后遗症。此次复诊患者诉精神尚可，纳稍差，口干，二便调，舌红苔薄白，脉细。复查血常规 WBC $8.3×10^9$/L，N 55.4%，HGB 141g/L，PLT $323×10^9$/L。治以活血化瘀，养阴和胃。

方药　生地黄 12g　当归尾 12g　炒白芍 12g　川芎 9g　王不留行 12g　三叶青 15g　北沙参 12g　三七片 9g　红花 6g　钩藤 15g　川牛膝 9g　佛手 9g　红景天 9g　鲜铁皮石斛 12g　炒麦芽 15g　炒山楂 12g　无花果 15g

中药 14 剂，每日 1 剂，水煎服两次。

**转归**　患者西医治疗期间曾应用干扰素及羟基脲治疗，但血小板始终维持在 $600×10^9$/L 左右，自中药治疗始，未再应用干扰素，羟基脲逐渐减量，多次复查血常规血小板均维持在正常范围，至 2016 年停服中药及羟基脲。2018 年 11 月 1 日复查血常规 WBC $7.1×10^9$/L，N 55.4%，HGB 130g/L，PLT $273×10^9$/L，自述多次体检复查彩超肝脾均无肿大，目前随诊生活状态良好。

**按**　本案患者多次查血常规血小板增多，骨髓常规及活检均可见血小板明显增多，活检可见网状纤维增生，考虑血小板增多症继发骨髓纤维化。因当时检验条件受限未完善 JAK2、CLAR、MPL 等基因检测。但本案通过中医治疗停用羟基脲，血小板始终处于正常范围，既减少了西药的副作用，又使病情始终处于稳定。阴津为血液的组成部分，水津充沛，血始能行，津亏不足于载血，则血行涩滞易形成血瘀，周学海《读医随笔》中曾说"血犹舟也，津液者水也"，与中医学中因肠道津液不足而引起的大便干结所说的"无水舟停"有异曲同工之意。本案辨证证型为阴虚血瘀，治疗原则前期以滋阴补肾为主,活血化瘀为辅,后期治疗以活血化瘀为主,滋阴补肾为辅,该患者患病至今已10年,病情稳定,精神状态良好。罗老指出在疾病治疗的不同阶段要注重治疗的侧重性,充分体现中医辨证论治的优势。

# 第五节　免疫性血小板减少症

免疫性血小板减少症是由于自身免疫功能紊乱导致机体免疫介导的血小板破坏增多和巨核细胞增多或正常并伴成熟障碍的一种出血性疾病。其临床表现为血小板减少、皮肤黏膜出血、内脏出血等。根据临床表现分为急性免疫性血小板减少症和慢性血小板减少症。

因本病主要表现为出血,故中医可归为"血证"之范畴。中医认为本病多由于感受外邪、劳倦过度或久病体虚所致。罗师根据其临床表现把其证型分为血热妄行型、气虚型、阴虚型及阳虚型。

### 案1　免疫性血小板减少症

吴某,男,45岁,初诊时间:2017-12-11。

诊治经过　2007年8月患者因"反复鼻衄"在省某三甲医院诊断为"免疫性血小板减少症",给予激素等药物治疗,此后多次复查血小板在$70×10^9$/L左右。后由于擅自不规则用药,致血小板始终停留在(20～30)×$10^9$/L。至2017年8月因血小板降至$7×10^9$/L并常伴有鼻衄又入住该省某三甲医院,经过大剂量激素等治疗疗效甚微,且在8月至12月因血小板过低多次住院。2017年12月11日出院时血小板$11×10^9$/L。为寻求进一步治疗于2017-12-11至罗老门诊就诊。

四诊　面色潮红,平时嗜好辛辣食物,诉常觉易上火,感口干口苦,大便干燥,昨日又出现流鼻血,量较前减少,舌红绛苔薄糙,脉细数。

辅检　血常规示WBC $5.7×10^9$/L,N 59.3%,HGB 119g/L,PLT $3×10^9$/L。

诊断　血证。

辨证　阴虚挟火证。

治法　滋阴降火,清热凉血。

方药　二至丸合泻心汤加减。

生地黄12g　墨旱莲12g　制女贞子12g　连翘12g　紫珠草15g　紫草9g　仙鹤草15g　羊蹄15g　炒蒲黄15g　大黄(后下)5g　黄连5g　黄芩9g　炒枳壳9g　莲子12g　藕节15g　枸杞子12g　桑椹12g　苦参9g　白花

浙江中医临床名家・罗秀素

蛇舌草 15g　藤梨根 15g

中药 7 剂，每日 1 剂，水煎服两次。

**复诊（2017-12-25）**　近 1 周无流鼻血，自觉胸闷、上腹部不适及上火感，大便较前通畅，舌红绛苔薄黄，脉细数。当日血常规示 PLT $26 \times 10^9$/L，上方去黄芩、黄连加生地榆 12g、火麻仁 15g，嘱服 14 剂。

**转归**　患者之后间断来罗师处就诊，目前血小板控制在 $60 \times 10^9$/L 左右，已无流鼻血、上火等症状。

**按**　免疫性血小板减少症中医认为多因感受外邪，外邪入内，蕴而化热酿毒，伤津耗液，阴血暗耗，津液亏损，再加该患者自控能力差，仍常食辛辣之物，致胃火灼盛，迫血妄行而致鼻衄反复发作，阴液不足肠道缺乏濡润，故大便干燥，舌红绛苔薄，脉细数，为阴分亏损之候。罗师对阴虚伴胃火灼盛的血小板减少症多在滋阴凉血的基础上合用三黄泻心汤，三黄泻心汤出自《金匮要略》"心气不足，吐血，衄血，泻心汤主之"。一诊后血小板较前明显上升，之后罗师随症加减，患者血小板明显上升，再无流鼻血、上火感症状。

**案 2　免疫性血小板减少症**

季某，女，52 岁，初诊时间：2018-01-23。

**诊治经过**　2016 年 9 月 18 日主因"双下肢皮肤瘀点瘀斑半个月"在义乌某医院查血常规示血小板 $15 \times 10^9$/L，骨髓穿刺检查：巨核细胞增多，全片见巨核细胞 118 个，分离 50 个，其中颗粒巨 43 个，产板巨 2 个，裸核 5 个，产板功能差。意见：巨核细胞数量增多，功能差，确诊为"免疫性血小板减少症"。后持续激素治疗，血小板能恢复正常，但多次因激素减量后出现复发，于 2017 年 11 月停服激素，当时即查血常规示血小板 $78 \times 10^9$/L，予"利可君""维血宁"维持治疗后不久，再次复查血小板降至 $38 \times 10^9$/L。为进一步诊治前来罗老师处就诊。

**四诊**　精神一般，面色偏暗红，皮肤时有瘀斑，感口干，盗汗明显，无口苦，无头晕头痛，胃纳可，睡眠欠佳，二便正常。舌红舌下脉络较粗苔白，脉弦细。

**辅检**　血常规示 WBC $10.9 \times 10^9$/L，HGB 156g/L，PLT $24 \times 10^9$/L。

**诊断**　血证。

**辨证**　阴虚证。

**治法**　滋阴益肾。

**方药**　羊蹄 9g　苦参 9g　白茅根 12g　紫草 9g　生地 9g　熟地 12g　藤梨根 15g　旱莲草 15g　蛇舌草 15g　炒枣仁 20g　女贞子 15g　佛手 9g　茯

苓 12g　紫贝齿 30g　炒蒲黄 15g　紫珠草 15g

中药 14 剂,日 1 剂,水煎服两次。

**复诊（2018-03-27）**　复查血常规示:血小板 $60×10^9$/L。皮肤黏膜无新鲜出血点及瘀点瘀斑,舌嫩红苔薄白,脉弦细。

治法　滋阴益肾。

方药　羊蹄 9g　苦参 9g　地榆炭 9g　白茅根 12g　紫草 9g　生地 9g　熟地 12g　藤梨根 15g　仙鹤草 15g　旱莲草 15g　蛇舌草 15g　炒枣仁 20g　女贞子 15g　桑椹子 12g　佛手 9g　紫贝齿 30g　炒蒲黄 15g　紫珠叶 15g　莲子 15g

中药 14 剂,日 1 剂,水煎服两次。

**复诊（2018-07-31）**　诉近期感冒,目前仍稍咽痛,鼻塞流涕,舌红苔白腻,舌下脉络瘀滞,脉弦细偏浮。复查血常规:血小板 $76×10^9$/L. 在原方基础上加疏风解表药。

方药　藤梨根 15g　仙鹤草 15g　旱莲草 15g　蛇舌草 15g　女贞子 15g　桑椹子 12g　佛手 9g　温山药 30g　血见愁 9g　蒲黄碳 15g　紫珠叶 15g　羊蹄 9g　苦参 9g　白茅根 12g　紫草 9g　木蝴蝶 3g　荆芥 9g　紫苏叶 12g　连翘 15g　苍耳子 9g

中药 7 剂,日 1 剂,水煎服两次。

转归　患者于罗师处就诊后停用所有西药治疗,经中医治疗,目前患者血小板控制（70～100）$×10^9$/L 之间。

**按**　本案为诊断免疫性血小板减少症患者,激素治疗有效,但减量后即出现血小板下降,罗老处就诊时 PLT $24×10^9$/L,通过中药治疗半年多,血小板控制在（70～100）$×10^9$/L 之间。ITP 的西医发病机制目前普遍认为与免疫紊乱有关。中医方面,罗老认为免疫性血小板减少症的病因病机与气虚、阴虚、血瘀关系最为密切。本例立方用意均照顾到气、阴、瘀于其中。方中茯苓具有补中益气,调理脾胃之虚弱;枸杞子具有补肝肾益精血之功;仙鹤草、蒲黄炭具有止血消瘀,另仙鹤草有较强的补虚作用,能提高 ITP 患者生活质量;而紫草性味甘、咸、寒,有凉血、止血、活血之效,与羊蹄、紫珠草共起清热凉血止血之功;熟地、生地、墨旱莲起到补肾生髓之作用。罗师根据 ITP 发病与免疫相关,结合现代药理研究,故适当用苦参、藤梨根、白花蛇舌草可增加疗效。诸药合用,药性平和,以达阴阳平调,止血而不留瘀,疗效明显。

浙江中医临床名家·罗秀素

### 案 3　免疫性血小板减少症

王某，女，21 岁，初诊时间：2017-09-05。

**诊治经过**　2015-5-21 因双下肢皮肤出现瘀点就诊当地人民医院，查血常规示血小板（PLT $16\times10^9$/L）减少，余二系均正常，即住院治疗，予静注人免疫球蛋白治疗 2 天另加激素（泼尼松 30mg/ 日），骨穿报告：巨核细胞 63 个 / 片，功能差，诊断为"免疫性血小板减少症"。住院 5 天血小板升至 $70\times10^9$/L 出院。出院后随激素减量血小板亦则随之下降，最低时血常规示 PLT $20\times10^9$/L，余二系仍正常。至 2015-07 到上海某三甲人民医院就诊，告知激素减量太快，未予其他治疗，即转上海另一某三甲医院给予中医治疗 1 月多，血小板仍在 $60\times10^9$/L ～ $70\times10^9$/L。2015-08 又转上海另一某三甲医院，另加达那唑和硫唑嘌呤及血凝胶囊治疗，一直服药至 2017 年 8 月底，复查血小板 $37\times10^9$/L（当时达那唑、硫唑嘌呤每周各服 1 片，停服激素）。

**四诊**　刻下，精神尚可，胃纳一般，诉平时易感冒，皮肤紫点时隐时现，四肢倦怠，舌淡苔白厚，脉细。

**辅检**　血常规 WBC $6.6\times10^9$/L，N 55.4%，HGB 120g/L，PLT $26\times10^9$/L。

**诊断**　血证。

**辨证**　气虚证。

**治法**　益气健脾。

**方药**　六君子汤加减。

太子参 30g　炒白术 12g　制苍术 9g　茯苓 12g　炒陈皮 9g　炒米仁 20g
生黄芪 20g　防风 9g　炒蒲黄 15g　制狗脊 12g　鹿含草 15g　蛇舌草 15g
藤梨根 15g　羊蹄 9g　炒莱菔子 9g　炒麦芽 15g

中药 7 剂，每日 1 剂，水煎服两次。

另予甲泼尼龙 2 片 每日 3 次，碳酸钙 D3 片 每日 1 次，氯化钾 1 片 每日 3 次，金奥康 1 片 每日 1 次。

**复诊（2017-09-12）**　来人代诉，患者无何不适，胃纳佳，手机传递照片示舌淡苔白。辅助检查：血常规 WBC $10.6\times10^9$/L，N 71.6%，HGB 127g/L，PLT $120\times10^9$/L。

**方药**　太子参 30g　茯苓 12g　炒白术 12g　姜半夏 9g　炒陈皮 9g　制狗脊 12g　苦参 9g　蛇舌草 15g　制苍术 9g　生黄芪 20g　防风 9g　当归 12g　血见愁 9g　炒蒲黄 15g　藤梨根 15g　炒莱菔子 9g

中药 14 剂，每日 1 剂，水煎服两次。

西药暂不更动。

**复诊（2017-11-21）** 来人代述，一般情况可，无何不适，手机拍照示舌淡紫苔白。辅助检查：血常规 WBC $13.8\times10^9$/L，N 78.8%，HGB 141g/L，PLT $267\times10^9$/L。

方药 太子参30g 炒白术12g 生黄芪20g 茯苓12g 姜半夏9g 炒陈皮9g 炙甘草6g 防风9g 苦参9g 制狗脊12g 鹿含草15g 当归12g 血见愁9g 蛇舌草15g 藤梨根15g 炒麦芽15g 炒蒲黄15g

中药14剂，每日1剂，水煎服两次。

另予甲泼尼龙半片 每日1次，碳酸钙D3每日1片，埃索美拉唑肠溶片每日1片。

**复诊（2018-08-28）** 患者精神可，无何不适，自服中药以后未患过感冒，月经正常，舌淡紫苔白，脉细。辅助检查：血常规 WBC $7.9\times10^9$/L，N 58.3%，HGB 123g/L，PLT $174\times10^9$/L。

方药 太子参30g 茯苓12g 炒白术12g 炙甘草6g 佛手9g 生黄芪20g 防风9g 苦参9g 制狗脊12g 仙鹤草15g 炒蒲黄15g 蛇舌草15g 藤梨根15g 当归12g 血见愁9g 羊蹄9g 鹿含草15g 炒麦芽15g

中药14剂，每日1剂，水煎服两次。

另予甲泼尼龙隔天服1/4片，碳酸钙D3每日1片。

**复诊（2018-10-26）** 来人代述，月经刚净，舌淡红苔白（手机拍照）。辅助检查：血常规 WBC $6.8\times10^9$/L，N 54.2%，HGB 115g/L，PLT $165\times10^9$/L。

方药 生黄芪20g 防风9g 太子参30g 炒白术12g 茯苓12g 炙甘草6g 苦参9g 熟地12g 当归12g 炒白芍12g 川芎9g 蛇舌草15g 藤梨根15g 制狗脊12g 鹿含草15g 佛手9g 炒麦芽15g

中药14剂，每日1剂，水煎服两次。

另予甲泼尼龙隔两天服1/4片，碳酸钙D3每日1片。

**转归** 患者仍在罗师处继续中药治疗，目前已停服激素治疗，复查血小板正常。

**按** 本例为气虚证，属于慢性ITP患者，治疗周期长，起效较缓。患者由于平时饮食不节，损伤脾胃，或素来脾胃虚弱，因而致血液生化乏源，致气血亏虚。《血证论·吐血》云："气为血之帅，血随之而运行，血为气之守，气得之而静谧。气结则血凝，气虚则血脱，气迫则血走。"在《沈注金匮》中云："五脏六腑之血，全赖脾气统摄。"今因中焦脾胃虚弱，不但影响气血之化源，且脾之统摄血液功能也会随之削弱。故患者可出现肌衄，如发展下去亦会出现便血，甚或月经过多或血崩。气血不足四肢失于濡养，则见倦怠、乏力，气虚亦可致瘀，故见舌淡紫，苔白、脉细均为气血亏损之候。今方用太子参、炒白术、茯苓益气健脾，苍术健脾燥湿，米仁健脾祛湿，陈皮健脾行气。黄芪、防风、炒白术益气固卫，蒲黄、鹿含草止血化瘀。狗脊温肾壮阳止血。白花蛇舌草、藤梨根、苦参以解毒。后替换使用血见愁、羊蹄等止血散瘀。患者通过上述治疗血小板逐渐恢复正常，目前已停服激素，本例疾病治疗提示了中医治疗 ITP 的有效性。

### 案4 免疫性血小板减少症

邱某，男，25 岁。初诊日期：2012-03-07。

诊治经过　患者 2012 年 2 月 6 日发现双下肢皮肤有出血点，去省某三甲医院查血常规示 PLT $8×10^9$/L，余二系正常，遂住院予静脉激素治疗 5 天，复查血常规 PLT $56×10^9$/L，以"免疫性血小板减少症"为诊断出院。出院带药：泼尼松每日 60mg。二周后复查血常规 PLT $12×10^9$/L，再次入住该院，予静注人免疫球蛋白治疗 5 天，3 月 5 日查 PLT $55×10^9$/L 后出院。因患者担忧血小板再次下降及激素的不良反应遂于 2012 年 3 月 7 日到罗老门诊就医。

四诊　患者面色较红润，精神佳，比较怕热，手心灼热，皮肤无瘀点瘀斑，舌红绛苔少，脉细数。

诊断　血证。

辨证　阴虚证。

治法　滋阴清热，凉血止血。

方药　大补阴丸加味。

熟地 12g　炙龟板 24g　黄柏 9g　知母 12g　地骨地 12g　杞子 12g　紫草 15g　羊蹄 12g　苦参 9g　仙鹤草 30g　女贞子 12g　旱莲草 12g　怀山药 30g　紫珠草 15g　蒲公英 12g　焦六曲 12g

中药 7 剂，每日 1 剂，水煎服两次。

**复诊（2012-03-14）**　复查血常规 PLT $157×10^9$/L，症无变化复上方 7 剂，每日 1 剂，水煎服两次。

**复诊（2012-03-21）**　患者已擅自停服激素治疗，夜间少寐，余无不适，舌脉同前。复查血常规 PLT $88×10^9$/L。

方药　熟地 12g　炙龟板 24g　黄柏 9g　知母 12g　地骨皮 12g　杞子 12g　紫草 15g　羊蹄 12g　苦参 9g　仙鹤草 30g　女贞子 12g　旱莲草 12g

怀山药 30g  鹿含草 12g  炒酸枣仁 15g  合欢花 12g

中药 7 剂，每日 1 剂，水煎服两次。

**复诊（2012-04-04）**  怕热，面部痤疮，色较红润，夜间盗汗，余无不适，舌脉同前。复查血常规 PLT 125×10⁹/L。

*治法*  滋阴清热，凉血解毒，佐以安神敛汗。

*方药*  熟地黄 12g  炙龟板 24g  黄柏 9g  知母 9g  地骨皮 12g  杞子 12g  紫草 15g  羊蹄 12g  苦参 9g  仙鹤草 30g  女贞子 12g  旱莲草 12g  焦六曲 15g  浮小麦 30g  山药 30g  炒酸枣仁 15g  合欢花 12g  蒲公英 9g  地丁草 15g  牡丹皮 9g

中药 14 剂，每日 1 剂 水煎服两次。

**复诊（2012-04-25）**  盗汗怕热均有明显好转，面部痤疮仍在，舌脉同前。复查血常规 PLT 191×10⁹/L。

*治法*  前法加强清热解毒。

*方药*  熟地黄 12g  炙龟板 24g  黄柏 9g  知母 9g  地骨皮 12g  枸杞 12g  紫草 15g  羊蹄 12g  苦参 9g  仙鹤草 30g  女贞子 12g  旱莲草 12g  金银花 15g  连翘 12g  丹皮 9g  炒酸枣仁 15g  蒲公英 9g  地丁草 15g  焦六曲 15g

中药 14 剂，每日 1 剂，水煎服两次。

**复诊（2012-05-23）**  面部痤疮已明显减轻，余无不适，舌脉同前。复查 PLT 173×10⁹/L。

*方药*  生地黄 12g  炙龟板 24g  黄柏 9g  知母 9g  杞子 12g  紫草 15g  羊蹄 12g  苦参 9g  仙鹤草 30g  女贞子 12g  旱莲草 12g  牡丹皮 9g  蒲公英 9g  地丁草 15g  茜草 9g  焦六曲 15g

中药 14 剂，每日 1 剂，水煎服两次。

**复诊（2012-06-06）**  今复查 PLT 130×10⁹/L，近日比较劳累，夜寐稍有盗汗，余无不适，舌脉无变化。

*方药*  熟地黄 12g  黄柏 9g  炙龟板 24g  知母 9g  杞子 12g  女贞子 12g  旱莲草 12g  紫草 15g  苦参 9g  羊蹄 12g  仙鹤草 30g  牡丹皮 9g  蒲公英 9g  地丁草 15g  浮小麦 30g  煅牡蛎 30g  炒酸枣仁 15g  炒麦芽 15g  生麦芽 15g

中药 14 剂，每日 1 剂，分两次煎服。

*转归*  患者已调外地工作，留言若病情有反复再行联系。

**按** 阴虚之证原因较多，由于饮食不节，嗜食辛辣之品，或情志抑郁，久之易化火伤阴，或劳倦过度内伤脏腑。患者亦由于工作压力较大，易致脏腑受损，肾阴不足，致阴亏火旺，伤及脉络，迫血妄行而致血溢脉外，见肌衄，虚火上扰心神，神不安舍则不寐，虚火迫津外泄则盗汗，故患者比较怕热，舌红苔薄少，脉细为阴亏之候。故方用大补阴丸加味，黄柏、知母清热降火，紫草、羊蹄、仙鹤草、凉血止血，女贞子、旱莲草、杞子、熟地滋补肝肾，地骨皮清虚热，山药、焦六曲健脾益胃，苦参、蒲公英清热解毒。患者不寐加用酸枣仁、合欢花养心安神。面部痤疮可加用金银花、连翘、蒲公英、地丁草清热解毒。经过治疗后患者病情好转缓解。

### 案5 免疫性血小板减少症

周某，女，31岁。初诊日期：2017-01-18。

**诊治经过** 2015年1月因发现双下肢皮肤瘀点，在当地医院查血常规：血小板$4×10^9$/L，余二系正常，即住院予"地塞米松5mg静滴每日1次"，连用5天，输注人免疫球蛋白3天，经治疗后半个月，血小板升至$30×10^9$/L出院，出院后服用甲泼尼龙12片每日1次，后逐渐减量，至2015年6月甲泼尼龙减至每天1片，本病复发，血小板下降至$5×10^9$/L，遂到浙江省某三甲医院住院治疗，予地塞米松10mg每日1次，并经骨髓检查确诊为"免疫性血小板减少症"，住院10天，复查血小板$100×10^9$/L出院，出院后服用甲泼尼龙48mg每日1次，后逐渐减量，口服一年半左右停药。于2017年1月初，在当地医院复查血小板$2×10^9$/L，又住院予地塞米松静脉用药治疗，血小板升至$120×10^9$/L，并改为每天口服甲泼尼龙12片，住院1周出院。患者为防止激素减量再复发于2017-01-18就诊中医治疗。

**四诊** 满月脸，感乏力，皮肤及口腔黏膜无出血，夜间少寐，舌淡紫苔白，脉细涩。

**辅检** 曾在2015年6月12日在省某三甲医院，查骨髓常规示：巨核细胞133个/片。诊断：巨核细胞数量增多，功能差。当日复查血常规 WBC $18.4×10^9$/L，N 91.7%，HGB 138g/L，PLT $110×10^9$/L。

**诊断** 血证。

**辨证** 气虚证。

**治法** 益气健脾佐以安神。

**方药** 四君子汤加味。

太子参30g 仙鹤草30g 炒蒲黄15g 炒白术12g 制苍术9g 炙甘草

6g 茯苓 12g 苦参 9g 藤梨根 15g 血见愁 9g 当归 12g 羊蹄 9g 蛇舌草 15g 炒枣仁 20g 紫贝齿 30g 刺五加 30g 制狗脊 12g 佛手片 9g

中药 14 剂，每日 1 剂，水煎服两次。

甲泼尼龙照服，剂量同前。

**复诊（2017-02-08）** 精神可，纳眠一般，二便调，舌淡紫苔白厚，脉细涩。辅助检查：血常规示：WBC $16.1\times10^9$/L，N 87.3%，HGB 143g/L，PLT $177\times10^9$/L。

治法 同上。

方药 当归 12g 太子参 30g 仙鹤草 30g 炒蒲黄 15g 炒白术 12g 制苍术 9g 茯苓 12g 制狗脊 12g 佛手 9g 血见愁 9g 炒枣仁 20g 苦参 9g 藤梨根 20g 羊蹄 9g 蛇舌草 15g 紫贝齿 30g 刺五加 30g 姜半夏 9g 炒陈皮 9g

中药 14 剂，每日 1 剂，水煎服两次。

甲泼尼龙每日 40mg，钙片每日 1 片，氯化钾每次 2 片，每日 3 次。

**复诊（2017-07-25）** 精神佳，满月脸明显改善，面色有华，纳可，舌淡苔白，脉细。血常规三系正常。

方药 太子参 30g 茯苓 12g 炒白术 12g 炙甘草 6g 炒陈皮 9g 姜半夏 9g 藤梨根 20g 蛇舌草 15g 制狗脊 12g 苦参 9g 仙鹤草 15g 炒蒲黄 15g 炒麦芽 15g 佛手片 9g 当归 12g

中药 14 剂，每日 1 剂，水煎服两次。

甲泼尼龙每日 7mg，钙片每日 1 片。

**复诊（2018-02-06）** 近日睡眠正常，胃纳，二便尚可，舌淡紫苔白厚，脉细。辅助检查：血常规示：WBC $14.1\times10^9$/L，N 59.9%，HGB 141g/L，PLT $275\times10^9$/L。

方药 蛇舌草 15g 当归 12g 太子参 30g 仙鹤草 30g 炒白术 12g 制苍术 9g 姜半夏 9g 制狗脊 12g 佛手 9g 血见愁 9g 苦参 9g 藤梨根 20g 羊蹄 9g 刺五加 30g 陈皮 9g 米仁 30g

中药 14 剂，每日 1 剂，分两次煎服。

嘱停服甲泼尼龙。

**复诊（2018-11-26）** 患者一般情况可，唯时有肠鸣，便烂，舌淡苔白偏厚，脉细滑。辅助检查：血常规示：WBC $6.4\times10^9$/L，N 57.8%，HGB 138g/L，PLT $258\times10^9$/L。

方药　太子参 30g　姜半夏 9g　制苍术 9g　炙甘草 6g　炮姜 9g　炒白术 12g　炒陈皮 9g　炒米仁 30g　生黄芪 20g　防风 9g　当归 12g　炒麦芽 15g

中药 14 剂，每日 1 剂，水煎服两次。

转归　患者目前已停服激素 10 个月，仍继续在罗师处服中药治疗，复查血小板一直维持在正常水平。

按　患者为免疫性血小板减少症诊断明确，给予激素治疗有效，由于激素减量，疾病反复。患者病程较久，脏腑受损，致脾胃虚弱，由于脾虚亦必会导致气血亏虚，遂产生脾不统血，气不摄血，造成衄血、甚或其他部位的出血。因气血不足不能充养四肢百骸，而感觉疲倦乏力，因心神失养，而现夜间少寐，舌淡紫苔白，脉细涩均为气血亏虚之候。故方用太子参、炒白术、茯苓、甘草健脾益气，苍术健脾燥湿，当归养血活血，血见愁、仙鹤草、羊蹄、炒蒲黄止血化瘀，苦参、藤梨根、蛇舌草解毒。炒枣仁、紫贝齿、刺五加健脾、安神，佛手理气和胃，期间加姜半夏、米仁健脾除湿。患者经过中药治疗 1 年后，成功停用激素，又继续中药巩固治疗近年，目前血小板仍持续稳定、正常，本案亦体现了中西医结合治疗 ITP 的有效性。

### 案 6　免疫性血小板减少症

吕某，男，31 岁。初诊时间：2016-09-20。

诊治经过　2005 年 7 月患者双足背出现瘀点，当地医院查血小板 47×10⁹/L，住院给予静脉用药（具体不详），住院期间复查血小板 42×10⁹/L，嘱服"泼尼松"，患者拒绝，遂就诊本院血液科门诊，予"泼尼松 30mg 每日 1 次"，服 2～3 月，因形体发胖，改服"甲泼尼龙"。以后多次复查血常规血小板维持在 30×10⁹/L 左右，至 2008 年 9 月，复查血小板 10×10⁹/L，再次收住入院，予静注人免疫球蛋白加激素治疗，血小板恢复正常。约半月后血小板降至 30×10⁹/L 左右，再次给予静注人免疫球蛋白联合激素治疗，血小板恢复正常。2011 年 10 月，血小板降至 10×10⁹/L，静注人免疫球蛋白加激素治疗，血小板升至 210×10⁹/L，即行痔疮手术治疗，术后约 20 天，血小板降至 6×10⁹/L，又予静注人免疫球蛋白和激素冲击治疗，并输血小板，血小板恢复正常后，行脾切除术。术后第一次复查血小板 310×10⁹/L，以后多次复查血小板（70～90）×10⁹/L。2015 年 8 月因"腹泻"复查血小板 22×10⁹/L，再次住院，予静注人免疫球蛋白加激素冲击治疗 3 天出院，血小板恢复正常。以后复查血小板（50～60）×10⁹/L。2016 年 5 月因感冒复

查血小板 $20 \times 10^9$/L，又住院重复上述方法治疗，血小板升至正常。2016 年 9 月来罗老门诊就诊。

**四诊** 患者精神尚可，感口干，自觉有上火感，时有腰膝酸软，睡眠欠佳，多梦易醒，胃口佳，小便色黄偏热，大便偏稀，日 1～2 次，舌红绛苔薄，舌下瘀滞，脉细数。

**辅检** 血常规示：WBC $8.3 \times 10^9$/L，HGB 150g/L，PLT $60 \times 10^9$/L。

**诊断** 血证。

**辨证** 阴虚证。

**治法** 养阴益肾，凉血止血。

**方药** 四物汤加黄柏合二至丸加味。

熟地 12g　炒白芍 12g　墨旱莲 12g　黄柏 9g　仙鹤草 30g　苦参 9g　紫珠草 15g　羊蹄 9g　山药 30g　川芎 6g　莲须 5g　连翘 15g　刺五加 30g　紫贝齿 30g　当归 12g　制女贞子 12g

中药 14 剂，日 1 剂，水煎服两次。

**复诊（2016-11-08）** 感口干、上火感、时有腰膝酸软较前减轻，睡眠仍欠佳，大便仍不成型，舌红绛苔薄，舌下瘀滞，脉细数。今复查血常规示：WBC $9.1 \times 10^9$/L，HGB 157g/L，PLT $109 \times 10^9$/L。

**方药** 熟地 12g　炒白芍 12g　墨旱莲 12g　黄柏 9g　仙鹤草 30g　苦参 9g　紫珠草 15g　羊蹄 9g　山药 30g　无花果 20g　莲须 5g　连翘 15g　煅磁石 30g　紫贝齿 30g　当归 12g　川芎 6g　制女贞子 12g

中药 7 剂，日 1 剂，水煎服两次。

**复诊（2016-11-15）** 患者精神可，口干、上火感、大便稀烂较前改善，睡眠仍欠佳，舌红绛苔薄，舌下瘀滞，脉细数。复查血常规示：WBC $9.0 \times 10^9$/L，HGB 151g/L，PLT $92 \times 10^9$/L，去连翘 15g，加炙甘草 6g 继服 7 剂。

**复诊（2016-12-27）** 自诉精神较前明显好转，近几天感咽部不适，少许咳嗽，时有大便不成形，睡眠较前好转，但仍有多梦，无皮肤出血点，胃纳可，小便正常，舌红绛苔薄，舌下瘀滞，脉细数。复查血常规：WBC $10.2 \times 10^9$/L，HGB 152g/L，PLT $81 \times 10^9$/L。

**方药** 熟地 12g　炒白芍 12g　墨旱莲 12g　仙鹤草 30g　苦参 9g　紫珠草 15g　羊蹄 9g　山药 30g　无花果 20g　莲须 5g　紫贝齿 30g　紫石英 30g　石榴皮 12g　夜交藤 30g　连翘 12g　蒲黄炭 15g　桑白皮 12g　北沙参 12g　炒枣仁 15g

浙江中医临床名家·罗秀素

中药 14 剂，日 1 剂，水煎服两次。

**复诊（2017-01-10）** 患者精神可，咽部不适减轻，自觉咽痒咳嗽，痰不易咳出，睡眠一般，多梦易醒，胃纳可，大便偏烂，日 1～2 次，舌红绛苔薄，舌下瘀滞，脉细数。复查血常规示：WBC $8.6\times10^9$/L，HGB 156g/L，PLT $131\times10^9$/L。

方药 熟地 12g 炒白芍 12g 墨旱莲 12g 仙鹤草 30g 苦参 9g 紫珠草 15g 羊蹄 9g 山药 30g 无花果 20g 莲须 5g 石榴皮 9g 夜交藤 30g 蒲黄炭 15g 桑白皮 12g 北沙参 12g 木蝴蝶 3g 瓜蒌皮 9g

中药 14 剂，日 1 剂，水煎服两次。

**复诊（2017-06-06）** 患者精神可，时有睡眠欠佳，入睡困难，多梦易醒，胃纳可，大便偏烂，日 1～2 次，舌红绛苔薄，舌下瘀滞，脉细数。血常规示：WBC $8.2\times10^9$/L，HGB 151g/L，PLT $129\times10^9$/L。

方药 熟地 12g 炒白芍 12g 墨旱莲 12g 仙鹤草 30g 苦参 9g 紫珠草 15g 羊蹄 9g 山药 30g 无花果 20g 石榴皮 9g 蒲黄炭 15g 蛇舌草 15g 炒枣仁 15g 防风 9g 煅磁石 30g 藤梨根 15g 芡实 15g 紫贝齿 30g

中药 14 剂，每日 1 剂，水煎服两次。

**转归** 患者从 2016 年 9 月起一直在罗老处中医治疗，经 2 年多的治疗患者血小板一直维持在正常范围。

**按** 本例患者在中药治疗前需要反复在医院应用静注人免疫球蛋白加激素冲击治疗，血小板才能恢复正常，但出院后血小板随之下降，最低至 $10\times10^9$/L。罗师根据患者口干、怕热易上火、舌红绛苔薄、脉细数等症状辨证为阴虚证，予四物汤加黄柏、二至丸养阴益肾，凉血止血，仙鹤草、紫草、紫珠草、羊蹄凉血化瘀止血，怀山药、莲须、无花果健脾止泻，紫贝齿、刺五加、夜交藤、煅磁石安神定志。经中医治疗后，患者血小板维持正常范围，未曾下降，停用西药治疗至今。

# 第六节 再生障碍性贫血

再生障碍性贫血是血液病常见疾病之一，是一组骨髓造血组织减少，造血功能衰竭，导致周围血全血细胞减少的综合病证。临床上常表现为较严重的贫血、出血和感染。根据疾病变化速度和病情轻重，结合血象和骨髓象可将再障分为急性和慢性。常见致病因素如药物、化学品、辐射、感染等。

　　罗老对再障的分型遵循了全国统一的分型标准,分为阴虚型(肝肾阴虚)、阳虚型(脾肾阳虚)及阴阳两虚型(肝肾阴虚及脾肾阳虚)三型,通过之前实验研究以及几十年的临床经验总结认为:阳虚型治疗疗程短且预后好,阴虚型预后虽较阴阳两虚型为好,但疗程远较阳虚型长,而阴阳两虚型预后最差。治疗上罗师重视脾肾,多从调补脾肾着手,疗效可靠。

**案1 慢性重型再生障碍性贫血**

　　封某,男,35岁,初诊时间:2004-04-01。

　　诊治经过　2002年12月患者因"反复牙龈渗血数月,加重伴球结膜出血6天"于浙江省某三甲医院住院诊治,当时查血常规示 WBC 3.24×10⁹/L,HGB 45g/L,PLT 10×10⁹/L,即给予输红细胞和血小板。经骨髓活检示造血组织增生极度低下,确诊为慢性再生障碍性贫血,予环孢素胶囊100mg每日2次,利血生20mg每日3次,司坦唑醇2mg每日2次等药物治疗半月后出院。之后由于血小板波动在(3~5)×10⁹/L,皮肤常出现弥漫性瘀点,尤以双下肢为甚;并由于严重贫血常感头昏、乏力、心慌而不能耐受;在当地医院多次反复住院输注血小板及红细胞悬液,持续至2004年4月。经病友介绍后于2004-04-01来罗师处就诊。

　　四诊　患者面色苍白,时有鼻衄、齿衄,下肢皮肤瘀点较密集,感怕冷、乏力、头晕、心慌,懒于言语,胃纳一般、睡眠欠佳,腰膝酸软,大便尚调,日一次,舌淡苔薄白,脉细数。

　　辅检　昨日查血常规示 WBC 2.84×10⁹/L,HGB 49g/L,PLT 5×10⁹/L。

　　诊断　髓劳。

　　辨证　脾肾阳虚证。

　　治法　温阳益肾,健脾补血。

　　方药　右归丸合四君子汤加味。

　　黄芪30g　杞子12g　茯苓12g　炒党参30g　炒白术12g　仙灵脾12g　山药30g　熟地12g　山茱萸12g　鸡血藤12g　巴戟天12g　制女贞子12g　当归12g　茜草9g　仙鹤草30g　夜交藤30g　炒麦芽15g　蒲公英9g

　　中药14剂,日1剂,水煎服两次。

　　嘱输血小板10单位,红细胞4单位。逐渐减量停服环孢霉素A,司坦唑醇2mg每日2次。

　　**复诊(2004-05-13)**　患者诉怕冷、乏力、头晕、心慌、纳差、腰酸膝软等症状略有改善,睡眠仍欠佳,时有鼻衄、齿衄,多处皮肤瘀点,大便

常规示 WBC $4.5 \times 10^9$/L，N 58.8%，HGB 147g/L，PLT $73 \times 10^9$/L。

方药 熟地 12g 山茱萸 12g 制女贞子 12g 制首乌 15g 当归 12g 仙灵脾 12g 巴戟天 12g 仙鹤草 30g 鸡血藤 12g 炙甘草 6g 夜交藤 30g 炒枣仁 12g 淡附子 6g 黄芪 30g 防风 12g 山药 30g 龙齿 30g 枸杞子 12g 炒白术 12g 佛手 9g

中药 14 剂，日 1 剂，水煎服两次。

**复诊（2006-06-29）** 患者面色红润，精神佳，纳谷香，唯感夜寐易醒，舌淡红苔薄白，脉细。血常规示 WBC $5.3 \times 10^9$/L，N 60.5%，HGB 157g/L，PLT $81 \times 10^9$/L。

方药 熟地 12g 制女贞子 12g 制首乌 15g 当归 12g 淡附子 6g 仙鹤草 30g 夜交藤 30g 炒枣仁 12g 佛手 9g 炙甘草 6g 黄芪 30g 防风 12g 怀山药 30g 枸杞子 12g 巴戟天 12g 茜草 12g 仙灵脾 12g 龙齿（先煎）15g 炒白术 12g 合欢花 12g

中药 14 剂，每日 1 剂，水煎服两次。

**复诊（2008-08-23）** 感乏力，睡眠欠佳，舌红苔薄白，脉细，血常规示 WBC $5.0 \times 10^9$/L，N 66.0%，HGB 160g/L，PLT $82 \times 10^9$/L。

方药 生晒参 9g 怀山药 12g 生黄芪 30g 茯苓 12g 当归 12g 防风 12g 炒白术 12g 炒白芍 12g 巴戟天 12g 制黄精 12g 仙灵脾 12g 女贞子 12g 炒枣仁 20g 夜交藤 30g 制首乌 12g 枸杞子 12g 仙鹤草 30g 炒蒲黄 15g

中药 14 剂，每日 1 剂，水煎服两次。

2009-04-10 复查血常规示 WBC $4.6 \times 10^9$/L，N 63.4%，血红蛋白 154g/L，PLT $94 \times 10^9$/L。

2018-09-05 复查血常规示 WBC $4.0 \times 10^9$/L，N6 4.7%，血红蛋白 170g/L，PLT $150 \times 10^9$/L。

**转归** 2004 年 4 月 1 日初诊至 2009 年底持续在罗师处服中药治疗。2010 年起停用中药，每月肌注十一酸睾丸酮针 1 次，至今血三系均维持在正常范围，无明显不适。

**按** 此患者诊断为慢性再生障碍性贫血，经环孢霉素 A、雄激素等西药治疗 1 年余疗效不佳，仍需要反复输注红细胞、血小板。来罗师处就诊后，罗师考虑环孢霉素 A 治疗效果不佳，故逐渐减量停用，仍继续口服司坦唑醇，由于患者表现出乏力、怕冷、头晕、纳差、心慌、舌淡苔薄、脉细数等一派脾肾阳虚的症状，经过温补脾肾法治疗不到2月，患者停止输注血小板，调补1年余停止输注红细胞悬液。罗师认为：对再障患者输血只是一种重要的支持疗法，而不是治疗的根本手段，且输血过多会导致"铁沉积"。再障病人由于长期贫血，机体已产生一定的耐受性，虽然检查血象常不尽人意，但患者只要没有明显不适感，不建议反复输血。有的患者血小板虽重度减低，但无明显的出血倾向，也不必反复输血小板，血小板多次输注易导致血小板输注无效。

罗师对该患者的治疗提出几点主张：一、患者以环孢霉素A治疗已达1年余，病情无起色，说明环孢霉素A对该患者疗效不佳，应停服；二、既往罗师曾作过国产环孢霉素A联合二黄桑椹汤治疗重型再生障碍性贫血的临床治疗和实验研究，结果对慢性重型再障疗效甚微。结合既往对再障中医分型与实验分型的研究，阳虚型属雄激素反应型，认为该患者以中药加雄激素治疗可寄予希望。所以罗师果断地停用环孢霉素A治疗。改为雄激素合温补脾肾中药之剂，经治疗不到2个月就可停输血小板悬液，且输注红细胞悬液间隔时间亦逐渐延长，至2005年5月初为最后1次输注红细胞悬液。且自此以后血三系明显上升，至2005年10月血常规示白细胞及血红蛋白完全恢复正常，血小板亦达$96\times10^9/L$，亦接近正常水平。说明罗师对再障治疗及预后判断是有一定科学依据，从中可以了解到罗师对科研的严谨态度，可知对再障课题研究的成果是可靠的，实用的，对临床治疗具有指导性作用。

### 案2 慢性再生障碍性贫血

梁某，男，11岁，初诊日期：2014-07-10。

诊治经过 患者2009年12月18日掉入水库，经人救援上岸急送医院抢救后，脱离危险。自此以后小孩一直面色不佳。2012年5月19日因"鼻衄伴血小板减少9天"入住宁波市当地医院，查常规WBC $8.4\times10^9/L$，HGB 109g/L，PLT $60\times10^9/L$，骨髓常规示：有核细胞增生低下，提示骨髓穿刺部位造血功能低下；染色体核型分析无异常；给予益血生胶囊、氨肽素治疗，治疗后血象稳定。于2012年6月1日以"再生障碍性贫血？"为诊断出院，并建议至上级医院进一步诊治。2012年7月患者就诊上海儿童医院，行骨髓常规示：涂片有核细胞增生明显减低，巨核细胞未见；骨髓活检：骨髓造血细胞：脂肪细胞（10：90），粒、红两系造血细胞重度减少，巨核细胞未见到。病理诊断：符合再障，请结合临床。2012-07-20门诊予"十一酸睾丸酮

4mg，每日 2 次，口服"，"环孢素胶囊 100mg，12 小时 1 次，口服"，"复方皂矾丸 6 粒，每日 3 次，口服"治疗。2014 年 07 月 10 日患儿于罗老门诊就诊。

四诊 患儿面色晦暗无光泽，低声慢语，身感怕冷，无出血，纳谷不佳，大便烂，舌质淡苔白，脉沉细。

辅检 复查血常规 WBC 7.7×$10^9$/L，N 41.1%，HGB 78g/L，PLT 91×$10^9$/L。

诊断 髓劳。

辨证 脾肾阳虚。

治法 温阳益肾，健脾补血。

方药 太子参 20g 茯苓 12g 制苍术 9g 炒陈皮 6g 熟地 9g 当归 9g 鸡血藤 9g 杞子 9g 巴戟天 9g 仙灵脾 9g 制首乌 12g 制狗脊 9g 鹿含草 12g 生黄芪 15g 防风 g 佛手 6g 炒麦芽 15g

中药 14 剂，每日 1 剂，水煎服两次。

嘱逐渐减量停服环孢霉素 A，十一酸睾丸酮及复方皂矾丸照服。

**复诊（2014-07-24）** 面色无明显改善，药后胃纳明显增加，便已成形，言语如前，仍低声慢语，仍觉怕冷，舌淡苔薄白，脉沉细。昨日复查血常规 WBC 7.7×$10^9$/L，N 42%，HGB 79g/L，PLT 101×$10^9$/L。

辨证 脾肾亏虚。

治法 补益脾肾。

方药 太子参 20g 茯苓 12g 炒米仁 20g 炒陈皮 6g 熟地 9g 当归 9g 鸡血藤 9g 杞子 9g 制首乌 12g 巴戟天 9g 制黄精 9g 仙灵脾 9g 制狗脊 9g 鹿含草 9g 生黄芪 15g 防风 9g 佛手 6g 炒麦芽 15g 炒山楂 12g 鸡内金 9g

中药 14 剂，每日 1 剂，水煎服两次。

**复诊（2014-08-14）** 患儿母亲来院转方，诉精神可，纳眠正常，唯大便稍烂，舌淡苔白（手机拍照）。昨日复查血常规示 WBC 3.24×$10^9$/L，N 38%，HGB 80g/L PLT 75×$10^9$/L。

方药 太子参 20g 茯苓 12g 炒白术 12g 炒陈皮 6g 熟地 9g 制首乌 12g 鸡血藤 9g 杞子 9g 巴戟天 9g 仙灵脾 9g 紫河车粉（吞）3g 生黄芪 15g 防风 9g 炒麦芽 15g 炒山楂 12g 鸡内金 9g 蒲黄炭 15g

中药 14 剂，每日 1 剂，水煎服两次。

**复诊（2015-11-05）** 面色、精神均可，诉无明显不适，二便正常，舌淡苔薄，脉细。血常规示 WBC $6.4×10^9$/L，HGB 127g/L，PLT $60×10^9$/L；生化：除尿酸 448.8μmol/L 高外，余均正常。

方药　太子参 20g　炒白术 9g　茯苓 12g　熟地 9g　当归 9g　鸡血藤 9g　杞子 9g　制首乌 12g　巴戟天 9g　仙灵脾 9g　紫河车粉（吞）3g　生黄芪 15g　防风 9g　炒麦芽 15g　六神曲 12g　制狗脊 9g　蒲黄炭 15g　佛手片 9g

中药 14 剂，每日 1 剂，水煎服两次。

复诊（2016-11-12）　来人代诉患儿一般情况均可，查血常规示 WBC $6.0×10^9$/L，N 35%，HGB 132g/L，PLT $56×10^9$/L；生化示谷丙转氨酶 60u/L。

方药　熟地 9g　制首乌 12g　仙灵脾 9g　巴戟天 9g　杞子 9g　萸肉 9g　制狗脊 9g　蒲黄炭 15g　佛手片 9g　紫河车粉（吞）3g　生黄芪 15g　防风 9g　太子参 15g　炒白术 9g　炒陈皮 9g　炒山楂 12g　鸡血藤 9g　茯苓 9g

中药 21 剂，每日 1 剂，水煎服两次。当飞利肝宁每次 2 颗、每日 3 次。

复诊（2018-11-01）　来人代诉患儿无感不适，面色红润。复查血常规示 WBC $5.77×10^9$/L，N 43.8%，HGB 155g/L，PLT $75×10^9$/L，查肝肾功能正常。

方药　熟地 12g　杞子 12g　炙甘草 6g　萸肉 12g　当归 12g　杭白芍 9g　佛手片 9g　制狗脊 9g　鹿含草 15g　仙灵脾 12g　巴戟天 9g　菟丝子 9g　太子参 15g　炒白术 12g　茯苓 12g　炒蒲黄 15g　制黄精 12g　鸡内金 12g

中药 21 剂，每日 1 剂，水煎服两次。

转归　患者仍在上学中，持续在罗师处就诊，目前病情控制平稳，无明显不适，血小板控制 $80×10^9$/L 左右。

按　患儿溺水之时正值冬季，因患者处于幼儿期，脏腑娇嫩，抵抗力薄弱，经不起溺水严寒的刺激，而致稚阳之体严重受损，致肾阳亏虚，脾阳得不到温煦，脾肾两虚，化生乏源，肾精不足，无以化气生血而成本病。罗师初诊予以脾肾双调，以温补为原则，使患者对医者处方用药能适应，以后逐渐加重温补之剂，病情渐渐好转，从服中药至今，长达四年余，血红蛋白由最初的 78g/L 已上升至 155g/L，完全恢复正常水平，但由于血小板还处于波动状态，仍需继续治疗。

### 案 3　再生障碍性贫血

邱某，女，6 岁，初诊时间：2015-07-16。

诊治经过　患儿于 2015-03-13 因"反复皮肤出血点半年"入住青岛大学医学院某附属医院，查血常规 WBC $3.94×10^9$/L，N 37.3%，HGB 99g/L，

PLT $34 \times 10^9$/L。骨髓常规示：骨髓增生活跃，粒系增生减低，红系增生活跃，淋巴细胞比例明显增高，全片未见巨核细胞，血小板少见。意见：请结合临床诊断。外送骨髓检查意见：骨髓增生异常综合征与再生障碍性贫血相鉴别。最后诊断为"再生障碍性贫血"，予复方皂矾丸及参芪十一味颗粒，共住院4天出院。后因疗效不佳，2015年7月来杭就医，先在省某儿童医院门诊，医者建议行骨髓移植。因经济不支，2015-07-16转求中医治疗。

**四诊** 患儿面色无华，精神尚可，诉平时易感冒发热，无肢体皮肤瘀点瘀斑及口腔黏膜出血，胃纳欠佳，大便烂，舌略红苔少，脉细略数。

**辅检** 血常规 WBC $5.1 \times 10^9$/L，N 41.3%，HGB 106g/L，PLT $34 \times 10^9$/L。

**诊断** 髓劳。

**辨证** 肝肾阴虚。

**治法** 补益肝肾，健脾养血。

**方药** 熟地6g 制女贞6g 旱莲草6g 山药15g 炒白芍6g 当归6g 无花果12g 黄肉4g 杞子6g 炙甘草4g 仙鹤草9g 蒲黄炭9g 鸡内金6g 生黄芪12g 炒扁豆9g 防风6g 炒麦芽12g 佛手5g 芡实12g

中药7剂，每日1剂，水煎服两次。

**复诊（2015-07-23）** 服药后无不适，好动，纳仍欠佳，便烂好转，舌嫩红苔少，脉细数。复查血常规示 WBC $5.5 \times 10^9$/L，N 36%，HGB 117g/L，PLT $47 \times 10^9$/L。

**治法** 补肝肾，健脾胃。

**方药** 熟地6g 制首乌6g 山药9g 黄肉6g 炙甘草5g 杞子6g 制女贞6g 炒白芍6g 生黄芪12g 当归6g 防风6g 佛手5g 旱莲草6g 炒麦芽9g 焦六曲9g 鸡内金9g

中药14剂，每日1剂，水煎服两次。

**复诊（2015-12-11）** 近日外感，稍有鼻塞，咳嗽咯吐黄痰，无发热怕冷，便烂，舌红苔薄，脉细。辅助检查：血常规示 WBC $5.01 \times 10^9$/L，N 49.7%，HGB 132g/L，PLT $58 \times 10^9$/L。

**治法** 前法加清肺化痰。

**方药** 怀山药9g 炒白术9g 制首乌6g 炒扁豆9g 生黄芪12g 佛手5g 杞子6g 当归6g 防风6g 炒麦芽12g 仙鹤草12g 蒲黄炭9g 南沙参6g 黄芩9g 苍耳子6g 通草4g 木蝴蝶3g 杏仁6g 苏叶6g 牛蒡子6g

中药 7 剂，每日 1 剂，水煎服两次。

**复诊（2016-01-15）** 患儿精神佳，纳谷香，时喉间有痰，二便调，舌偏红苔薄，脉细。复查血常规 WBC $5.4×10^9$/L，N 36.4%，HGB 132g/L，PLT $102×10^9$/L。

**方药** 怀山药 9g 莲须 5g 无花果 9g 制首乌 6g 生黄芪 12g 防风 6g 枸杞 6g 当归 6g 仙鹤草 12g 炒蒲黄 9g 炒麦芽 12g 炙甘草 3g 佛手 5g 女贞子 6g 南沙参 6g 木蝴蝶 3g 瓜蒌皮 6g

中药 14 剂，每日 1 剂，水煎服两次。

**复诊（2017-08-25）** 家属来杭转方，诉患儿血常规三系均正常，自去年下半年开始上学以来一切正常。

**治法** 补肝肾，健脾胃。

**方药** 生黄芪 12g 防风 6g 炒白术 6g 怀山药 9g 山茱萸 3g 无花果 12g 制首乌 6g 杞子 6g 炙甘草 3g 当归 6g 血见愁 6g 鸡血藤 9g 炒麦芽 12g 仙鹤草 12g 炒蒲黄 9g 女贞子 6g 佛手 5g 焦六曲 9g

中药 14 剂，每日 1 剂，水煎服两次。

**转归** 患者在罗师处服药 2 年余，至今电话随访，患者正常上学，定期复查血常规示三系正常。

**按** 患儿幼年期，为稚阴稚阳之体，其生理、病理特点正如先辈医家钱乙所言：其体质具有"成而未全、全而未壮、脏腑柔弱、易虚易实、易寒易热"等特点。针对患儿的四诊合参，应从肝肾不足，精血亏虚，脏腑失却濡养考虑，以调补肝肾，健脾养血为法。罗师经中医调治数月，病情明显好转，治疗 1 年血三系恢复正常，后经巩固治疗 1 年后告愈，早已上学读书。

# 第五章

# 学术成就

　　血液系统疾病大多属疑难病，治疗难度大。随着现代科学的发展，新技术新方法的应用以及实验检测水平的提高，血液病发病率有逐渐增高的趋势。由于现代医学对不少血液病的发病机制尚未完全明了，因而尚缺乏理想的治疗方法。血液病涉及范围较广，病种较多，变化较大，发病机制也有所不同，但临床大多均有贫血、出血、发热等主要证候。罗秀素教授根据中医理论，结合临床观察和文献资料的整理分析，以整体观念和辨证施治的思想为指导，将血液病的发病机理概括为虚损为本、邪毒为标、痰瘀为变，旨在提纲挈领，以利于指导辨证治疗。

## 第一节　罗秀素教授对中医血液病的总体认识

### 一、中医血液病病名

　　中医学中原无血液病之病名，但根据血液病的临床表现对照中医学文献记载对一些疾病的描述，血液病可大体归属下列一些疾病：虚劳、虚损、急劳、热劳、冷劳、童子劳、咽积、疳积、眩晕、黄疸、血证、发斑、紫斑、葡萄疫、肌衄、鼻衄、齿衄、牙宣、血淋、赤浊、崩漏、脉痹、骨痹、失荣、恶核、侠瘿、瘰疬、温病等。

### 二、血液病临床表现

　　血液病临床表现复杂多端，其中一些疾病属于凶险恶性病变。根据其不同疾病、不同阶段的临床表现，可归属的证候大抵不外乎气虚、血虚、气血两虚、阴虚、阳虚、阴阳两虚；五脏诸虚：诸如心气不足、心血不足、肝血不足、脾虚、肾虚、脾肺气虚、心脾两虚、肝肾阴虚、脾肾阳虚、里虚诸不足等；出血诸证：齿衄、鼻衄、舌衄、肌衄（紫癜）、崩漏、溺血、便血等；此外尚可常见发热、痰核、胸痛、胁迫、身痛、肢节骨痛、黄疸及其他杂症。总体归纳起来不外虚证、血证、热证、瘀证四大基本证候。

### 三、血液病病因

血液病之因，不外正虚、血瘀、热毒三大方面。气血、阴阳、脏腑之虚皆正虚也，正虚则首见虚证，亦可见气机不畅，久而致血瘀，或蕴结气血津液郁阻致瘀。诸虚、诸郁皆可生热，热蕴生毒，热极生毒，是为热毒，此为内生之热毒；天地疫毒之邪侵袭人体，入脏、入血、入髓，皆热毒之邪，此为外界热毒淫邪。

#### （一）虚损为本

人的生存以正气为本，血液的生成有赖于五脏六腑的功能协调，其中脾肾两脏的作用尤为重要。脾肾的强弱决定了正气的盛衰，血滋生于脾，增殖赖于肾，盖肾为先天之本，藏精主骨，生髓化血；脾为后天之本、气血化生之源，脾肾为五脏六腑、气血阴阳化生滋养之根本。《张氏医通》云："人之虚，非气即血，五脏六腑莫能外焉，而血之源头在乎肾，气之源头在乎脾"，强调了脾肾亏损在虚劳发病中的重要性。血液病虚损为本，其脏腑亏损与脾肾关系更为密切。血液病大多病程较长，缠绵难愈，反复发作，常表现全身衰弱状态，症见头晕目眩、神疲乏力、腰酸肢软、脉细无力等，此皆正气亏虚、内脏虚损之表现且以脾肾虚损为主。脾虚则气不摄血、统血无权，可致鼻衄、肌衄、吐血、便血、崩漏等各种出血证候；脾胃亏虚，气血生化无源，可致各种贫血；肾虚则精髓空虚，造成血液化源匮乏，表现为造血功能低下或造血功能紊乱。肾阴、肾阳均是以肾中精气为其物质基础的，肾阳根于肾阴，具有温养脏腑的功能，肾精虚损，导致肾阳不振，进而不能鼓动造血，这在临床类似于造血功能低下的疾病，如再生障碍性贫血、白细胞减少症等。肾精亏损，阴精不足，相火妄动，或邪毒入侵，可致造血功能紊乱，引起骨髓增生异常综合征（MDS）、白血病、骨髓增生综合征等多种疾病。由此可见，脾肾虚损在血液病的发病机制上起着重要的作用，脾肾亏损是多种血液病的发病基础，贯穿于大多数血液病的始终。

（二）邪毒为标

任何疾病都是在某种致病邪气作用下，患病机体对致病邪气所产生的病理反应。邪毒是血液病的重要致病因素，包括能对机体产生毒害作用的各种致病物质，如六淫、疫毒、药毒等，这些邪毒能否致病，在相当程度上还取决于机体正气的强弱，尤其是脾肾两脏的功能状态。如《素问·刺法论》云："正气存内，邪不可干；邪之所凑，其气必虚"。若正气亏虚，脏腑功能失调，邪毒乘虚入侵，气血运行不利，挟痰、挟瘀、痰瘀、毒邪内结，则表现为肝脾淋巴结肿大；毒邪留而不去，毒入骨髓，水枯不能胜火，出现发热；脾虚失运，邪毒湿热内蕴，肝胆郁火，失于疏泄，胆汁渗入血液，溢于肌肤，出现黄疸；邪毒燔灼，血热内盛，耗气伤阴，热入营血，或合血中伏火，伤络动血，则见出血诸证；毒邪久留，耗损肾精，伤及肾元，肾失主骨生髓功能，髓不生血，精不化血，则为贫血；有毒物质伤及骨髓，炼精为痰，从而产生大量脂肪代替红骨髓而致造血功能低下，或伤及肾阴，元阴不足、相火妄动，还可产生阴火，毒火为患可导致造血功能紊乱，从而诱发白血病、MDS等血液病。邪毒入侵，正邪相争，可表现在血液病的不同阶段，如白血病早期，正气虽虚，尚能与邪毒抗争，邪毒始张，虚损不甚，患者的白血病细胞虽异常增殖，但在临床可不出现明显的证候；中期，邪盛正虚不甚，邪正相争，毒火内盛动血，可见发热、出血；后期，邪毒日进，正气渐衰，暗耗阴血，出现贫血等，毒蕴日久，则病情逐渐发展，邪毒与瘀血交织互结为积块，邪毒侵及骨络则为骨痛，毒热上扰神明，则躁动神昏，此时疾病发展至终末期，甚则"阴阳离决，精气乃绝"。因此血液病的发生多先有正气虚弱，而后邪气侵袭而发病。疾病的转归亦取决于正邪斗争的发展趋势，正邪相争的消长，不仅决定着血液病的发生和病证的虚实，而且影响着疾病的发展变化和转归。概括地说：正虚邪实则病进，正盛邪衰则病退，正气战胜邪气则病愈，邪气耗竭正气则病逆。

（三）痰瘀为变

痰瘀可为血液病的致病因素，但临床更多为正气亏虚、脏腑失调、邪毒入侵、气血逆乱的病理变化的产物，如血液肿瘤、溶血性贫血、骨髓增生性疾病等，除了出现虚损不足的证候外，大多尚有痰瘀内停的表现：肌肤甲错、皮下瘀斑，肝脾、淋巴结肿大，舌色紫黯，舌下络脉粗壮、纡曲等。究其产生痰瘀的原因，往往由于正气亏损，气血运行无力，血行不畅而凝滞成瘀；脾肾亏损，气阳不足，气虚则血行无力，瘀血内停；阳虚则水湿失运，聚湿成痰，痰瘀挟毒，阻于经脉，经脉毒结，形成淋巴结肿大；若情志内伤，脏腑功能失调，水液代谢障碍，致成饮成痰，痰浊阻于经脉，也可导致瘰疬、痰核；正虚感邪，邪毒入侵，潜伏经络，阻碍气机运行，气滞久而不解则血瘀，瘀滞日久，则致癥积肿块；邪毒蕴久化热，热炼津液而成痰，痰瘀互结，与外邪相合，闭阻经络，气血阻滞，深至骨骼，因而出现骨痛及肿块等；血液病反复出血，离经之血，蓄积体内，又形成瘀血。正如《血证论》所说："离经之血虽清血，清血亦是瘀血。"由此可以认为痰瘀为血液病的病理产物，其可以出现在血液病发病过程中的任何一个阶段，同时痰瘀又可作为一种致病因素而加重出血、诱发感染，形成恶性循环，变证百出，缠绵难愈。《金匮要略·血痹虚劳》篇中有因瘀致劳之说，古人又有"痰为百病之源""百病皆由痰作祟"之说，痰瘀已成，留于体内，或影响气血化生；或阻于经脉引起血不循经；或积于脏腑；或蒙蔽心窍；或流窜经络，变生诸症。

## 第二节　罗秀素教授对血液肿瘤各疾病的认识

### 一、急性白血病

急性白血病（Acute leukemia，AL）是一种造血组织的恶性疾病，其特征为骨髓或其他造血组织中白细胞及幼稚细胞（白血病细胞）恶性增殖，能浸润全身各种组织与脏器，表现为贫血、出血、感染和浸润等征象。现代医学对于急性白血病的诊疗手段，从化疗方案的不断完善，到分子生物学、遗传学、基因技术水平的不断提高，以及靶向药物的不断涌现和造血干细胞移植的广泛开展，使得治疗效果有了很大提高。但仍有不少患者难于完全缓解、易复发，还有部分患者因化疗反应剧烈而中止治疗。在临床中医药干预急性白血病的诊治中，针对疾病的不同时期，中西医融合优势并举治疗已经成为当今中医血液病学科的主要治病方式，且符合当前医疗模式的需求和临床实践。

（一）白血病中医病名探究

急性白血病（AL）在中医学文献中没有相应的中医病名，为了临床和科研的便利，最近国家中医药管理局从辨病论治的角度出发，直接将西医学"白血病"病名引入中医学。从传统中医角度，白血病的一系列症状体征隶属于中医多种疾病：急性白血病高热、乏力可以归属于"温病""热劳""急劳"范畴；出血的患者可以纳入"血证"范围；白血病浸润症状如淋巴结肿大，可以命之为"痰核""瘰疬"，肝脾肿大者命之为"癥瘕"和"积聚"；发病日久者全身乏力，面色苍白、萎黄，纳入"虚劳"范畴。罗老认为直接使用西医病名虽然便于理解疾病特点，但不能体现中医特色，所以根据多年的临证经验，结合中医病因和病机，将白血病命名为"毒劳"。

根据中医理论和临床实践，本病的病因是"毒"和"劳"综合体现，是一种温热邪毒，在正气内虚时发病。而这种温热邪毒可分为两种情况：一种是体内的热毒蕴郁在骨髓之中，称为"髓毒"，发病后由里向外，从骨髓到血分，再到营分，然后到气分、卫分，传变迅速，发病即见耗精动血，神昏窍闭。这种"温热毒邪"属蕴毒内发。典型的有急性早幼粒细胞白血病（APL），这样的患者起病就出现高热、衄血、神昏等温毒症状。另一种是因机体正气不足，感受新邪，引动伏邪，即出现高热伤津，伤阴动血，毒至骨髓而发病，是外邪内侵，称为"温毒"。罗老认为急性白血病有类似于中医的伏气温病，这类患者二代基因测序显示存在高危白血病相关基因特变，或者老年白血病由骨髓增生异常综合征（MDS）转化而来。所以罗老认为白血病中医病名须体现上述特点。

白血病病机突出正气虚损与邪毒内侵并举，正邪相争，邪盛正衰，而致脏腑气血功能失调发病，亦体现了"毒"和"劳"的结合。发病过程涉及骨髓、气血、津液等方面；关键在骨髓造血功能的异常，后期浸润其他脏器，变生它证；从整个疾病转归，病机具有"毒""瘀""虚"三大特点。

故以"毒劳"命名能体现其邪毒内蕴的发病机制，"毒"体现本病病势急，病情重，多有发热；"劳"体现气血亏耗，里虚为本，反复发病；热则伤津耗液，气虚则运血无力，继发"瘀"象。结合以上命名，"毒劳"可统领其寒热错杂、虚实并见、表里同病的证候特点，能提示其不良的预后和转归。

（二）白血病病机探讨

中西医虽然是两种不同的医疗体系，但在治疗疾病中应当取长补短，以达到良好的协同治疗目的。在临床实践中，中西医融合是治疗白血病的有效手段。化疗药物以攻邪为主，中药以扶正为主，提高机体的抗病能力，攻补兼施，减毒增效，达到治愈疾病的目的。所以应该中西医优势互补，灵活运用。

**1. 白血病本"虚"贯穿整个发病过程**

罗老认为恶性血液病患者大多正气亏虚，正如《黄帝内经·素问》云："正气存内，邪不可干；邪之所凑，其气必虚"，再加上在整个治疗过程中化疗药物的应用，加重了脏器的虚损。如肾脏亏虚，内不能调节五脏六腑，外不能营养经络、肌肤，最终五脏皆伤，随时可出现各种病变。所以白血病患者"虚"为发病之本，中医治疗需时刻顾护正气，尤其是脾胃的调理；脾胃为气血生化之源，后天之根本，先天亦需要后天的不断充养，才能正气充足，邪不可干。临床扶正中药不仅能够扶助正气，调整脏腑功能，提高机体免疫力，减轻化疗药物对机体的损害，而且能够提高机体对化疗的敏感性，增强和巩固疗效，在白血病化疗中应用广泛。罗老针对白血病这一发病特点，在病程的任何阶段，通过辨证酌情加入四君子或者六君子汤，顾护正气，使患者受益。

**2. "毒"为主要致病因素**

中医认为一切外界的致病因素统称为"邪毒"，如物理因素、化学因素、生物因素等，"邪毒"侵入体内往往蕴而化热，故亦称为"热毒""火毒"。机体在一定的内因条件下，热毒侵入脏腑经络可耗津伤液及耗血动血；伤及肌膜可使机体黏膜腐蚀糜烂；热迫血妄行，可以出现衄血；热伤血络可使血溢脉外，出现尿血、便血、呕血、吐血。由于火热之毒耗气伤阴，致脏腑营阴大亏，阴虚生内热，热灼血络更可进一步加重机体全身各个部位出血现象。所以急性白血病发病期病势急，病情重，多有发热、出血、肝脾淋巴结肿大，具有明显"毒"的特点，这种情况宜重治"毒"。罗老清热解毒法多用于白血病尚未进行系统化疗或化疗的诱导缓解阶段，临床表现以邪实为主，正气未衰。罗老在临床中常用到的白血病抗癌1号方，药用犀角（或水牛角）、生地、丹皮、赤芍、黄连、黄芩、黄柏、白花蛇舌草、半枝莲、大青叶、半边莲、野百合、山慈菇、金银花、连翘、蒲公英、片姜黄等，体现出白血病治"毒"辨证思维。

**3. 须善治"瘀"**

"瘀"包括血瘀和痰湿两个方面。瘀血既是邪毒内伤的病理产物，亦是致病因素。当邪毒侵入体内，滞留于经络，则妨碍气血正常运行，出现气滞血停，血停则成瘀。同样当机体正气虚弱，运血无力，亦出现血停为瘀；还有情志不舒，气机不利，亦可造成血瘀停积。同时由于瘀血阻络，血不循经而出现衄血，临床可见咯血、吐血、便血、崩漏；溢于肌肤则可见紫癜；若瘀血日久亦可化热，出现发热症状。

白血病患者大多有痰湿，可因体质所致，亦可化疗继发；痰湿同样是病理产物，又是致病因素。分析其产生原因：（1）当化疗邪毒伤及脾胃，脾失健运，造成水湿停滞，聚湿为痰。《医宗必读》说："水精四布，五经并行，何痰之有？"亦说："脾土虚弱，清者难升，浊者难降，留中滞膈，瘀而成痰。"（2）因邪毒蕴而化热，热煎熬津液而生痰，当肺肾阴亏，则渐生痰浊瘀血，痰瘀阻肺络，肺叶萎怠。故赵献可言痰之由来："非水泛为痰，则水沸为痰。"以上两个方面临证须仔细考究病史，辨证治之。罗老在该类疾病中方用我院白血病抗癌2号方：茯苓、制半夏、赤芍、三棱、莪术、当归、赤芍、穿山甲、桃仁、红花、丹参、香附、枳壳、玄参、浙贝母、生牡蛎、海蛤壳等，体现出化痰、活血的辨证特点。

**4. 总结**

本文笔者总结罗老的学术思想，探讨急性白血病的发病特点，将该病命之"毒劳"，可统领其寒热错杂，虚实并见，表里同病的证候特点，能提示疾病发病迅速及不良的预后和转归；同时高度提炼其病机为具有"毒""瘀""虚"三大特点，在辨证治疗中整个发病过程要顾护正气，祛除"邪毒"，同时须善治其"瘀"；全面辨证，方能获得理想的疗效。

（三）急性白血血病中医辨治体会

罗老辨治思路有三：辨证与辨病相结合、祛邪与扶正相结合、有序分阶段论治。同时认为急性白血病可辨证分型为：瘟毒内蕴型、痰湿瘀阻型及正虚型（包括气阴虚和气血虚），并认为正虚型虽非能以气阴虚和气血虚概括之，但临诊总以此两者为多见。若另有虚证出现，亦可分辨之。

**1. 瘟毒内蕴证**

罗老认为在白血病急性发作未化疗阶段或者诱导缓解期临床以邪实为主，正气未虚；可以辨证为瘟毒内蕴，体现白血病"毒"的病机特点；主要症状为壮热（高热），全身多处骨痛，皮下及脏器出血，舌红或绛，苔黄或灰，脉弦或数；还可见到大汗出，气粗，大便干结或不畅，小便黄赤，甚至昏迷。

149

结合基础研究，许多清热解毒药都具有抗癌作用，可与化疗药物发挥协同作用，同时灵活应用能增强机体免疫力的扶正中药（体现罗师时刻顾护正气的理念），防治化疗中常易出现的感染倾向。治法：清热解毒，凉血止血，兼以扶正。方用罗老自创白血病抗癌1号方。药用犀角（或水牛角）、生地、丹皮、赤芍、黄连、黄芩、黄柏、白花蛇舌草、半枝莲、大青叶、半边莲、野百合、山慈菇、金银花、连翘、蒲公英、知母等。

该证往往有弥散性血管内凝血（DIC）出现，且病情发展迅速，临床缓解率低，大多在短期内病情恶化而死亡。

**2. 痰湿瘀阻证**

白血病"瘀"主要表现在瘀血痰结的患者，临床可见主要症状为身体一处或多处有痰核，或腹部肿块，骨痛，舌淡或紫，苔白腻或滑腻，脉细滑或涩；次症为胸闷，纳呆，出血，或发热。病机分析："瘀"包括血瘀和痰湿两个方面。瘀血既是邪毒内伤的病理产物，亦是致病因素。当邪毒侵入体内，滞留于经络，则妨碍气血正常运行，出现气滞而血停，血停成瘀；同样当机体正气虚弱，运血无力，亦出现血停为瘀；还有情志不舒，气机不利，亦可造成血瘀停积。

急性淋巴细胞性白血病患者大多属此型，临床上初治往往易缓解，但易复发，若能坚持中西医结合治疗，仍然能延长完全缓解期。

**3. 正虚证（气阴虚或气血虚）**

在白血病化疗后及化疗间歇期表现"虚"的特点比较明显，临床多见面色潮红或苍白，头昏，头晕，动则汗出，气短，心悸，盗汗，手足心灼热，舌红或淡，苔薄或少苔，脉细数或沉细无力；次要症状为发热，出血，纳呆，便烂或干结不畅。治法：益气养阴，兼以祛邪。方用罗老自创白血病抗癌3号方：党参、黄芪、当归、白芍、熟地、茯苓、白术、酸枣仁、远志、丹皮、青蒿、炙鳖甲、炙甘草、生姜、大枣、片姜黄、三叶青、蛇舌草等。

**（四）急性白血病出血症状的处理**

出血是急性白血病临床常见症状之一，在整个病程过程中随时可出现各种出血症状，罗老首先区分发病原因，认为大多数情况是由于血小板明显减少所致，西医主要是采取输注血小板及刺激骨髓造血，尽快恢复血小板计数的治疗方案；而中医临床治疗主要依据血证的辨证论治，采用清热解毒、凉血止血，或益气摄血等方法，多能很快见效。DIC在本病中并非少见，但又属特殊，常发生于早幼粒细胞性白血病（M3）病例中，一旦发生DIC，出血可遍及全身，其主要特点是凝血功能障碍，纤溶功能亢进，微循环障碍，进而引起出血，脏器损伤，血细胞破坏，甚至休克。如不及时治疗，可危及生命。病属中医"瘀血证"范畴；罗师在辨证治疗方面予以清热凉血、解毒化瘀和温阳益气、活血化瘀之法，使患者颇有受益。

（五）急性白血病化疗期须注意脾胃

罗老认为脾胃为气血生化之源，中焦能保持正常的受纳及运化，是使疾病有好的转机的基本条件，否则致使气血生化乏源，又易致水和电解质失衡，导致更多的变证。化疗药既有杀灭白血病细胞的作用，又会影响胃肠功能，是化学治疗中一把双刃剑。病人化疗期间，有的出现频繁恶心、呕吐等湿浊中阻症状；有的出现咽痛、口干、燥屎内结的火毒内生症状。前者影响了患者对水谷精微的吸收和化生气血的功能，使机体的抵抗力大大削弱；后者由于大便不通，火毒不能排出体外，留滞体内易致不同部位的病变，如咽炎、扁桃体炎、口腔溃疡、软组织炎及阑尾炎等。对前者应积极采取和胃降逆化浊之法，方可用导痰汤加刀豆壳、代赭石、蒲公英、黄连等，起到化浊止呕的作用，使患者水谷可进，饮食有味；对后者应用清热解毒、润肠通腑的治疗方法，可予黄连解毒汤或增液承气汤加减；兼有表证或里已成实、腹满便不通者可用厚朴七物汤加减，以达到腑通毒消的目的。

（六）化疗后着重扶正为主

罗老认为患者经化疗后，杀灭了大量的白血病细胞，也伤及了正常的血细胞，使人体正气大大削弱，在此时扶正治疗实属当务之急。在患者保持正常饮食的前提下，治疗以补气养血益肾为原则，方用八珍汤、人参养荣汤加减。

（七）对缓解的患者须做到长期巩固治疗

罗老认为白血病病人即使获得完全缓解，进入缓解期，对治疗来说也远没有结束，为争取长期缓解或治愈，坚持长期巩固治疗是关键。虽然缓解期的病人从外观看如若常人，原先的分型，如瘟毒内蕴型的、壮热、出血等症已消失；痰湿瘀阻型肿大的肝、脾、淋巴结已恢复正常，但患者的体内仍存有一定数量的白血病细胞，由于这些白血病细胞的残留，对机体仍然是个很大的威胁。免疫功能未获恢复，抗病能力很弱，正气还不够充实，如果不进行巩固治疗随时有复发的可能，此时除西医定期化疗之外，中医中药扶正祛邪治疗仍不可忽视。此期扶正是重点，通过调补，使血液三系能达到理想的水平，为再作化疗创造有利的条件。对于缓解期较长、化疗间歇期长的患者，在扶正的同时适当加用抗癌中草药，如白花蛇舌草、冬凌草、猪殃殃、猫爪草、重楼、金银花、半枝莲等，对争取继续缓解、稳定病情、巩固疗效能起到事半功倍的作用。

（八）医案举隅

罗老全面辨证治疗急性白血病的经验，在临床中屡治屡验，现列举一例。

张某，男，57岁，干部，因乏力、咳嗽、发热就诊，经门诊血常规检查考虑急性白血病而住院，经过进一步检查（骨髓常规，白血病细胞免疫分型，融合基因等）确诊为急性粒细胞白血病M1，予IDA方案联合化疗二疗程，第2疗程后继发肺部感染，经用抗生素后体温基本正常，至2005年7月21日下午又出现畏寒、发热，体温38.9℃，表现上半身肌肤灼热，汗出较多，不停地扇扇子，下半身怕冷，需覆盖厚被，仍不能解除寒冷，感胃脘不适，舌淡紫，苔薄白，脉细数。治拟清上温下、和胃为主。

黄连6g、干姜2g、党参15g、甘草6g、姜半夏12g、桂枝5g、红枣15g、炒白芍12g、炒麦芽谷芽各20g。

1剂后第2天起体温正常，连服3剂体温未出现反跳，上热下寒、汗出之症均除，胃脘转舒，照常进食。

**按** 上方其实为黄连汤合桂枝汤加减；黄连汤是伤寒论方，是太阳病辨证中之上热下寒证之用方。该患者出现上半身发热，且汗出较多，下半身怕冷，虽无漾漾欲吐之症，但亦有脘腹不适之感，罗师用黄连汤，以达清上温下、和胃之效。同时患者大病化疗后正气匮乏，又合并感染，正气更是虚弱，营卫不和，故以桂枝汤解肌发表，调和营卫，使患者能较快出现转机。本例之症确属罕见。罗老告知在她年轻时也曾遇到一例相似病例，但那位患者无汗出之症，用了黄连汤也很快见效。

## 二、恶性淋巴瘤

恶性淋巴瘤是一类起源于淋巴结或结外淋巴组织的肿瘤，其临床特点为无痛性、进行性淋巴结或其他淋巴组织肿大，可伴有发热、盗汗、消瘦、脾大等表现，晚期出现全身衰竭和恶病质，分为霍奇金和非霍奇金淋巴瘤两大类。在历代中医文献中虽无恶性淋巴瘤的病名记载，但以淋巴结肿大的叙述与证治并非少见。根据本病特点及结合历代医家有关论述，其属中医"石疽""痰核""恶核""瘰疬""失荣""癥积""马刀""盘瘰""瘤病""筋疬""痞块""虚劳"等范畴。罗师认为病名应切中病机，能指导临床治疗，临床经验表明恶性淋巴瘤多于"痰"有关，即"无痰不作核"，其病名当属于"痰核"范畴。

古代文献中有关此病的主要论述有：《灵枢·寒热篇》云"寒热瘰疬在于颈腋者……此结鼠瘘寒热之毒气也，留于脉而不去者也。"《灵枢·百病始生》指出"湿气不行，凝血蕴里而不散，津液涩渗，著而不去，而积皆成矣"。《灵枢》认为本病发病多与外邪（寒、热、湿）有关，留滞于血脉著而不去，而成积所致。《难经》曰"积者阴气也，……血之所积名曰积，……故积者五脏所生……夫所谓积者阴气也，其始发有常处，其痛不离其部，上下有所终始，左右有所穷处。……肺之积名曰息贲，在右胁下，大如复杯，久不愈，令人洒淅寒热，喘咳，发肺痈。肾之积名曰贲豚，在小腹，上至心下，若豚状，或上或下无时，久不愈，令人喘逆，骨痿少气"。《难经》详细论述积在五脏的表现，进一步阐述了《灵枢》的积的概念及临床表现。隋代巢元方的《诸病源候论·石疽候》云："此由寒气客于经络，与血气相搏，血涩结而疽也。其寒毒偏多，则气结聚而皮厚，状如座疖，硬如石，故谓之石疽也。"进一步论述了外邪客于经络血脉，凝聚所致本病。元·朱丹溪论述"痰挟瘀血，遂成窠囊"，朱丹溪认为本病主要是痰瘀互结所致此病；《格致余论·乳硬论》"忧怒郁闷，昕夕积累，脾气消阻，肝气横逆，遂成隐核。"明·李梴曰："郁结伤脾，肌肉消瘦，与外邪搏结成瘤"。情志不畅，肝气郁结于内，气机郁滞，气滞血瘀，积而成块。清·邹岳《外科真诠》亦曰："石疽……乃肝经郁结，气血凝滞而成"，提出肝郁气结、气血凝滞为本病病机。《医宗必读》认为"积之成者，正气不足而后邪气踞之"，提出本病主要病机为正气不足，正如"邪之所凑，其气必虚""正气存内，邪不可干"。

（一）淋巴瘤病因病机

罗老认为恶性淋巴瘤致病主要原因为"痰"，即"无痰不作核"。罗老认为"痰"的形成不外乎"非水泛为痰，则水沸为痰"，痰的致病因素主要有外邪侵犯、饮食不节、情志不和、正气不足等，导致痰浊内生，痰凝结成核致本病。

**1. 外邪侵犯，内生痰浊**

六淫之邪，都能致痰，其中以寒、火、湿较为常见。《灵枢·寒热篇》云："寒热瘰疬在于颈腋者……此结鼠瘘寒热之毒气也，留于脉而不去者也。"《灵枢·百病始生》指出"湿气不行，凝血蕴里而不散，津液涩渗，著而不去，而积皆成矣"。寒气凝结于体内，阳气运行凝滞，水液输布失司，水液凝结成痰，痰浊停滞身体各部位则致此病。湿属阴邪，性质重浊而黏腻，它能阻滞气的疏动，妨碍脾的运化，从而凝聚成痰。火邪内结，灼伤津液，津液凝结，聚液成痰，即"水沸为痰"。

**2. 饮食不节，脾虚生痰**

罗老认为饮食过量，化为积滞；或恣食肥甘，滋生湿热；或过食生冷，寒湿伤中等，这些都会影响脾胃运化。《素问·经脉别论》所云："饮入于胃，游溢精气，上输于脾，脾气散精，上归于肺，通调水道，下输膀胱，水精四布，五经并行"。脾胃运化失司，则脾气不能散精，水液运行失常，则内生痰湿。

**3. 情志不和，灼津郁滞。**

罗老认为情志不和，郁而不舒，肝郁化火，火灼津液，凝聚成痰；肝郁气滞，气血不畅，痰瘀内生。正如《医贯》所说"七情内伤，郁而成痰""水沸为痰"，《证治汇补》亦曰"惊怒忧思，痰乃生焉"，痰浊内生，停而成核。

**4. 正气不足，痰之所凑**

罗老认为正气不足，可分为先天不足与后天不足，肾为先天之本，脾为后天之本。脾气不足，水湿阴凝，脾失健运，浊阴凝结成痰。肾阳不足，火不制水，水泛为痰。

综上所述，恶性淋巴瘤病位在脾、肾，但常累及肝，是全身疾病的单发或多发局部表现。其病理因素主要为"痰"，可兼"瘀""毒"，本病因虚而致病、因病则正更虚，常呈本虚标实、虚实夹杂之势。感受外邪是其发病的外在因素，但正气不足则是发病的内在因素，"痰"的产生发展贯穿疾病始终，影响疾病的转归。

（二）辨证论治

**1. 辨证要点**

（1）辨明邪正盛衰：临床上恶性淋巴瘤一旦确诊，罗老首先辨明邪正盛衰，有利于把握病情轻重，权衡扶正与祛邪的利弊，合理组方用药。病程初期，虽见恶性淋巴肿瘤，但临床症状也许只表现局部淋巴结肿大或全身症状不明显，生活起居，体力和饮食状况均未受到影响，此时以邪实为主，加大祛邪力度，重用清热解毒、化痰软坚之药物；病情进一步发展，邪气日盛，进入邪正斗争相持阶段，则予清热解毒、化痰软坚兼扶正健脾补肾之法；恶性淋巴瘤出现全身淋巴结肿大、脾肿大、发生脑、骨髓的转移，患者一般情况差，出现消瘦、乏力、肢软、纳差等，表明正气不足，邪盛正衰之象，应以扶正为主；若进行放化疗治疗后出现消瘦、乏力、纳差、恶心呕吐、肢麻或疼痛等不适，放化疗消瘤同时也损伤正气，表现出正虚邪衰之象，以健脾扶正为主。

（2）辨明正虚性质及所属的脏腑：根据患者的临床症状、体征等情况，以及"痰"的成因"非水泛为痰，则水沸为痰"，首先辨别正虚是阳虚还是阴虚。其次，辨明正虚的性质和所属何脏，在脾、在肝、在肾。然后将两方面的内容综合起来，辨明正虚的性质和所属脏腑。一般脾肾阳虚症见全身多处淋巴结肿大，或腹内结块，推之不移，不痛不痒，皮色不变，核硬如石，形寒肢冷，恶寒喜暖，神倦乏力，面色少华，腰酸软，小便清长，大便溏泄，舌紫暗或淡白，有齿痕，苔白滑，脉细涩等症；颈项、耳下、腋下肿核，质地坚硬，或腹内结块，形体消瘦，午后低热，手足心热，心烦易怒，口咽干燥，两胁疼痛，腰胁酸软，耳鸣，盗汗，夜寐欠安，舌红或绛、苔薄或少苔，脉细数为肝肾阴虚之象。

（3）辨明痰之兼证：恶性淋巴肿瘤病理主要原因"痰凝"，但在临床上也可见"气滞""毒聚""血瘀"等兼证。根据患者全身表现、舌脉等，有助于辨明以上兼证，如胸胁胀满或胀痛，随情志变化而增减，时叹气，心烦易怒为气滞；毒聚的辨证要点为反复发热、淋巴结进行性增大、舌红苔黄腻，脉滑数等症状；血瘀表现为局部的刺痛、面色黧黑、肌肤甲错，皮肤瘀点、瘀斑，舌质紫暗苔薄白，脉细涩等症状。

（4）辨证结合临床辅助检查：对恶性淋巴瘤进行 B 超、CT、PET-CT、病理活检等检查，有助于早诊断、早治疗。病理活检等检查有助于确定病理类型，对中西结合治疗方案的制定有很大的意义。如疑累及骨髓，行骨髓穿刺，报告为增生活跃者一般临床上多表现阴虚火旺为主；报告为增生低下者，临床上多表现阳虚证；对中医证型及治疗有一定的指导意义。在恶性淋巴瘤的治疗过程中还应定期复查肝肾功能、乳酸脱氢酶、β2 微球蛋白、C- 反应蛋白、血清铁蛋白、B 超、CT、PET-CT 等有助于评定治疗效果、了解局部和全身浸润的情况。

浙江中医临床名家 · 罗秀素

**2. 治疗要点**

目前现代医家认为恶性淋巴瘤病因病机复杂，临床常虚实夹杂、标本互见，属于本虚标实之证，正气不足为病之本，"痰凝""气滞""血瘀""毒聚"为病之标。罗师认为"痰"一直贯穿恶性淋巴瘤发生发展和预后的始终，所以治疗上抓住"水泛为痰，水沸为痰"的成痰原理，一以贯之。目前恶性淋巴瘤大多都经过一定的西医放化疗治疗，所以罗师一般把其分为放化疗期、稳定期。放化疗期多呈正气不足，治当扶正为主，稳定期多以正虚标实，治疗应扶正与祛邪并重。治疗上应注意以下几点。

（1）放化疗期间，当先顾护胃气：放化疗犹如《内经》所言"大毒治病十去其六"，往往耗伤正气，脾胃受损，临床上多表现恶心呕吐、乏力、纳差等表现，治疗上不要过用滋腻之品，以免碍胃；少用或不用清热解毒之药，以免苦寒伤胃；应健脾和胃消食为主。

（2）稳定期化痰软坚，纠阴阳之偏：罗师认为不管恶性淋巴瘤的稳定期还是放化疗之后，痰为病理产物仍存在，化痰软坚贯穿治疗始终。医经曰"一阴一阳谓之道，偏阴偏阳谓之疾"，故在治疗过程中也要不断根据患者病情不断纠正阴阳之偏。

（3）长期服药剂量宜轻，善用虫类药：恶性淋巴瘤的病人需要长期服药，治疗过程中忌大剂量的清热解毒祛邪药物猛攻，须防损伤胃气，用药剂量宜轻，药味数量可适当增加；祛邪药可以交替使用，以防止长期用药产生耐药性。罗师善用虫类药，能增加软坚散结之力，喜用僵蚕、蜈蚣、全蝎，特别推崇张锡纯的用药经验，如"蝎子色青，味咸，性微温……原具厥阴风木之气化，故善入中肝经，搜风发汗，治痉痫抽掣，中风口眼歪斜，或周身麻痹，其性虽毒，转善解毒，消除一切疮疡，为蜈蚣之伍药，其力相得益彰也"。

（4）主张"水泛为痰，水沸为痰"，从肝脾肾论治：罗老经过几十年的临床经验所得，痰的成因不出"水泛为痰，水沸为痰"，认为恶性淋巴瘤患者多饮食不节、起居无常，易脾虚湿滞，肾虚气不化水，即为水泛为痰；邪热内蕴，阴虚火动，则水沸腾动于肾肝者，犹雷火之出于地，急风暴雨，水随波涌而为痰，即为水沸为痰。辨证治疗上从肝脾肾三脏入手，简化分型，从痰的源头上化痰祛瘀、软坚散结。

（5）辨证与辨病相结合，用药力求精准：罗老在辨证用药时，多结合现代药理研究结果，尽可能地选用具有提高机体正气，又能抑制肿瘤生长的中药，扶正中兼有祛邪，两者并举，可以增加中医药的治疗效果。但并不是一味堆砌抗肿瘤药物为一炉，仍然在中医辨证施治、四气五味的范畴下使用。

**3. 基本辨证分型及治疗**

（1）脾肾阳虚型

主症特点　全身多处淋巴结肿大，或腹内结块，推之不移，不痛不痒，皮色不变，核硬如石，形寒肢冷，无汗，恶寒喜暖，神倦乏力，面色少华，腰酸软，小便清长，大便溏泄，舌紫暗或淡白，有齿痕，苔白滑，脉细涩。

病机分析　脾肾亏虚，脾虚失其健运，易致水湿停聚；肾虚蒸化无权，气不化水，故先后天不足而造成水湿聚内，致水泛为痰，与入侵之邪毒胶结为痰核，痰与邪毒均阻碍气血的运行，久之成瘀，痰、毒、瘀胶结腹腔，而为癥块。

治法　温补脾肾，软坚散结，活血化瘀。

方药　金匮肾气丸合参苓白术散加减。金匮肾气丸可温补肾气，化气利水；参苓白术散健脾补气燥湿，两方合用共起温补脾肾，燥湿化痰。

方药　制附子6克　肉桂3克　熟地12克　山茱萸12克　怀山药30克　茯苓12克　泽泻9克　片姜黄9克　太子参30克　炒白术12克　炒白扁豆12克　陈皮9克　砂仁5克　炒米仁30克　桔梗9克　玄参15克　浙贝12克　生牡蛎30克　皂角刺15克

临床上淋巴结肿大明显，酌情加炮山甲9克，全蝎4克，蜈蚣2条，山慈菇9克，水红花子15克等；阳虚明显，加制附子9～15克，高良姜6～9克，补骨脂12克，杜仲12克等；气滞血瘀明显，莪术9克，三棱9克，乳香6克，没药6克，桃仁9克，红花6～9克等。

（2）肝肾阴虚型

主症特点　颈项、耳下、腋下肿核，质地坚硬，或腹内结块。形体消瘦，午后低热，手足心热，心烦易怒，口咽干燥，两胁疼痛，腰胁酸软，耳鸣，盗汗，夜寐欠安，舌红或绛、苔薄或少苔，脉细数。

病机分析　邪毒内侵，郁而化热，或杂病日久，灼津耗液，阴液不足，如水沸蒸蒸而上凝聚成痰，此型临床较常见。

治法　滋补肝肾，软坚散结，活血化瘀。

方药　四物汤加黄柏加味。

方药　熟地黄12g　当归12g　川芎9克　炒白芍12克　麦冬12g　枸杞子12g　炒黄柏9g　僵蚕9g　玄参15g　浙贝母12g　片姜黄9g　桑椹12g　三叶青6g　猫爪草15g　夏枯草15g　生牡蛎（先煎）30g　炙龟板24克

佛手 9g　炒麦芽 15g

　　临床上淋巴结肿大明显，酌情加炮山甲 9 克，全蝎 4 克，蜈蚣 2 条，山慈菇 9 克，水红花子 15 克等；气滞血瘀明显，加鸡血藤 15 克，莪术 9 克，三棱 9 克，乳香 6 克，没药 6 克，桃仁 9 克，红花 6～9 克等。

　　（3）放化疗期间的随证加减：患者化疗期间多出现恶心呕吐、骨髓抑制、肝肾功能损害等不良反应，在上述辨证分型的基础上随症加减。化疗后若恶心呕吐，可予旋覆代赭汤合平胃散加减；若口舌生疮，予合玉女煎加减，配合罗师的口腔溃疡液；若大便干结不通，予合黄连解毒汤加减；若疲倦乏力、食欲不振、气短懒言，予合十全大补汤加减；若肝功能异常，予合柴胡疏肝散加减；若出现白细胞减少、血小板、血红蛋白减少，予合六味地黄汤，人参养荣汤加减。

　　**4. 演变与预后**

　　恶性淋巴瘤为血液系统肿瘤之一，其预后与许多因素有关，有研究发现恶性淋巴瘤的生存率与年龄、临床分期、病理类型、免疫分型、首发部位、症状体征、治疗情况等诸多因素相关，故恶性淋巴瘤的早期诊断、病理分型、早期治疗是提高疗效与预后的关键。早期治疗时，邪毒不深，正气尚充足，此时积极配合手术、放化疗等综合治疗，部分患者病情可望好转，大部分能明显提高生存期，或带瘤生存。但长期西医放化疗治疗，易导致正气愈虚，有碍机体的恢复，若配合中医治疗，能明显减轻放化疗的副作用及并发症。罗师临床发现脾肾阳虚型，临床上此型相对较少，预后较差；肝肾阴虚型，临床上多见，预后较好，生存期较长。

　　**5. 预防与调护**

　　（1）预防：研究表明，恶性淋巴瘤的发病与病毒感染、环境因素、化学物质、遗传、不良生活习惯等因素密切相关，因此预防病毒感染、远离有毒环境等，即避免中医的外邪侵犯在预防中显得尤为重要。此外保持一个积极乐观的心态，经常参加体育锻炼、增强机体的抗病能力，做到起居有常、饮食有节、少食辛辣腌制食品，对恶性淋巴瘤预防会起到一定的积极作用。

　　（2）调护

　　1）精神调护：恶性淋巴瘤患者不仅要承受肉体上的痛苦，还承受着精神上的痛苦，要提高恶性淋巴瘤患者的生存质量，精神调护非常重要。医护人员要帮助患者克服紧张、沮丧、焦虑、甚至恐惧情绪，将患者置身愉快的环境中，使其保持乐观向上的心态，树立战胜疾病的信心，配合医生完成各项治疗计划。罗师在门诊中尽量帮助患者消除紧张、焦虑、恐惧的情绪，鼓励每个患者保持乐观向的上心态和坦然面对的勇气。罗师谆谆教导我们"为医者不单单治病，还要治心"。

2）生活调护：恶性淋巴瘤患者放化疗期间机体免疫功能低下，应注意休息，减少外界的接触，防止感受外邪加重病情。饮食以清淡、易消化的食物为主，但要注意增加营养的摄入，建议适量动物蛋白进行食补。稳定期根据病情需要，如血小板低下，建议多食藕汁、藕、藕粉、花生衣之类的食物，应严格控制食用辛辣海产鱼腥、温燥食物（韭菜等）、活血（木耳等）等食物；适当食用具有抗癌作用的食物。在体力恢复的情况下进行适当活动，通过如八段锦、太极拳、太极剑及具有强身健体的保健操等进行锻炼，以增强体质。

## 三、骨髓瘤

多发性骨髓瘤是血液系统发病率占第二位的恶性肿瘤，它占恶性肿瘤的 1%，血液系统恶性肿瘤的 10%。男性发病率比女性稍高，平均发病年龄约 65 岁。

多发性骨髓瘤主要特点是单克隆恶性浆细胞增殖和浸润，正常多克隆性浆细胞及其分泌的正常免疫球蛋白受抑制，引起相关器官的损害表现：血钙升高、肾功能损害、贫血、骨痛，以及反复感染、淀粉样变性、高黏滞综合征等临床表现。随着临床诊断水平的提高，临床上意义未明的单克隆免疫球蛋白血症（MGUS）或冒烟型骨髓瘤（SMM）患者逐步增多。

本病在中医学无明确病名。按照其临床表现可归属为中医"骨痹""骨蚀""虚劳"之范畴。对于多发性骨髓瘤的发病各家看法不一致，或认为痰瘀互结，外合邪毒，内搏于骨，或认为肾虚血瘀，加之邪毒内侵骨髓，导致本病。而罗老对多发性骨髓瘤认识可见以下论述。

### （一）借鉴"痹证"论治多发性骨髓瘤

罗老认为，多发性骨髓瘤可归属于中医的"骨痹"，在治疗用药上可以借鉴"痹证"论治该病。《素问·长刺节论》曰："病在骨，骨重不可举，骨髓酸痛，寒气至，名曰骨痹"。《素问·痹论》曰："五藏皆有合，病久而不去者，内舍与其合也。故骨痹不已，复感于邪，内舍于肾。筋痹不已，复感于邪，内舍于肝。肌痹不已，复感于邪，内舍于脾"。故骨痹是由于患者正气不足，风、寒、湿之邪入侵于内，滞于骨之络脉，造成经络痹阻，致使气血津液输布交换障碍，则血滞成瘀、津凝为痰，痰瘀加重了络道损伤不畅，从而使骨失去气血津液所养引起"骨痹"之病证。临床可见骨痛、骨质疏松或破坏。肾主骨，骨痹迁延不愈，日久必深入脏腑累及于肾，使肾脏受损亏虚，导致肾之阴阳失衡。肾阳虚损，气化失职，气不化水，水湿上泛，聚而成痰，痰浊阻于脉道，血行受阻，滞而成瘀；肾阴亏虚，阴虚生内热，内热甚则生火，火热灼津成痰，同样血亦受到火热之煎熬，结血成瘀。加之风湿闭阻心气，血脉瘀滞，气滞血瘀，故痰瘀亦成。而多发性骨髓瘤可认为由于风湿邪毒内侵、继之形成痰瘀痹阻骨之络脉，病久内舍于肾，致肾脏虚损，功能失调，加重痰瘀的滋生，阻碍肾络的通畅，机体得不到后天水谷精微的供养，致使肾精亏虚，造成精不化气，气不生血，终而形成气血亏虚，加之风湿邪毒内侵，逐渐形成痰、毒、瘀内搏于骨，而形成本病。其源在髓，流注于骨。故罗老认为中医治疗多发性骨髓瘤可从痹证着手，在调补脾肾的基础上，应采取祛风通络、活血化瘀、消除痰浊并进的治疗方法。

因肾主骨，骨痹日久则伤肾，甚至出现肾痹的症状。《素问·逆调论》曰："是人者，素肾气胜，以水为事，太阳气衰，肾脂枯不长，一水不能胜两火，肾者水也，而生于骨，肾不生，则髓不能满，故寒甚至骨也。所以不能冻栗者，肝一阳也，心二阳也，肾孤藏也，一水不能胜二火，故不能冻栗，病名曰骨痹，是人当挛节也"。故在治疗骨痹同时应重视用补肾填精药。尤其"肾实则骨有生气"的理论形成，更加明确了"补肾填精"的治疗地位。故罗老认为在治疗多发性骨髓瘤中，应同样重视"补肾填精"的治疗原则。以临床辨证为基础加运用补肝肾以强筋骨的中药如：地黄、杜仲、牛膝、补骨脂、续断等进行治疗。而肝肾同源，肝肾虚弱也是骨痹发生的原因。同时受叶天士治疗痹证"肝肾下病，必连及奇经八脉"的思想影响，从奇经论治，罗老也喜加用鹿角片、紫河车、龟板等血肉有情之品，以通补任督二脉，使肝肾受荫。罗老在治疗多发性骨髓瘤的过程中首先确定"补肾填精、肝肾同治"的治疗原则。

其次，痹证治疗上多以"活血化瘀，疏通经络"为核心进行治疗。瘀血理论源于内经，如《素问·调经论》曰："寒独留，则血凝泣，凝则脉不通"。后有王清任又明确提出了"痹有瘀血"的理论。另《医林改错》曰："总滋阴，外受之邪，归于何处？总逐风寒、去湿热，已凝之血，更不能活。如水遇风寒，凝结成冰，冰成风寒已散。明此义，治痹证何难？"。受这些学术思想的影响，罗老认为"治骨痹必化瘀"，因此在治疗多发性骨髓瘤的方药中多加用活血化瘀之药如三棱、莪术、乳香、没药等，以达到改善病情的目的。这种学术思想也正好与现代医学认为多发性骨髓瘤的高黏滞状态相符合，通过适当的活血化瘀的确可改善病人病情。

再次，叶天士提出"久病入络"理论。《临证指南医案·痹》曰："初病湿热在经，久则瘀热入络"；"经以风寒湿三气合而为痹。然经年累月。外邪留着，气血皆伤，其化为败瘀凝痰。混处经络，盖有诸矣。倘失其治，年多气衰，延至废弃沉疴"。故络虚邪留，痰瘀互结，病势顽固，草木之药难达功效，多用"搜剔动药"方能透络达邪。受此学术思想影响，罗老在治疗骨髓瘤方中多加用全蝎、地龙等动物药与当归、川芎等活血生血药物配伍运用。

故罗老治疗多发性骨髓瘤的基本核心思想是"以痹论治，补肾填精、化瘀搜剔"。

## （二）肝脾肾三脏亏虚为本，邪毒内侵为标

罗老认为，多发性骨髓瘤发病，肾肝脾三脏亏虚是发病的基础，加之外邪入侵，才会最终导致本病的发生与发展。

肾主骨生髓，骨骼需要髓的充养，而髓的化生源于肾精，肾为先天之本。《素问·阴阳应象大论》曰："肾生骨髓"；肝与筋合，肝藏血，肝血充盈，筋膜即可得到足够的血气滋养，从而保证人体的正常运作。《素问·痿论》曰："肝主身之筋膜"；脾与肉合，主运化水谷精微，以滋养周身。脾为后天之本。《素问·痿论》曰："脾主身之肌肉"。罗老认为肝脾肾三脏失司是骨髓瘤发病之根本。脾与肾的关系是后天与先天的关系，先后天相互滋生。胃为水谷之海，肾为精血之海。故《景岳全书·脾胃》曰："水谷之海本赖先天为之主，而精血之海又赖后天之资"。脾与肾在病理上又相互影响，互为因果，如肾阳不足，不能温煦脾阳，致脾阳不振或脾阳久虚，进而损及肾阳，引起肾阳亦虚。二者最终可导致脾肾阳虚。肝与肾主要是藏血与藏精的关系。肝血需要肾精的滋养化生，肾精又需肝血化精不断地补充。故《素问·阴阳应象大论》曰："北方生寒，寒生水，水生咸，咸生肾，肾生骨髓，髓生肝"。先天肝肾共同起源于生殖之精，后天肝肾共同受肾所藏先后天之精的充养，故为肝肾同源。在病理上，精与血相互影响，肾精亏损，可导致肝血不足。反之肝血不足，可导致肾精亏损。肝肾亏虚，筋骨失养，

则骨不坚，骨痛易折。

故罗老认为，肾肝脾三脏功能失司，则肾阳亏虚，水失其化，脾失健运，水湿内停，聚而为痰。加入外感邪毒，留连筋骨之间，一则蕴久化热，或炼液成痰，或耗血伤津，或迫血妄行。一则阻碍气机致瘀。

根据以上肝脾肾三脏的密切关系，根据多年的临床经验总结，罗老认为，多发性骨髓瘤的临床分型应更好地方便临床辨证。由于本病的实质为本虚标实，故骨髓瘤的主要临床分型应该分为：肝肾阴虚型、脾肾阳虚型、气血亏虚型。其他的病理变化皆是在此三型基础之上的演变。如痰瘀互阻，则是由于脾肾两虚，气化失司，水湿内停，聚湿成痰。肾脏亏虚，邪毒内侵，一方面蕴久化热，炼液为痰，另一方面阻碍气机运行致瘀，最终导致痰瘀互阻。肾虚累及脾虚，血气生化乏源，气血亏虚，则气不摄血，导致乏力气虚血少的证候。肝肾亏虚，故精血亏，骨失所养，则可见肝肾阴虚之证候。由此可见多发性骨髓瘤的基本病机为肝、脾、肾三脏功能失常。治疗上主要以调理脾、肝、肾三脏为主要原则。通过基本治疗脾肾阳虚、肝肾阴虚，兼用活血、化痰、祛邪之药物从而达到治疗多发性骨髓瘤的目的。

（三）临床辨证

**1. 脾肾阳虚证**

见于元气亏损，脏腑功能衰退者，主症见头晕目眩，脘闷纳差，面浮肢肿，倦怠乏力，畏寒肢冷，腰背酸痛，小便清长，大便溏薄。舌质淡胖边有齿痕，苔白，脉沉细弱。

治则予以温补脾肾，通络止痛。

方选自拟巴仙温阳汤合理中汤加减。

处方　当归 9g　巴戟天 12g　仙灵脾 12g　淡附子 9g（先煎）　甘草 6g　人参 9g　干姜 9g　白术 9g　黄芪 20g　炒白芍 12g

本方多由营血虚弱、寒凝经脉、血行不利所致。方中当归养血和血，干姜温中祛寒，扶阳抑阴。人参补气益脾，白术健脾燥湿以助脾运。巴戟天、仙灵脾同为温补肾阳，强筋骨，祛风湿，有助温通血脉。附子补火助阳，散寒止痛。黄芪益气固表，以增强抵御外邪的侵袭。白芍养血和营。甘草益气健脾兼调和诸药。临证加减祛风通络之药如：娑罗子、路路通、海风藤、乌梢蛇等。温补肾阳药物如：益智仁、菟丝子、骨碎补等。从而达到温补肾阳，

浙江中医临床名家 · 罗秀素

祛风通络之功效。

**2. 肝肾阴虚证**

多见于精亏血少，脏腑功能虚亢者，主症见眩晕耳鸣、失眠多忘，五心烦热，烦躁易怒，身热骨痛或胁肋部疼痛，腰膝酸软，尿赤便干。舌质红或暗红，少苔或无苔，脉细数。

治则予以补肝益肾，通络止痛。

方用独活寄生汤加减。

处方　独活9g　桑寄生9g　防风6g　川芎9g　当归9g　干地黄9g　芍药9g　人参20g　甘草6g　杜仲9g　牛膝9g

本方所治为风寒湿痹三气痹着日久，肝肾不足，气血两虚所致。方中独活疏散伏风，祛下焦与筋骨间的风寒湿邪，桑寄生祛风湿，强筋骨，共为君药。杜仲、牛膝补肝肾，强筋骨。当归、地黄、芍药、川芎补血活血。人参、甘草补气健脾，扶助正气。临证加减蕲蛇、蜈蚣、落得打、老鹳草、伸筋草祛风通络之药，天冬、铁皮石斛等养阴生津之品。三七、姜黄、桃仁等活血化瘀之药。从而达到补肝益肾，通络止痛之功效。

**3. 气血亏虚证**

多见于久病，耗气伤血者。主症见头晕目眩，倦怠乏力，心悸气短，面色晦暗无华，骨痛隐隐。舌淡苔白腻，脉细弱无力。

治则予以益气生血，活血通络。

方用八珍汤加减。

处方　党参20g　黄芪30g　白术10g　当归10g　白芍10g　生地10g　茯苓10g　甘草6g

本方所治为气血不足患者，故以益气生血为主，党参、黄芪补气生津，当归、生地、白芍养血活血。白术和胃健脾。骨痛明显者可加用牛膝、鸡血藤补肝肾，强筋骨。气血不足之证改善后可加用抗肿瘤药物如猫爪草、冬凌草等。

（四）诊治心得

罗老在多年的诊治经验中认为在治疗多发性骨髓瘤过程中，早期应调整机体的气血阴阳平衡，待机体达到平衡，可给予抗肿瘤的治疗。一味补虚则一定程度上促进肿瘤的增殖；一味攻伐，则易伤正导致气血津液亏耗。故治疗应掌握机体之实际状况，扶正祛邪适度。根据临床辨证的不同使用不同解毒抗癌中药，攻伐得体，补益适可。其中祛风通络之法，在多发性骨髓瘤治疗中尤当使用。补益肝肾结合祛风通络之法是治疗骨髓瘤之根本法则。

罗老同时强调中医治疗应与现代医学相结合，中不离西，西为中用。对于多发性骨髓瘤要明确西医对疾病的诊断标准及危险分层。西医目前对于无症状及冒烟型骨髓瘤的治疗多为等待观察，我们可以充分利用中药治疗的优势，进行早期中药治疗，从而延长疾病的进展时期甚至控制疾病。罗老还认为对于不同危险分层的病人，我们应该采用不同的中医治疗策略。高危病人在扶正基础之上应当加强攻邪，如加用白花蛇舌草、南方红豆杉、黄芩、薏苡仁等，从而延长疾病生存期。此外对于多发性骨髓瘤化疗后的维持治疗，罗老认为中医亦有其自身优势，化疗后患者多辨证肝肾阴虚及气血亏虚，并挟痰挟瘀明显，可选用祛痰通络之药如半夏、山慈菇、全蝎、乌梢蛇、海风藤、仙灵脾等，活血化瘀之药三棱、莪术、乳香、没药等。通过中医维持治疗，可以明显提高患者的生活质量及生存周期。

## 四、慢性粒细胞白血病

对慢粒白血病，罗老认为："本虚标实"是慢粒的病变特点，在慢粒的整个病程中始终表现出"本虚标实"的特点，只不过在各个不同时期"本虚"与"标实"的轻重程度不同，故在具体治疗原则上必须抓住这一点，采用相应的治疗方法。在慢粒早期（初期），治疗上应以祛邪为主，如活血化瘀、化痰散结、清热解毒等，只能适当兼顾扶正，如加用健脾益气或益气养阴之剂。在中期，即自确诊后经历了相当长的一段时间，但未到慢粒急变阶段，患者脾脏逐渐增大，正气亦较之早期有所削弱，此时宜扶正与攻邪并重。但如到了慢粒急变期，患者正气已衰，出血或各种感染接踵而至，治疗虽不宜忘记祛邪，但应抓住扶正为主的治疗原则，为患者争取继续治疗的机会，达到延长生存的目的。要注意由于化疗导致的骨髓抑制，临床曾碰到由于化疗药物使用不当，如剂量过大或时间过长，忽略了观察患者外周血象的动态变化，导致患者骨髓抑制，甚至继发感染，出血，贫血等并发症引起死亡。对骨髓抑制的治疗应参考再障的治疗方法，在益肾补血的同时不应忘记祛邪，活血化瘀之剂不可少。在用药上以平补为主，如党参、白术、茯苓、熟地黄、制首乌、制女贞、桑椹子、鸡血藤、赤白芍、川芎、三棱、莪术、甘草等。

慢粒脾脏肿大是最重要的临床特征，中医属癥积，其成因不外乎情志抑郁、肝气不舒，或饮食失节脾胃受损，或起居不慎，寒温失调，易受邪毒入侵，故在治疗的同时了解患者的个性、饮食嗜好及居住条件，既在用药上做到疏解抑郁、健壮脾胃、调节寒热以助祛瘀之力，又要指导患者纠正上述三方面的偏颇，有利于提高治疗效果，如：督促患者逐渐改变易忧郁、易恼怒的不良性格，逐步戒除喜烟好酒及偏食的习惯，改善居住条件，适寒温，避风邪，以避免或消除人为的因素加重病情。

### 慢性粒细胞白血病的治疗经验

#### 1. 健脾化浊

本病证属脾胃虚弱，痰湿瘀滞者宜用健脾化浊法。此型多见于慢性期，表现为轻度贫血、白细胞增多、血小板正常或增多；症见面色少华、头昏、乏力、纳谷不香、便溏、溲清、身上可触及痰核、腹部扪及痞块、舌淡胖、苔白腻或白滑，脉细濡或细涩。治拟健脾化浊、活血化瘀。药用干姜、白术、茯苓、甘草、当归、川芎、三棱、莪术、青黛、蛇舌草、半枝莲、苦参、葛根等。

如治宋某，女，47岁。1994年6月就诊，头昏乏力伴面色无华3个月，体检：脾脏肿大，肋下4cm。血常规检查：WBC $42\times10^9$/L，Hb 90g/L，PLT $170\times10^9$/L。骨髓检查确诊为慢性粒细胞白血病慢性期。舌淡胖、苔薄腻、脉细濡。处方：炒白术、茯苓、生黄芪、生米仁、蛇舌草各30g，干姜、青黛、甘草各5g，当归、川芎、三棱、莪术、苦参各10g，葛根15g。上方为主加减治疗3个月，自觉症状明显好转，脾脏肋下未扪及，多次血常规复查正常。

#### 2. 养阴散结

本病证属气阴两虚、痰瘀交阻，宜用养阴散结法。此型亦多见于慢性期，表现为血小板减少。症见神疲乏力，自汗盗汗，五心烦热，皮肤瘀点或瘀斑，鼻衄、齿衄，腹部可触及痞块，颈部、腋下有肿块，舌淡紫或黯红苔少、脉细。治拟益气养阴，化瘀散结。方用参麦地黄汤合消瘰丸加减，药用太子参、麦冬、生地、玄参、生牡蛎、象贝、水牛角、三棱、莪术、透骨草、地鳖虫等。

如治王某，男，34岁。1995年2月诊。多年来自觉体力不支，腹部不适，某医院曾诊为慢性粒细胞白血病。近1周来出现皮肤瘀点、瘀斑，体检脾脏肿大，肋下4cm。血常规检查WBC、HB基本正常，PLT $30\times10^9$/L。骨髓检查确诊为慢性粒细胞白血病慢性期，症见面色潮红，纳呆，神疲乏力，手足心灼热，盗汗，舌嫩红，苔薄黄，脉细数。处方：太子参、麦冬、生地、玄参、生牡蛎、生龙骨、水牛角各30g，象贝、三棱、莪术、透骨草、地鳖虫、蒲黄各10g。连续服药3月，皮肤瘀斑消失，PLT上升至110×10⁹/L，病情稳定。

**3. 解毒凉血**

本病证属热毒炽盛，血热妄行，宜用解毒凉血法。此型多见于本病急变期，表现为出血，病情危重。症见面色灰黯，形体消瘦，神疲乏力，壮热，口渴，纳呆，便秘，齿衄，鼻衄，皮肤瘀点、瘀斑，脘腹胀痛，腹部有明显积块，舌紫黯苔黄少津，脉细数或洪数。治拟清热解毒，凉血止血。方用犀角地黄汤加减，药用水牛角、生地、赤芍、丹皮、紫草、蛇舌草、透骨草、仙鹤草、白茅根、紫花地丁等。

如治吕某，男，38岁。1994年7月诊。患慢性粒细胞白血病3年余。近突然出现高热（39℃），齿衄、皮肤大片瘀点、瘀斑、面色灰黯。骨髓检查确诊为慢性粒细胞白血病急变期。舌紫暗、苔厚少津，脉洪数。处方：水牛角60g、生地、金银花、龙葵、蛇舌草、仙鹤草、白茅根各30g，紫花地丁、赤芍、当归炭、丹皮、侧柏炭、紫草、透骨草各10g。服药3天，身热退去，出血开始减少。以上方为主加减继续服药，并结合化疗方案。治疗3月，出血倾向已控制，全身状况好转，经检查，患者病情已恢复到本病慢性期。

## 五、再生障碍性贫血

再生障碍性贫血（简称再障）是血液病中重要常见疾病之一，罗老对再障的分型遵循了全国统一的分型标准，分为阴虚型（肝肾阴虚）、阳虚型（脾肾阳虚）及阴阳两虚型（肝肾阴虚及脾肾阳虚）三型，并运用现代医学的实验方法对此作了科学研究，得出科学结论：阳虚型治程短且预后好，阴虚型预后虽较阴阳两虚型为好，但治疗疗程远较阳虚型长，而阴阳两虚型预后最差。因此也证实了再障的中医分型是有其科学基础的，是切实可行的。针对急性再障发病急，病情重、预后差的特点，采取中西医结合的方法，作了临床和实验研究，从中摸索到规律性的内容，并以西药免疫抑制剂加中药以益肾为主的二黄桑椹子汤治疗再障，获得显著疗效，使不少疑难、重型再障患者得到康复，重返工作岗位。

罗老在辨治再障的过程中有以下深刻体会

## （一）病因病机

罗老认为，慢性再障是以贫血及伴随症状和出血倾向为特点，属"虚劳""血证"范畴，是由多种原因所致的，以脏腑亏损、气血阴阳亏耗为主要病机特点的一种慢性衰弱证候疾病。病因有禀赋薄弱，烦劳过度，饮食不节，长期失血，外感毒邪，七情内伤，以及失治、误治等。急性再障具有病程短、发展快、易发热、易出血等特点，罗老认为分为瘟毒内蕴型（或急劳温热型）和阴虚型（肝肾阴虚型）两型比较恰当。

## （二）辨证分型治疗要注意应变性

中医治病首先要掌握辨证施治，这是原则，也是治好疾病的关键。罗老对再障分为三型，经过一段时间的治疗，当病情已获改善，则原来所归属的证型已不符合，此时就应根据病情随时更改治疗处方用药，即要做到治病应随证应变，不能一方到底。

### 1. 肾阳虚型

面色㿠白，唇甲色淡，气短懒言，畏寒肢冷、腰酸腿软，食少便溏，出血不显，舌胖大边有齿痕苔白，脉沉细。予以温肾壮阳，金匮肾气丸合右归丸加减。

### 2. 肾阴虚型

面色㿠白，唇甲色淡，头晕乏力，心悸易惊，少寐多梦，低热盗汗，腰酸腿软，手足心热，可有肌衄，齿衄，鼻衄等，舌嫩红苔薄或少苔，脉细数。予以滋补肝肾，六味地黄丸合左归丸加减。

### 3. 肾阴阳两虚型

面色苍白，腰膝酸软，遗精滑泄，时冷时热，自汗盗汗，食少纳呆，舌淡苔薄白或少苔，脉沉细无力或沉细数。予以滋肾温阳，金匮肾气丸合左归丸合当归补血汤加减。

## 六、原发性血小板增多症

原发性血小板增多症（essential thrombocythemia，ET）为多能干细胞克隆性疾病，全年发病率约为（1 ～ 2.5）/10 万，主要见于 50 ～ 70 岁人群，其临床表现不一，重要脏器的血栓形成及出血常为本病致死的主要原因。目前西医主要采用抑制血小板黏附功能和抑制骨髓巨核祖细胞生长的药物，如羟基脲、干扰素、氯喹咪唑酮、阿司匹林等，以及予以血小板分离术进行干预治疗，临床疗效尚可。但有报道 ET 患者接受烷化剂或经静脉治疗后，转化为急性白血病的概率增加；干扰素、氯喹咪唑酮副反应又太大，大剂量阿司匹林的胃肠反应较大，易引起消化道出血。临床上诸中医名家应用中医药治疗 ET，使得血小板数量迅速下降，毒副作用减少，并改善了血管功能状态和调节机体功能，明显地减少了并发症，使病人达到临床缓解或痊愈。罗老治疗原发性血小板增多症经验介绍如下。

## （一）病因病机

血小板增多症当属中医学"血证""积聚""虚劳"等范畴，其病因不外乎内外失衡，先天不足，后天失养；其病机本虚标实，肝肾亏损、气阴两虚，以致相火妄动、血瘀热毒互结。该病起病隐匿，病程长，临床表现不一，但基本病理变化均为血瘀，又可分为因虚致瘀和因实致瘀（阳气不足，气阴两虚而致瘀；相火妄动灼伤阴液，血液黏滞而致瘀；肝郁气滞，热毒互结而致瘀）。

## （二）辨证论治

约 50% 患者早期无任何症状，其余患者有一部分表现为血栓栓塞、反复持久自发性出血等。治疗宜在活血化瘀的基础上，活用调气解郁、补气养阴。

### 1. 气虚血瘀型

主症为头昏，乏力，耳鸣，可伴形寒、怕风、畏寒腰冷、月经量渐少、色暗黑、大便可溏可常、舌质暗红、苔薄黄腻或白而干、脉细或沉。治宜温阳益气活血，药用补阳还五汤加减，药用黄芪、赤芍、川芎、当归、桃仁、红花、地龙、丹参、牛膝。另可酌情加入补肾养阴之品，临床效验。

### 2. 阴虚血瘀型

患者形体消瘦，皮肤粗糙无泽，平时略喜热饮，五心烦热，疲乏无力，舌质红，少苔，甚者舌体裂纹而无苔，脉弦涩或数。治宜养阴、行气活血之法。药用党参、北沙参、黄芪、当归、赤芍、川芎、丹皮、知母。稍佐调气散结之品，使症状缓解，血小板稳定于正常值上限。

**3. 气阴两虚血瘀型**

此型兼有以上两证型之临床特点，治以益气养阴、活血化瘀。药用党参、黄芪、丹参、当归、川芎、白芍、玉竹、三棱、文术（莪术）、香附等。

**4. 肝郁气滞血瘀型**

自觉胁痛、气短、烦热盗汗、失眠；可见面赤、舌红、苔黄厚、脉弦数。治宜疏肝理气，清热凉血，兼施活血化瘀，药用郁金、夏枯草、佛手、莱菔子、莪术、土鳖虫、穿山甲、女贞子、当归、地龙、八月札、炒水红花子等，临床效验，血小板数值稳定于正常值上限内。

（三）病例介绍

临床以上证型并非孤立存在，常两证兼而有之，依据中医辨证论治，随证加减，方能收到较好临床疗效。

王某，女，32岁。2003年因孕4月体检时，发现血小板计数 $900 \times 10^9$/L，当时未予特殊治疗（具体不详），后因胸痛复查血小板 $1100 \times 10^9$/L，上海某三甲医院诊断为 ET，行血小板分离术，予阿司匹林 100mg/qd，经羟基脲巩固治疗。因患者对羟基脲心存顾忌，未能规律服药，血小板一直在 $800 \times 10^9$/L 以上，遂于2007年初求诊于罗秀素教授。

症见形体消瘦，皮肤粗糙无泽，平时易焦躁，常自觉疲乏、胁痛，夜寐欠佳伴五心烦热，纳便尚可，舌质红而满布裂纹（部分形成较深裂沟），少苔，脉弦细。肝脾增大肋下两指，质均稍韧，此属肝郁阴虚血瘀证，予益气养阴，兼以疏肝理气，活血化瘀治疗。

药用太子参15g，麦冬12g，南五味子6g，制玉竹12g，北沙参12g，丹参30g，红花6g，莪术15g，山棱15g，香附12g，绿梅花12g，当归12g，赤白芍12g，乌元参12g，水蛭6g，津柴胡9g，川芎9g，炙甘草6g。水煎，每日1剂分2次服。

服用7剂后，舌红减轻，舌裂沟明显变浅，自觉身体较前感觉舒适，夜寐好转，血小板降至 $650 \times 10^9$/L。原方加天花粉15g守方14剂，羟基脲减量。

再诊时患者面色有泽，神情爽悦，之前诸症皆有减轻，血小板 $490 \times 10^9$/L。上方去元参，减柴胡，加怀牛膝12g，紫花地丁30g，灵芝30g继服半月，复查血小板 $350 \times 10^9$/L，患者舌色渐复，裂沟消失，裂纹减少。

随后照前方加减服中药，至今未应用羟基脲，血小板始终波动在 $235 \sim 360 \times 10^9$/L。

（四）讨论

ET 属骨髓增生性疾病，临床表现不一，对于上例肝郁阴虚血瘀型，罗师应用养阴益气之法调整患者阴虚体质，同时注重调畅气机，正如清末名医唐容川《血证论》认为瘀血之证，多与肝气失调有关，加用疏肝理气之品，调理气机、助活血化瘀之力，得到了良好疗效。

ET 虽属中医之虚劳，病位在骨髓、阴血，却呈现增殖这一机能亢进现象，有人认为甘温升阳补气之类与本病的机能亢进、骨髓增殖病理有悖，不可取。但罗老认为，该病多经西医处理羟基脲或干扰素治疗干预后，患者的病情或者说体质发生变化，由实证变为虚实夹杂证多见；再者，老年人本已正气衰减，又容易合并脑梗死、心肌梗死等疾病，此时是可以酌情选择甘温升阳补气之类，如补阳还五汤等，临床疗效就是很好的证明。另从实验角度甘温升阳补气之品在骨髓造血微环境中也起到了双向调节的作用，使血小板维持正常。但若非上述情况，即使伴有乏力、气短等气虚之症，宜选择清补之品，如绞股蓝代替人参、黄芪较为妥当。

总之，辨证论治是中医药治疗疾病的精髓和根本，结合辨病论治，使得血小板增多症患者在临床上受到最佳的治疗，这也是中医药治疗的主旨。

## 七、罗老科研成果及论文著作

（一）代表性著作

（1）《实用中医内科手册》合著，浙江科学技术出版社，1996 年 11 月；

（2）《中西医结合临床内科学》编委，浙江科学技术出版社，2006 年 08 月；

（3）《临证医案集萃》合著，浙江科学技术出版社，2011 年 07 月；

（二）代表性论文

（1）中西医结合治疗急性非淋巴细胞性白血病，中医杂志，1991 年第 5 期：34-35；

（2）急性髓细胞性白血病辨证治疗及其与白血病祖细胞培养和药敏试验关系（论著），中国中西医结合杂志，1991 年增刊：27-29；

（3）再生障碍性贫血辨证分型与体外骨髓造血祖细胞类型间的关系（论

著），中国中西医结合杂志，1992 年第 3 期：139-141；

（4）69 例再生障碍性贫血实验分型和中西医结合治疗的研究（论著），中国中西医结合杂志，1994 年第 1 期：14-17；

（5）慢性再生障碍性贫血 45 例临床观察，中国医药学报，1996 年第 2 期：28-30；

（6）非何杰金淋巴瘤 41 例临床观察，中国中西医结合杂志，1997 年第 6 期：368；

（7）升血汤治疗原发性血小板减少性紫癜 176 例，河北中医，1997 年第 3 期：16；

（8）中西医结合治疗恶性淋巴瘤 34 例临床观察，江西中医药，1998 年第 3 期：172-173；

（9）赛斯平和二黄桑椹子汤治疗重型再生障碍性贫血 32 例（论著），中国中西医结合杂志，1999 年第 11 期：668-669；

（10）急性白血病辨治体会，中国中医急症，2003 年第 3 期：280-281；

（11）MicroRNA-146a rs2910164 polymorphism and the risk of diffuse large B cell lymphoma in the Chinese Han population. Medical Oncology. 2014. 31（12）：306-308（IF2.93）

（三）课题与专利

（1）造血干细胞培养对再生障碍性贫血病因和治疗机理的研究。
（2）再生障碍性贫血实验分型和中西医结合治疗的研究。
（3）69 例再生障碍性贫血实验分型和中西医结合治疗的研究。
（4）继发性急性粒细胞白血病的染色体研究和临床应用。
（5）国产环孢菌素 A（赛斯平）和二黄桑椹子汤治疗重型再生障碍性贫血的实验和临床研究。
（6）生血散治疗原发性血小板减少性紫癜的实验研究。
（7）HLA 半相合亲缘性骨髓移植联合中医中药治疗白血病。
（8）制备细胞增殖分化和凋亡相关基因芯片研究中药有效成分。

（四）课题获奖情况

（1）造血干细胞培养对再生障碍性贫血病因和治疗机理的研究，1990 年获浙江省科学技术进步四等奖。

（2）再生障碍性贫血实验分型和中西医结合治疗的研究，1992 年获浙江省教育委员会三等奖。

（3）69 例再生障碍性贫血实验分型和中西医结合治疗的研究，1994 年获浙江省卫生厅科技进步一等奖。

（4）继发性急性粒细胞白血病的染色体研究和临床应用，1997 年获浙江省卫生厅科技进步优秀奖。

（5）国产环孢菌素 A（赛斯平）和二黄桑椹子汤治疗重型再生障碍性贫血的实验和临床研究，1998 年获浙江省卫生厅科技进步一等奖。

（6）生血散治疗原发性血小板减少性紫癜的实验研究，2001 年获浙江省卫生厅科技进步二等奖。

（7）HLA 半相合亲缘性骨髓移植联合中医中药治疗白血病，2006 年获浙江省卫生厅科学进步一等奖。

（8）HLA 半相合亲缘性骨髓移植联合中医中药治疗白血病，2006 年获浙江省科学技术二等奖。

（9）制备细胞增殖分化和凋亡相关基因芯片研究中药有效成分，2006 年获浙江省卫生厅科技进步一等奖。

（五）优秀论文获奖情况

（1）急性髓细胞白血病辨证治疗及其与白血病祖细胞培养和药敏试验关系，1994 年获浙江省科协、省人事厅二等奖。

（2）再生障碍性贫血辨证分型与体外骨髓造血祖细胞类型间的关系，1994 年获浙江省科协、省人事厅二等奖。

（3）人衍化造血生长因子治疗再生障碍性贫血的初步报告，1995 年获中国综合医学编辑委员会一等奖。

（4）慢性再生障碍性贫血 45 例临床观察，1997 年获省科协、省人事厅二等奖。

（5）生血汤治疗原发性血小板减少性紫癜 176 例，1997 年获河北省中西医结合学会一等奖。

（6）继发性急性粒细胞白血病的染色体研究和临床应用，2001 年获省科协、省人事厅三等奖。

（7）人参总皂甙胶囊治疗中性粒细胞减少症的临床观察，2001 年获省科协、省人事厅三等奖。

## （六）特色制剂及药物

### 1. 口腔溃疡含漱液

由丹皮、无花果、生地等组成。以清热凉血止血为法，用于治疗化疗后口腔溃疡及复发性口腔溃疡。

### 2. 二黄桑椹子汤

组成为制黄精、黄芪、熟地、萸肉、桑椹子、枸杞子、女贞子、当归、制首乌、巴戟天等。起到滋阴益肾、补气健脾之效，用于治疗再生障碍性贫血。

### 3. 制剂

（1）升血散：用于治疗血小板减少性紫癜；

（2）栓通散：用于治疗血小板增多症；

（3）口腔溃疡含漱液：用于治疗化疗后口腔溃疡及复发性口腔溃疡。

浙江中医临床名家·**罗秀素**

第六章

# 桃李天下

## 第一节 庄海峰

### 一、杏林之路

庄海峰（1978～），男，浙江富阳人，浙江省中医院血液内科副主任医师。1997～2002年就读于天津中医药大学临床本科阶段；2002～2005年就读于天津中医药大学临床血液学硕士阶段（天津中医药大学和中国协和医科大学血液病研究所联合培养），毕业后来浙江省中医院血液内科工作；2016年至今浙江中医药大学血液病博士研究生在读。

### 二、医学传承

我家里祖辈没有学医的，我是第一个。我初中阶段就被浙江省富阳中学选拔入少年科学班学习，经过1997年高考，我来到天津中医药大学临床医疗系学习，在这里我慢慢进入了医学的殿堂，也逐渐培养了对医学的兴趣。学医是很累的，学中医尤其压力大，要掌握中西医的基础知识；看着师兄师姐们一个个努力的读书学习，本科毕业阶段70%以上都要考研究生，我也一样。在本科实习阶段，我认识了我的研究生导师全国名中医杨文华教授，我们很有缘分，第一次见面，杨教授就说"读我的研究生吧，你是大弟子，我会好好培养。"就这样，我努力准备着，也以优异成绩考上了研究生，杨教授西医出身后学中医，对我要求很严格，每次写论文和科研标书，她都仔细修改，认真研读，也培养了我基本的科研素养；同时她要求我西医知识要牢牢掌握，所以送我去协和医科大学血液病研究所培养，那是中国血液病研究的最高学府，在那里我认识了中国老一辈血液病专家储榆林教授，得到了他的指点，对血液病西医学有了全面的认识和提高；研究生第三年回到天津中医药大学杨教授身边，杨教授的白血病中医单元疗法，再生障碍性贫血对药的应用，淋巴瘤单药的研发等等，给我留下极深的印象。硕士阶段我的课题是血小板减少性紫癜中医证型和西医指标的相关性研究，该课题还被评为优秀硕士论文。

2005年研究生毕业后，我回到故乡杭州，参加浙江省中医院血液内科的面试，通过重重选拔后，我被录取，并在学科工作，认识了罗秀素名中医。罗教授对人谦虚诚实，做事仔细谨慎，治学勤奋务实，得到周围同事的尊敬和好评。我也仰慕罗教授的为人和学识，经常私下请教和沟通血液病的中西医知识，她都一一细心解答；碰到具体的血液病疑难杂症，我们一起探讨克服，就这样我们慢慢建立了师生关系；2017年罗教授被选拔为第六批全国老中医药专家学术经验继承工作指导老师，我顺理成章成为了学术继承人；同时成立了浙江省罗秀素名中医工作室，我成为工作室负责人；这样就更便于我们一起探讨总结罗教授的学术思想，把浙江省中医血液病的治疗经验继承发扬。

## 三、学术成就

本人社会兼职：中华中医药学会血液病分会委员、中国中西医结合学会血液病分会委员、浙江省抗癌协会淋巴瘤委员会委员、浙江省中西医结合学会血液病专业委员会秘书、浙江省中医药学会血液病专业委员会青年委员、国家血液病临床基地白血病研究组秘书、第六批全国名中医学术继承人、浙江省罗秀素名医工作室负责人。

主攻专病特色：本人近五年来主攻白血病的靶向分子筛选，有效中药单体的起效机制，免疫分子网络的研究等；申报了一系列白血病相关课题，其中厅局级课题3项，省部级课题2项和国家自然科学基金项目1项；近5年内第一作者发表论文16篇，其中SCI论文5篇；一级期刊6篇，二级期刊5篇；《治疗难治性血细胞减少症中药新药派能达胶囊基础、临床研究及开发》项目获得中国中西医结合学会科学进步二等奖。

2018 年 4 月 26 日成立浙江省中医院血液科白血病研究团队，主攻白血病的临床和机制研究。

## 第二节  杨伟涛

### 一、个人简介

杨伟涛（1980 ～），男，河南许昌人，副主任中医师，2000 年于河南中医学院中医系本科毕业，2005 年于浙江中医药大学中医血液专业研究生毕业，2005 ～ 2011 年于杭州万事利集团医院从事内科临床工作，2011 年于河南省许昌市中心医院血液免疫内科工作至今。目前担任河南省老年血液学分会委员，河南省风湿免疫专业委员会委员，许昌市风湿免疫专业委员会主任委员。

### 二、杏林之路

由于自小体弱，接触医学亦是从"输液"开始，由于农村医疗条件差，从事中医者甚少，所以直至大学才真正接触中医，但医学道路对于我来说却是一条坎坷之路。高中成绩一向名列前茅，梦想成为一名教师，却不曾想阴差阳错的以 717 分的高考成绩与河南中医学院结缘，初入大学校门看到张仲景的雕像心中一片茫然，还有心酸、无奈以及夹杂的泪水。就这样以学校第一名的成绩和五味杂陈的心情开始了我的学医之路。总是有同学时不时地问我，学习成绩这么好，干嘛学中医呢？这个问题萦绕在耳边很久，也困惑了很久，但这也许就是命运，或者说缘分吧。

大学初始一直在浑浑噩噩中度过，所谓阴阳、五行、经络、方剂、辨证等如同雾里看花，只是死记硬背，一知半解。期间曾经跟随河南中医学院三附院张秀花教授坐诊，虽不能真正理解如何辨证，却对中医的临床疗效颇为欣慰，还曾记得一位腰痛患者搀扶入室，经张教授耳穴按压片刻，让其爬楼，回来说腰痛明显减轻，自此让我感到中医的神奇与深奥。大学的校门不能再重新选择，但医学的道路仍有许多未知，梦想与价值在医学之路上一样可以体现。也是从这个阶段我的学习观念开始转变，认识到"悬壶济世"的真正含义，慢慢地开始主动学习一些医学经典与医案，这对我后来步入临床打下一定的中医基础。

大学毕业后考入浙江中医药大学，攻读中医血液专业硕士研究生，钱塘江畔、六和塔边，美丽的江景及优越的学习环境带给我无尽的遐想与期待。中医之路重新开启，也是在这个阶段有幸跟师浙江省名中医罗秀素主任医师，实习阶段的门诊抄方让我真正领悟到中医的博大精深。罗老灵活的辨证思路、精准的遣方用药、大胆的改革创新、务实的工作作风，让我领略到中医名家的风采及个人魅力。中医讲究入门与领悟，从隔着一扇窗到开启一扇门，这段距离很近却又很远，若在这条路上能遇引路之人，必将事半功倍，确切地说罗老就是我中医从医之路上真正意义的领路人。正是跟师的这段经历为我日后的工作打下了坚实的理论与实践基础。

毕业工作至今始终遵循罗老的教诲，中西结合，西为中用的理念，无论是从事内科还是血液病专科均运用中医优势发挥中医特色，在继承罗老学术思想的同时不断总结积累经验。相继在《中医学报》杂志上发表了《名中医罗秀素学术思想浅悟》《口腔溃疡含漱液治疗急性白血病合并口腔溃疡的临床研究》等关于罗老相关经验总结的文章。如今步入临床工作已十载，中医临证用药经验谈不上丰富，但无论是辨证思路、遣方用药，还是为人处世方面处处可以看到罗老的影子，这也许就是中医传承的巨大魅力吧。

回顾 18 年的学医与从医之路，由抵触、迷茫到慢慢的接触、学习，直至慢慢的领悟，此间的心路历程逐渐在潜移默化中发生着转变，当然更离不开老师们的指导，特别是罗老给予我的指导不仅是学术方面的，更有对中医那份热爱与执著。能有幸参与罗老学术经验继承的整理，甚感荣幸，借此感谢罗老在中医道路上给予我的帮助与指导。

## 三、学术继承

目前我一直从事血液及风湿免疫方面的临床工作，通过工作中点点滴滴的的经验积累，结合当初跟师罗老的学术经验，谈谈自己在中医诊疗血液病及风湿免疫病方面的一些浅悟。

### （一）中西结合，优势互补

跟师罗老期间总是被罗老告诫，以后踏入临床一定要了解西医方面的知识，不但中医要精，现代医学专业知识也要熟悉，特别是医疗技术发展日新月异，医患关系紧张的年代，了解西医知识也是对自己的一种保护。临床一直在以西医为主的综合型医院工作，每年均积极参加全国及省内举办的血液病学术会议，包括每年的 ASH 进展传达会、全国血液学术年会、省内血液学术年会及各种病例讨论会等，对现代医学诊治血液病有比较深刻的了解，利用现代医学先进的检验技术条件来诊断疾病，包括形态学、分子生物学、细胞遗传学、二代测序等，使得诊断血液病的水平大幅提高。但在治疗方面根据疾病的轻重缓急区分对待，对于急性恶性血液系统疾病，比如急性白血病、多发性骨髓瘤、高侵袭性淋巴瘤等，以化疗为先，化疗间歇期辅以中药调理脾胃、补益气血；而对慢性血液病，则以中医治疗为主，西医为辅，比如慢性再生障碍性贫血、免疫性血小板减少症、慢性淋巴细胞白血病等，或补益气血，或调补脾肾，或活血化瘀，应缓图之。在临床工作中充分利用西医的诊断技术，结合中医治疗慢性病的优势，使众多血液病患者得到合理的治疗，减少住院次数及输血频率。目前无论中医或是西医均讲究个体化的治疗，中医辨证论治本身就是个体化治疗最好的体现，中医整体观不单指辨证的整体观，在治疗上综合运用中西医的优势也是一种整体观。

（二）脏腑辨证，重调脾肾

临床中受罗老之影响，善于运用脏腑辨证，罗老在治疗血液病时重视调理肝脾肾，特别是慢性血液病诸如再生障碍性贫血、过敏性紫癜、免疫性血小板减少症等疾病，重在疏肝健脾补肾，结合气血阴阳辨证，达到治本之目的。我在临床中亦善用八纲辨证的方法，诸如在再生障碍性贫血的治疗方面，中医有其独特的优势，西医治疗以免疫抑制剂、雄激素为主，但副作用较多，结合中医中药治疗，疗效显著，且能减少药物不良反应。再生障碍性贫血以治肾为根本，但此类患者久病脾虚，往往舌苔厚腻，脾为气血生化之源，临床中须在健脾基础上补益肾阴肾阳，一味应用阿胶、鹿角胶等滋腻之品补益气血反倒滋腻伤胃，往往达不到治疗效果。再如对过敏性紫癜的治疗，此类疾病以青少年发病居多，迁延反复，治疗往往以清热凉血解毒为治则，临床中发现患者急性期应用清热凉血之法方能奏效，但后期仍反复发作，且部分合并尿蛋白，因此后期治疗改以健脾补肾为主，从根本上提高患者体质，达到治愈疾病的目的。

另外对于难治性免疫性血小板减少症患者，亦有些体会，此类患者西医长期应用糖皮质激素，或输注血小板，或应用 TPO、艾曲波帕，甚则切脾治疗等，花费巨大，部分患者因长期服用激素造成股骨头坏死，对于此类患者我亦从肾论治，结合患者四诊，灵活化裁，或补益肾阳、或滋阴补肾、或清热祛瘀，让诸多患者脱离输血及激素。曾有一例 30 岁女性患者，诊断免疫性血小板减少症 1 年余，反复住院 4 次，泼尼松减至 20mg 血小板最低降至 $1 \times 10^9$/L，伴明显的皮肤黏膜出血，每次均用大剂量激素冲击同时输血小板治疗，但出院后激素稍减血小板即迅速下降，找我寻求中医治疗，根据患者四诊辨证，以肾虚为本，虚热为标，方以地黄汤类化裁结合大黄清热祛瘀之品，我处随诊 3 月余，激素已停用 2 月，血小板维持在 $30 \sim 40 \times 10^9$/L 左右，平时未见皮肤黏膜等出血。患者因此未再住院，万分感激。

当然临证之中脏腑辨证绝不仅限于脾肾二脏，仍需结合患者个体情况灵活辨证，但重视脾肾确是从罗老临证经验中所学。

（三）祛湿祛瘀，以平为要

跟师期间对罗老治疗恶性血液病颇有体会，特别是治疗淋巴瘤等方面有其独到的见解。罗老治血善于治瘀，所谓"瘀必致病，见瘀必化"，这种治瘀理念深刻影响着我。临床中对于慢性淋巴细胞白血病、淋巴瘤、真性红细胞增多症、原发性血小板增多症、骨髓纤维化等疾病，均认为是因"瘀"致病，临证过程中治瘀贯穿治疗的始终。有因实致瘀者，有因虚致瘀者，有寒凝致瘀者，有先虚后瘀者，有先瘀后虚者，不可同论，当灵活变通，辨证施法。一例 65 岁女性患者，患慢性淋巴细胞白血病至今已 3 年余，患者初因腹腔巨大包块确诊并手术，术后曾给予 CHOP、R-CHOP 方案化疗 8 次，半年后疾病复发，全身浅表淋巴再次肿大，患者拒绝再次化疗，寻求中医治疗，初诊患者面黄、气短、平素乏力，纳差，舌苔白腻，舌质黯红，脉沉缓，全身浅表淋巴结可触及，辨证属脾虚湿盛兼夹瘀，方以平胃散合四君子汤加减兼用三棱、三七、鸡血藤等化瘀之品，随诊至今亦有 2 年余，自述如常人，触不到浅表淋巴结。至今对罗老灵活多变的化瘀之法仍记忆犹新，虽达不到罗老治瘀之成就，但能从中学之一二并运用于临床，亦甚感欣喜。

临证之中见"湿"之体质者众，特别对于恶性血液病化疗后患者，化疗药物伤及脾胃，化疗期间恶心、呕吐，化疗后食欲不振，此类患者往往口气较重，乏力懒困，舌苔厚腻，属脾虚湿盛者多，均以健脾祛湿为法，或清利湿热，或温阳化湿，常用平胃散、五苓散、猪苓汤等方，利用化疗间歇期运用中医中药固护正气，为下次化疗赢得时机，不失为中西结合优势互补的典范。

中医治病讲究一个"平"字，我认为整体观的核心就是"平"，无论是阴阳五行还是气血津液均需达到平衡，任何一方失去平衡终将致病。通过现代医学的检验技术更加验证了中医平衡的理念，免疫学中有正调节因子与负调节因子之分，其实这与中医阴阳平衡不谋而合，西医学中通过寻找致病通路基因研发靶向治疗药物，确实也取得了不错的成绩，诸如酪氨酸激酶抑制剂、BTK抑制剂等，但仍有部分患者对靶向药物无效，这就充分说明靶向治疗只是部分调节，并没有达到真正的平衡。中医治疗疾病无论是补益气血还是祛湿化瘀，亦寻求一个"平"字，但如何通过医师的辨证用药达到平衡却是很大的学问，是需要通过不断的学习与摸索，进一步挖掘中医这个伟大宝库。

（四）勇于探索，敢于创新

虽然从研究生毕业至今一直主要从事血液病专业的临床工作，也通过不断的学习与总结，积累了一定的经验，但因我科担负着风湿免疫专业的发展，考虑中医在治疗风湿免疫疾病方面有着独特的优势，肩负起了风湿免疫专业发展的重任，组织成立了许昌市风湿免疫专业委员会并担任主任委员，同时在治疗风湿免疫疾病方面，运用中医中药治疗类风湿性关节炎、痛风性关节炎、强直性脊柱炎及系统性红斑狼疮方面逐渐积累经验，并推出中药熏洗方，针灸治疗类风湿性关节炎、强直性脊柱炎、带状疱疹等，均取得了不错的疗效，得到广大患者的认可。

学术之路永无止境，中医的继承与发扬仍需后学不断地探索，但前辈们的经验更是一个生动的中医宝库，在此特别感谢第六批全国名老中医学术继承人罗秀素恩师的指引，虽不能将罗老学术经验悉数领悟，但能将部分经验真正运用于临床，亦不枉当年罗老的良苦用心及孜孜教诲。

# 第三节　王　斌

## 一、杏林之路

王斌（1984～），男，浙江省新昌县人，浙江中医药大学附属第三医院主治中医师。2010年7月毕业于黑龙江中医药大学中医学（中西医结合方向）7年制专业，硕士研究生学历。

## 二、医学传承

祖父在 20 世纪 60 年代开始自学中医，在村里做了一名草头中医，善用当地中草药治各种毒蛇咬伤。从小随祖父上山采中药，老家常见的中草药有一定的认识。幼承庭训，常在祖父给村民医治各类毒蛇咬伤的过程中耳濡目染，被中医药的神奇疗效所吸引。但在小学六年级时祖父不幸患病逝世，让我中医的启蒙中断了。为了家人的健康也为了祖父的心愿，2003 年毅然报考了黑龙江中医药大学中西医结合本硕连读专业。在大学期间，刻苦学习中西医知识，当时最喜欢去的地方就是图书馆，很享受阅读中医各类书籍的乐趣。期间深受教"中医诊断学"的林晓峰老师和教"金匮要略"的桑希生老师影响，当时他们主张学生时代多背诵《伤寒论》《金匮要略》，是他们让我知道了中医经典的重要性，为以后运用经方打下了基础。2008 年选择黑龙江中医药大学附属第二医院心脑血管科王兴主任医师为硕士研究生导师，王兴导师博学多才，善治各种心脑血管和风湿免疫等疾病，擅长小针刀治疗各种颈腰腿等疾病。在王兴导师的指导下，对各种疾病综合疗法的选择与搭配有了较深的认识。2014 年 10 月 6 日开始每周一次跟罗秀素老师侍诊抄方，通过这几年的侍诊抄方学习，对罗老中医治疗血液病的学术思想有了较深的认识。工作以后也接触了胡希恕、黄煌的经方医学以及汉方医学，不断地拓展自身的中医学识。

## 三、学术研究

社会兼职浙江省中医药学会医史文献分会委员，目前主要从事中医药治疗急危重症、血液病及经方临床研究，参与省部级、厅局级等科研课题 5 项，主持在研浙江省医药卫生科研项目一项（可视化微循环液体复苏在感染性休克中的应用），发表学术论文多篇。临床上主要以"经方"治疗各种常见病及疑难病。擅长运用经方诊治各科疾病：小儿成人呼吸道感染（如慢性咽炎、鼻炎、咳嗽、哮喘），急慢性胃肠疾病，情绪疾病（如失眠），月经不调，不孕不育，皮炎，冠心病以及血液疾病（如恶性淋巴瘤、多发性骨髓瘤、血小板疾病）中医调治等。对男科前列腺疾病也有一定研究，对女性美容养颜的中药调理以及小儿体质调理有一定心得。

（一）对恶性淋巴瘤的中医治疗认识

近年来，中医药参与淋巴瘤综合治疗中，在对化疗药物增敏，减少放化疗后副作用及并发症，防治复发，提高患者生活质量等方面取得较好的临床疗效。罗师在近几十年特别在恶性淋巴瘤的中医诊治上独具特色。

**1. 病因病机**

在历代中医文献中虽无恶性淋巴瘤的病名记载，但以淋巴结肿大的叙述与证治并非少见。根据本病特点及结合历代医家有关论述，特别是"无痰不作核"理论，罗师认为其属中医"痰核"范畴。恶性淋巴瘤致病主要原因为"痰"，即"无痰不作核"。罗师认为"痰"的形成无不出"非水泛为痰，则水沸为痰"，痰的致病因素主要有外邪侵犯、饮食不节、情志不和、正气不足等，导致痰浊内生，痰凝成核而致本病。

罗师认为恶性淋巴瘤病位在脾、肾，但常累及肝，是全身疾病的单发或多发局部表现。其病理因素主要为"痰"，可兼"瘀""毒"，本病因虚而致病、因病则正更虚，常呈本虚标实、虚实夹杂之势。感受外邪是其发病的外在因素，但正气不足则是发病的内在因素，"痰"的产生发展贯穿疾病始终，影响疾病的转归。

**2. 辨证论治**

目前中医血液界对恶性淋巴瘤的常见临床证型没有达成广泛的专家共识，陈科等分为痰瘀互结证、气滞痰凝证、寒痰凝滞证、痰毒虚损证、阴虚火旺证；曹红春等分为寒痰凝滞证、气滞痰瘀证、痰火郁结证、瘀血积结证、血热风燥证、肝肾阴虚证、气血双亏证；罗师从"痰"着眼，参考文献及结合多年来的临床实践体会提出临证辨证分型应简单实用为主，证型不在于多，在于能反映出主要病因病机即可。根据"水沸为痰、水泛为痰"的成"痰"理论把恶性淋巴瘤分为脾肾阳虚型与肝肾阴虚型两型，着重随症加减，两者都可兼有气滞、血瘀，随证给予理气、活血化瘀等治疗。

脾肾阳虚型：全身多处淋巴结肿大，或腹内结块，推之不移，不痛不痒，皮色不变，核硬如石，形寒肢冷，无汗，恶寒喜暖，神倦乏力，面色少华，腰酸软，小便清利，大便溏泄，舌紫暗或淡白，有齿痕，苔白滑，脉细涩。病机分析：邪毒内侵，先后天不足，脾胃气虚，运化无力而生痰浊；肾阳虚衰，寒水上泛为痰；因实而生痰，或因郁而成痰，或寒邪凝滞，形成瘤疾，临床上此型相对较少，预后较差。治法：温补脾肾，化痰软坚，理气活血。方用金匮肾气丸合理中丸加减，药如下：制附子6克，肉桂3克，熟地12克，山茱萸12克，怀山药30克，茯苓12克，泽泻9克，炒丹皮9克，太子参30克，炒白术12克，干姜6克，炙甘草6g，玄参15克，浙贝12克，生牡蛎30克，皂角刺15克，片姜黄9克。临床上淋巴结肿大明显，酌情加炮山甲9克，全蝎4克，蜈蚣2条，山慈菇9克，水红花子15克等；阳虚明显，加制附子9～15克，高良姜6～9克，补骨脂12克，杜仲12克等；气滞血瘀明显，加鸡血藤15克，莪术9克，三棱9克，乳香6克，没药6克，桃仁9克，红花6-9克等。

肝肾阴虚型：颈项、耳下、腋下肿核，质地坚硬，或腹内结块。形体消瘦，午后低热，手足心热，心烦易怒，口咽干燥，两胁疼痛，腰膝酸软，耳鸣，盗汗，夜寐欠安，舌红或绛、苔薄或少苔，脉细数。病机分析：邪毒内侵，郁而化热，或杂病日久，灼伤津液，阴液不足，如水沸蒸蒸而上凝聚成痰，此型临床较常见。治法：滋阴降火，疏肝理气，化痰散结。方用四物汤加黄柏加减，方药如下：熟地黄12g，当归12g，川芎9克，炒白芍12克，麦冬12g，枸杞子12g，炒黄柏9g，僵蚕9g，玄参15g，浙贝母12g，片姜黄9g，桑椹12g，三叶青6g，猫爪草15g，夏枯草15g，生牡蛎（先煎）30g，佛手9g，炒麦芽15g。临床上淋巴结肿大明显，酌情加炮山甲9克，全蝎4克，蜈蚣2条，山慈菇9克，水红花子15克等；气滞血瘀明显，加鸡血藤15克，莪术9克，三棱9克，乳香6克，没药6克，桃仁9克，红花6～9克等。

放化疗期间的随症加减：患者化疗期间多出现恶心呕吐、骨髓抑制、肝肾功能损害等不良反应，在上述辨证分型的基础上随症加减。化疗后若恶心呕吐，可予旋覆代赭汤合平胃散加减；若口舌生疮，予合玉女煎加减，配合罗师的口腔溃疡含漱液；若大便干结不通，予以黄连解毒汤加减；若疲倦乏力、食欲不振、气短懒言，予合十全大补汤加减；若肝功能异常，予合柴胡疏肝散加减；若出现白细胞减少、血小板、血红蛋白减少，予合六味地黄汤或人参养荣汤等方加减。

**3.恶性淋巴瘤将息法**

中医的将息，有"养息和休养"之意，其根据病位、病性、治法、临床表现所采取的除外药物治疗之外的方法来达到增加药物发挥疗效、加速患者康复、有助于养生的目的。"将息"一词源于张仲景的《伤寒论·辨太阳病脉证并治》"覆取微似汗，不须啜粥，余如桂枝法将息及禁忌"，罗师据此提出恶性淋巴瘤的将息法，通过服药以后喝粥、盖被，药后调养休息等辅助方法来增加中医药治疗恶性淋巴瘤的疗效。

（二）经方治疗咳嗽的经验体会

咳嗽是指肺失宣降，肺气上逆作声，咳吐痰液而言，为肺系疾病的主要证候之一。分别言之，有声无痰为咳，有痰无声为嗽，一般多为痰声并见，难以截然分开，故以咳嗽并称。在《伤寒论》《金匮要略》中有"咳""咳唾""咳逆""咳而上气""咳逆上气""咳而脉浮""咳而胸满""咳烦""咳逆倚息不得卧""咳满""咳喘"等论述。

**1. 辨咳嗽之新久**

新起咳嗽：感冒、支气管炎、肺炎引起的咳嗽，根据六经辨证，选用合适方剂，麻黄汤、桂枝汤、小柴胡汤、麻杏石甘汤等。

久咳：感冒、支气管炎、肺炎之后迁延不愈，慢性支气管炎、慢性阻塞性肺疾病、反流性食管炎、慢性咽炎、上气道综合征等疾病，根据六经辨证，结合痞烦燥滞饮五证病机，选用合适方剂，例如麦门冬汤、小青龙汤、半夏厚朴汤等。

**2. 辨咳嗽之痰有无及性质**

干咳，即《金匮要略》里所讲的"上气而咳""咳而上气"。如咽痒而咳，一般选用半夏厚朴汤或麦门冬汤；如咳嗽时，自觉有气上冲，一般会选择苓桂剂，如苓桂术甘汤、苓桂味甘汤等。

痰咳，即咳痰为主的咳嗽。如咳黄痰、咳黏痰，可选择麻杏石甘汤或小陷胸汤以及其合方；如咳白色稀痰，一般可选择小青龙汤，或辨证加用干姜、细辛、五味子。

**3. 辨咳嗽之日夜**

在问诊时需要问咳嗽什么时候厉害，如白天咳嗽明显，一般治疗起来比较容易，多考虑热邪所致或有化热倾向，多选择麻杏石甘汤或射干麻黄汤等方；如夜间咳嗽明显，一般治疗起来比较麻烦，多考虑寒邪所致或里有寒饮，多选择半夏泻心汤、二陈汤加当归、小柴胡合半夏厚朴汤等方药加减。

**4. 辨咳嗽之程度**

咳嗽须辨是否零星、连续性。如咳嗽零星、咳声清脆、咳痰轻松，可选择三拗汤；连续性（十几声以上）、伴面红目赤、眼冒金星，可选择麦门冬汤；顿咳，不咳什么症状都没有，咳起来停不下来，非咳出一点痰末不

浙江中医临床名家·罗秀素

可，可小青龙加石膏汤；咳嗽声低微，可竹叶石膏汤、桂枝类方、附子类方、补中益气汤、升陷汤、参苏饮等方。

**5. 辨咳嗽之兼证**

兼咽喉症，包括咽干、咽痒、咽黏痰、咽梗、咽喉不适、咽喉充血、咽喉滤泡、扁桃体炎。

如咽干，可选择小柴胡汤或麦门冬汤；如咽痒，则可半夏厚朴汤、三拗汤、止嗽散；咽黏痰咽梗咽喉不适，也可以用半夏厚朴汤；咽喉充血明显，可选用除烦汤、银翘类方；扁桃体肿大、红肿、舌红黄腻苔，则可用甘露消毒丹；扁桃体肿大、红肿、非黄腻苔，可用小柴胡加桔膏汤；扁桃体肿大、咽喉不红，则用半夏厚朴汤。

兼胸胁部：如伴胸闷、气短，可选半夏厚朴汤、茯苓杏仁甘草汤、橘枳姜汤等；咳则胸闷、咳黄色痰，则用瓜蒌类方，如小陷胸汤或瓜蒌枳实散；如伴有胸痛、胁痛，则用柴陷汤或合金铃子散；如伴有心悸，则选用苓桂剂，如苓桂术甘汤、炙甘草汤等。

兼有出汗异常、怕冷、恶风等证，如兼有怕冷、怕风，可用桂枝加厚朴杏子汤、小建中汤等方；兼有怕冷、倦怠、昏沉嗜睡，有汗则用真武汤，无汗则用麻黄附子细辛汤；兼对温度敏感、手足怕冷，选用四逆散。

兼尿遗、溲黄、溲痛等症，伴有咳则尿遗，可选苓桂剂如五苓散、苓甘五味姜辛夏杏汤、真武汤等方；伴有溲黄短痛，则用猪苓汤。

咳嗽一证可见各种疾病中，临床上需要仔细辨证，见微知著，随症加减，选择方剂需要方证相应、病机相合，酌情选用，以上所列方剂是本人常用，有时也非一方所能解决的，可两方或三方合用。在侍诊罗师过程中，罗师也给我提供非常多的意见和用药经验，例如罗师对有咳嗽、咽痒不适的病人，常用木蝴蝶、瓜蒌皮和知母、浙贝这 2 对药，得此经验临床印证后效果都不错的。

# 第四节　颜平康

## 一、个人信息

颜平康（1990～），男，浙江永康人，2016 年毕业于浙江中医药大学，硕士研究生，中西医结合血液病专业。目前就职于金华市第二医院老年科。

## 二、杏林之路

我生活在笃信中医的家庭，从小在父母的影响下，我高考选择了中医专业。5年的本科学习，我越来越发现中医的博大精深，坚信中医是我们伟大国家的瑰宝，作为新时代医学事业的接班人，我们一定要把中医保护好、发掘好、发展好、传承好。秉承着这个信念，我习读了许多中医大家的典籍，但是脱离临床实践的学习，总是使我"摸不着头脑"。为了深化对中医的学习，2013年我考入了浙江中医药大学，攻读研究生，中西医结合血液病学方向。我很幸运，遇见了一位好导师，她严谨、认真、踏实、负责任。考虑到我爱好中医，便帮我联系了一位德高望重的中医大家——浙江省名老中医罗秀素主任。我是多么幸运，在中医的海洋中遇见了一艘巨轮，她照亮了一方世界，也为我指明了学习前进的方向。在跟师的学习期间，罗老师细心教导，告诉了许多中医的道理。其中，印象最深的是"理法方药，先知理后成方，不可人云亦云，不可违背中医寒热虚实之大纲"。理，是中医治病的内在规律，我遵循着这一原则，在临床实践中，往往能有意想不到的疗效。

## 三、学术成就

名老中医罗秀素主任是中医大家，在中医药治疗血液病方面尤为突出。在跟师期间，我也亲见许多患者因坚持服用中药方剂而病情好转，使我更加坚信中医药在治病疗效上的优势。跟随罗老师学习期间，也有些感悟，现精简一二如下。

### 1. 骨髓纤维化

骨髓纤维化是以贫血和脾脏肿大为主要临床表现，末梢血中出现幼稚粒细胞、有核红细胞及较多的泪滴形红细胞，并伴不同程度的骨髓纤维化，属于骨髓增殖性疾病的一种。中医归于"虚劳、癥积"范畴。其主要病机为瘀血内停。

罗老师经验总结，根据临床特点，一般将骨髓纤维化分为二型：痰瘀阻滞型，气血亏虚型。痰瘀阻滞型：由于烦劳过度，摄生不当或感受外来邪毒，损伤脾胃，影响脾之运化、胃之受纳，湿自内生，聚湿成痰，阻于经络，以致气机运行不畅；或由邪毒侵及机体，潜伏经络，阻碍气机运行，日久则气滞，气滞则血瘀乃成。用血府逐瘀汤合甘姜苓术汤加减。气血亏虚型：患者多由于先天禀赋不足，或长期劳伤脾肾，导致脾肾亏虚。脾阳得不到肾阳之温煦，脾失健运，继而影响胃之受纳腐熟功能，以致水谷不化，精微不足，气血生化乏源，则气血两虚。气虚不能行血，则血停而成瘀，积于腹中而成癥块；气不摄血，血溢脉外，则皮肤有瘀点瘀斑。方用补髓生血汤（自拟方）加减。

**2. 急性白血病**

急性白血病是造血系统的恶性疾病，一般认为该病的发生与环境污染、电离辐射、化学制剂、装潢后入住、频繁染发、药物、病毒和遗传因素等有关。中医一般将白血病归属于"温病""急劳""热劳""血证""虚劳"等范畴。

罗老师经验总结，将急性白血病分为三型：瘟毒内蕴、痰湿瘀阻及正虚邪恋。瘟毒内蕴型：临床上多表现为患者多壮热（高热），骨痛，出血，舌红或绛，苔黄或灰，脉弦或数。治法：清热解毒，凉血止血。药用犀角（或水牛角）、生地、丹皮、赤芍、黄连、黄芩、黄柏、山栀、连翘等。痰湿瘀阻：临床上可见面色苍白，头昏头晕，身体一处或多处有痰核，腹部或可扪及坚硬肿块、推之不移，骨痛，舌淡或紫，苔白腻或滑腻，脉细滑或涩。治疗应主要针对痰、瘀，并结合化疗，方补阳还五汤合桂枝茯苓丸加减。正虚邪恋：主要症状为面色潮红或苍白，头昏，头晕，动则汗出，气短，心悸，盗汗，手足心灼热，舌红或淡，苔薄或少苔，脉细数或沉细无力。治以调补气阴，解毒抗癌，方用四物汤结合解毒抗癌之类中药加减。

**3. 原发性血小板减少性紫癜**

ITP是指原因不明的以出血或外周血小板减少，骨髓巨核细胞正常或增多但伴有成熟障碍为特征的成熟性、出血性疾病。中医将其归属于"血证"范畴。

罗老师根据长期经验总结，将ITP分为热盛迫血、阴虚火旺、气不摄血、脾肾阳虚4个证型。热盛迫血型：表现为全身皮肤散见或密集出血点、瘀斑、瘀点，瘀斑颜色鲜红，发热口渴，烦躁不安，小便黄涩，大便秘结，常伴有鼻衄、牙龈出血，舌质红，苔薄黄，脉数。治疗宜清热解毒，凉血止血，方用清营汤加减。阴虚火旺型：表现为全身出血症状时有反复，皮下紫癜时重时轻，多呈散在，色紫而暗，多见齿衄，伴低热，五心烦热，口臭或口苦，口干欲饮，头晕乏力，有时面部潮红烘热，或有头痛。舌红苔少，脉弦滑或细滑数。治疗宜滋阴降火，宁络止血，方用茜草散加减。气不统血型：表现为起病缓慢，过劳加重，紫癜时起时消，反复出现，多为散在，也有如针尖样分布较密者，色紫暗淡，伴头晕，心慌，神疲，体倦，气短懒言，面色萎黄，或㿠白，腹胀，便溏，口淡乏味，月经量多，色淡或淋漓不尽。舌质淡，脉细弱。治疗宜补脾摄血，方用归脾汤加减。脾肾阳虚型：表现为瘀斑反复出现，病程长，其色鲜红，隐而不显，胸腹项背皆可出现，或有齿衄、便血，伴面色苍白，神疲懒言，形寒肢冷，下利清谷，腰背酸痛。舌淡胖，苔白，脉沉弱。治宜温补脾肾，方用肾气丸加减。

## 第五节　杨友卫

### 一、杏林之路

杨友卫（1986～），男，安徽六安人，中共党员，安徽省第二人民医院血液内科主治医师。2012 年毕业于浙江中医药大学内科学血液病专业，硕士研究生学历。目前从事血液病临床工作，主要研究骨髓造血衰竭性疾病。

### 二、医学传承

出于对医学的热爱，高考报考专业的时候，我毅然选择了中医临床专业，从此与医学结下不解之缘，在追求医学的道路上，从未放弃过对中医经典的诵读及追随名师学习。2009 年考入浙江中医药大学攻读硕士研究生，专业方向为血液病学，从那时起自己一直跟随浙江省名老中医罗秀素老师抄方学习，罗老博学而后成医，厚德而后为医，谨慎而后行医，是我医学的引路人。罗老入选第六批全国老中医药专家学术经验继承工作指导老师，我也与罗老结下师徒关系。目前我主要从事西医的血液病治疗，但在自己的临床实践过程中，很多临床问题西医治疗往往束手无策，常常采用罗老中医临床经验指导临床诊治，每每取得良好疗效。医学精神传承就是济世之志的继承，也许每个人会通过不同的方法去追寻，但是从罗老、再到罗老的学生，每位医者都在用自己的方式践行着《大医精诚》的誓言，这就是医学精神的传承，是无数浸润着医者仁心精神的珠玉串联起来的轨迹。

### 三、学术成就

2012 年毕业后一直从事血液病临床诊疗工作。主要研究骨髓造血衰竭性疾病。发表学术论文 4 篇。在跟随罗老学习过程中，对再生障碍性贫血有比较深刻的感悟，也取得不错的临床疗效。

再生障碍性贫血由多种病因和发病机制引起的一种骨髓造血功能衰竭性疾病，主要表现为骨髓有核细胞增生低下、全血细胞减少以及由其导致的贫血、出血和感染。目前一线的治疗方法主要为以抗人胸腺、淋巴细胞球蛋白（ATG）和环孢素 A 为基础的强化免疫抑制治疗（IST）和造血干细胞移植。中医认为再生障碍性贫血（以下简称"再障"）的病因与先天禀赋不足、后天调养失度、外感六淫邪毒、内伤饮食七情、久病耗精伤血、积虚成损等因素伤及气血脏腑，尤其与肾密切相关。《灵枢·根结》曰："重不足则阴阳俱竭，血气皆尽，五脏空虚，筋骨髓枯，老者绝灭，壮者不复矣"。这里提出了髓枯之名，与再障表现极为相似。《灵枢·决气》又曰："血脱者色白，夭然不泽，其脉空虚，此其候也"。这里提到的证候，也与再障深度吻合。现代中医多把再障归属为血枯、髓劳、虚劳等范畴一并论治。

**1. 补肾填精以治根**

再障的临床症状虽以气血亏虚为主，呈现一派脾胃气虚之象，但其根本病机却以肾虚髓枯为本。再障病位在骨髓，属肾所主，肾精不足，髓枯骨空，气血无以化生，进而出现气血两亏、五脏皆空的临床表现。肾虚则精气不足，无以生髓化血，骨髓造血功能紊乱或低下。肾为先天之根本，补肾生精益髓是关键。肾主骨、生髓，又能藏精，而骨髓是造血之源头，精血同源，因此肾之功能正常与否直接影响到骨髓之造血功能。早期单纯以补益气血为总则的思路治疗再障，疗效不佳。因为再障的本质是肾精亏虚，肾阳不能温煦脾土，化气功能不足，脾胃气虚之根源也正基于此，气血亏虚只是一种表象。强调肾精亏虚为再障发病之核心，并不是否定脾胃在再障辨治中的重要性。一则补益肾精的药物必先通过脾胃腐熟升清这一关，化气生精。二则脾胃为后天之本，气血生化之源。脾升胃降，功能正常，则五脏六腑方能得以濡养。健运脾胃之目的就是为了肾精之化生，以后天补充先天之不足。《张氏医通》曰："人之虚，非气即血，五脏六腑莫能外焉。而血之源头在乎肾，气之源头在乎脾"。也就是说，人体之气血来源于脾胃水谷精微和肾中精气，脾虚生化无权，则精髓不充；肾虚精气亏损，则血源不充。肾阳为脾阳之根，肾精亏虚是导致阴阳失调、生血障碍之根本原因。脾肾两亏，复感病邪（包括毒邪、放射性物质、药物等），继而影响心、肝，气血、精髓进一步亏虚，血行无力，日久则瘀血内生。血虚贯穿本病之始终，因此，从既往补气血、益心脾过渡到注重补肾健脾，使得再障疗效有了显著提高。

黄元御《四圣心源》曰："血源于肾，统于脾，藏于肝，注于心。气源于胃，藏于肺，纳于肾。肾主骨，骨生髓，髓为血之源"。《灵枢·决气》云："上焦开发，宣五谷味，熏肤充身泽毛，若雾露之溉，是谓气……中焦受气取汁，变化而赤，是谓血"。黄元御指出：脾为生血之本，胃为化气之源，水土温暖，中气健运，化源充足，生化畅荣，则气血充旺。肝主血，生于肾水而长于脾土，以温暖升发为性，水土温暖，则肝木升发而血不郁；肺主气，以清肃降敛为性，胃气顺降，则肺金降敛而气不逆。木荣而金肃，则脾行其统摄之权，气血循经而不妄行，气血充盈，依经循行，清升浊降，阴平阳秘，所以不病再障。

因此，再障病机虽然以肾虚为本，脾虚为标，补肾健脾益气首当其冲，但也必须兼顾到肝肺之气机调节作用，升肝敛肺降胃以促进整体气化之机，方能收到更好之疗效。

**2. 温阳化气以求本**

再障以肾之阴阳虚衰为纲，以肾为本、从肾论治之治则已经达成专家共识。由此，再障之辨证分型也自然分为肾阴虚、肾阳虚、阴阳两虚3种证型。后期脾肾阳虚表现较为明显，由于先天虚损需通过后天培补，辨证中还须以益气健脾畅通中焦脾胃之功能。再障之病机虽以肾虚为本、脾虚为标，但以补肾健脾法治疗再障，还是难以达到理想之疗效。辨证中必须明确的是，从元气一元论之功能深入看，再障之肾虚以肾阳虚为主，当代名医周信有就认为，培补脾肾，更应以培补脾肾之阳为先。通过温阳益气，促进气化功能，自能生精化血，此无形生有形也，因为是肾生髓藏精之功能发生了病变。阴为体，阳为用，气化为阴，则自能填补有形之精血。虽然阴阳互根互用，但阳气还应是起到了主导作用。

因此，临床实践中，除了补肾健脾之外，还应动静结合，兼以温阳化气，以推动肾之气化功能。没有通阳化气之作用，就不能把阴精转化为阳气以温煦脾土，脾土就不能化气，以达到生血之功能。叶天士在其《温热论》曾告诫："救阴不在血，而在津与汗；通阳不在温，而在利小便"，对再障之治疗也有很好的指导意义，见之临床，小便通利之再障患者，气化功能尚且正常，往往预后良好。《素问·至真要大论篇》有"劳者温之、损者益之"之说。

明代医家李中梓《医宗必读·水火阴阳论》亦指出："气血俱要，而补气在补血之先；阴阳并需，而养阳在滋阴之上"。由此说明对于气血阴阳虚损不足之治疗，应以温阳益气为先。通过温补脾肾阳气，促进气化功能，则自能生精化血，填补有形之精血，此亦无形生有形也。血生于心火而下藏于肝，气生于肾水而上注于肺，其间运上下者脾也。水火二脏皆系先天，人之初胎，以先天生后天，人之既育，以后天生先天。故水火两脏全赖于脾。治血者，必以治脾为主，治气者，亦必知以脾为先。

### 3. 敛肺降火以治标

再障发病虽以肾虚为本，脾虚为标，但标本中亦有标本，相对于再障标证之发热与出血，气血亏虚又为其本。血生于脾而藏于肝，气源于胃而藏于肺，肝升于左而肺降于右，而升降之权，又在中焦脾胃。治胃必先强心，补脾必先温肾，所谓火生土是也。君相二火虚浮，不能下潜以温癸水，而致肾寒，故症见腰膝酸软无力，腰脊恶风畏寒，稍劳则虚喘自汗，多梦遗精，腰痛耳鸣。胆胃上逆，虚热上浮，故口臭口干，牙龈肿胀。肺虚不敛，虚火刑金，致阳络伤，血溢于外，故鼻衄、肌衄、齿衄。阳浮于外，而不归根，故手足烦热。气虚不能行血，血瘀肌肤，故瘀斑青紫。急性再障，多来势凶猛，虚阳上浮，故脉现浮滑、促动、关寸大、舌苔白薄腻、舌质淡、或有瘀血斑。慢性再障，气虚血少，故脉现细濡、滑动、关寸大，舌苔白腻、舌质淡。脉稍现涩象者，乃气虽虚而尚能摄血之证，为佳象。脉滞涩者，多系恶变之象。

但在再障发热与出血等并发症之具体发病机制上，标本中亦有标本。在与脏腑之关系来说，与肝肺两脏之关系更大，也较为直接。黄元御将血证高度概括为"血以温升为性"，若中焦虚衰，下元寒湿，则气机升降失调，肾阳亦不能温煦肝木，而肝脾升发，为气机升降斡旋之本。由此，肝脾不暖，血证迭起，阳衰土湿，中气颓败，实为血证之根。再障之发热，虽有外感内伤之别，然总由内伤为本，外感亦由内伤所引发。故治疗宜以甘温除热法为本。但还应遵循急则治其标，缓则治其本之原则，以敛肺降火以速祛其标，火降则气自归元。阳交于阴，发热自已。出血之症，重在气与火，再障之出血，虽多为气虚不摄，重在培补脾肾，益气摄血为法，然则急则治其标，往往以敛肺降火为先，肺降则火自归元，气降则火亦降。在气机之升降过程中，肝肺尤其重要，肝升于左，肺降于右。肝主血，肝木升发则血不郁，血虚肝无所主，则肝气下陷。肺主气，以清肃降敛为性。肝气不升，则肺气不降，胃气亦受之影响上逆。木荣而金肃，则脾行其统摄之权，气血循经而不妄行。因此再障出血病机主要是肺不敛降，气火上逆所致。再障之发热、出血并见者，尤当注意，分清标本缓急，灵活运用止血方药。其出血机制多为气虚不摄，血不循经所致。牢牢把握贫血是本，出血为标这一定理。但标本中亦有标本，

浙江中医临床名家·罗秀素

在急则治其标之同时，还须敛肺降火以治本。

### 4.升肝降胃以防变

诸般劳损，而致脾肾虚寒，中气不健，化源不足，气血生化匮乏，脾虚不能统血，血不循径而妄行，症见面色无华，心慌气短，神疲乏力，诸般出血，是病再障。肝藏魂，心藏神，魂为神之初气，脾肾虚寒，中气不健，不能生长肝木，致使木弱魂虚，无以济神，故症见精神不振，虚乏健忘，纳差运迟。肝藏血而华色，化源不足，气虚血少，故症见面色萎黄无华，口唇浅淡。肝主疏泄，脾肾虚寒，肝木郁陷，疏泄不藏，故症见月经量多，经色浅淡。肝脾郁陷，阴络伤，血溢于内，故便血。肺胃不降，气虚不敛，心阳虚浮，故症见心慌心悸，气短失眠，虚弱盗汗，少气懒言。

再障之变症最容易发生病变之脏腑当属肝、肺两脏，尤其是肝脏。再障并发肝功能异常如肝炎之患者，最为凶险。因为肺脏受邪依次传变，可以通过表里关系，由大肠腑而解。而肝与胆相为表里，胆虽为六腑之一，又为中精之府、奇恒之腑，储藏胆汁，在六腑中地位特殊，亦升亦降，不能受肝之邪由此而解。胆随胃降，胃随胆升，胃为生气之源，胆主少阳升发之气。因此《黄帝内经》有"凡十一脏皆取决于胆也"之说。

血之热虽在肝，实为脾肾虚寒、阴阳格拒而成，可能是导致再障变症之主要原因。鼻衄、吐血、便血、尿血、血瘀等症状看似均为实证，多因血热迫血妄行，不循其道。也常会有口渴、舌红、脉数之临床表现，若不详加辨识，很容易便投以清肝泻火、凉血止血之剂。黄元御在《四圣心源·血瘀》中指出："肝脾不升，原因阳衰阴旺，多生下寒，而温气抑郁，火胎沦陷，往往变而为热。然热在于肝，而脾肾两家，则全是湿寒，不可专用清润"。

因此可见，再障之变症，热不在血，而在肝，在于脾肾虚寒，肝气郁陷而化火。黄元御阐述了血证中所表现出的热象，"脾肾阳虚，下焦湿寒，致使温气受抑，木气被遏，郁而化热。且木愈郁则愈欲泄，愈欲泄则愈郁，虽火盛之极，而实以脾肾之阳虚。肾寒脾湿，则中气不运，是以太阴不升。水土湿寒，中气堙郁，君相失根，半生上热。在肝宜升，在胃亦降，肝升则脾亦升，胃降则肺亦降，以恢复其升降之机，肝热自退"。

中医治疗再障，虽然经历了以补脾益气到补肾为本之过渡，但仍不可忽视中焦脾胃之作用。原因在于脾胃不仅仅是后天之本，还是气机升降之枢、气化之源。深度研究脾、肾之关系，进一步推进再障中医治疗之优势乃当务之急。罗师针对再障病机，提出抓住本质、突出培补脾肾、温阳益气、甘温除热、重视内外合治的治疗方法。

# 第六节 俞方泉

## 一、杏林之路

俞方泉（1990～），男，江西上饶人，金华市人民医院血液科住院医师。2018 年毕业于浙江中医药大学中西医结合血液病专业。硕士研究生学历。目前从事中西医结合血液病专业。

## 二、医学传承

祖上三代草医，擅骨外伤科。自幼接触家学，耳濡目染，对医药产生浓厚兴趣。2010 年考入江西中医药大学，就读中西医结合临床专业。2015 年通过浙江中医药大学硕士研究生考试，进一步深入研习中西医临床血液病专业。

2015 年至 2018 年在杭读研期间，有幸侍诊罗师案前，收获颇多，不胜感激。后罗师入选第六批全国老中医药专家学术经验继承工作指导老师，与荣有焉。

## 三、学术成就

毕业后一直从事血液病临床工作。曾参与中医药管理局、国家自然科学基金等课题数项，发表学术论文数篇。目前主要的研究方向为中西医结合诊治血液病。在跟随罗师抄方的这三年中，对于血液病的中医诊治方面有所感悟，特此赘述。

### 1. 白血病

罗师辨治急性白血病主张"祛邪为主，辅以扶正，祛邪扶正并行共用"的学术思想。罗师临证常用抗肿瘤药和白血病中草药联合，以控制急性白血病病情的发展，如白花蛇舌草、半枝莲、冬凌草、山慈菇、猪殃殃、猫爪草、三叶青、藤梨根、南方红豆杉、野葡萄根、水红花子、滴水珠和石见穿等，祛邪的同时兼顾扶正。并擅以"当归＋片姜黄"为处方核心基础药对，以期达到气血共调，补虚祛邪的作用。另外，针对急性白血病有发热伴淋巴结肿大患者，罗师常用玄参、浙贝母、牡蛎、夏枯草为核心药对，酌情加减使用皂角刺、漏芦、穿山甲等化痰散结、软坚消积中药。

### 2. 淋巴瘤

罗师认为，淋巴瘤乃中医之"痰核""瘰疬""癥积"，以实证为主，故处方多予以化痰散结、调气活血中药，兼以补虚、驱邪。具体用药与白血病之发热伴淋巴结肿大者相似，但相对于白血病诊治中的强调驱邪抗肿瘤治疗来说，淋巴瘤的中医治疗着重点在于调畅气血凝滞之处，气机舒调则病难复生。

### 3. 多发性骨髓瘤

罗师认为骨髓瘤其病位在肾、在骨髓。故多予以补肾通经之品。并认为常药多难以透达髓室，惯以"风药"轻清透散，导引诸药及透邪外出，另以"虫药"力猛效专，搜剔经络骨骼，活血通痹。亦常予以理气通经活血散瘀之药相互配伍，兼顾补肾，共奏奇功。

### 4. 再生障碍性贫血

罗师认为再障以虚为主，多治以调补气血，养肾强髓。然正虚之证，亦有细分气虚、血虚、阴虚、阳虚、气血两虚、阴阳俱损等等分型，需细细辨之，对证治疗，效果才好。

### 5. 血小板减少症

，血小板有一基本特点，参与机体的凝血和止血。如果血小板减少，则容易出现出血情况。针对这一特点，罗师论治血小板减少，必予擅止血之中药，如蒲黄，藕节等。但中医之止血不仅仅是使用止血中药，还应该针对患者出血等情况具体分析处置。如阳火素旺患者，不能忘了使用清热泻火，柔肝敛阳之药；而阴虚火旺患者就不应该用泻火药了，这时候需用养阴清虚热药；若是气虚不固患者，却又该使用补气固脱中药了，如黄芪，党参等。临床需灵活应用，方能屡试不爽。

### 6. 骨髓增殖性疾病

所谓骨髓增殖性疾病是指一类骨髓异常造血增生但无其功用的疾病，包括原发性血小板增多症，真性红细胞增多症，骨髓纤维化等。关于骨髓增殖性疾病，罗师认为主要病机为阴虚阳亢，阴分虚损，难以涵养阳气，则亢阳躁动，刺激骨髓，致髓血虚泛，又无甚营养及功效，只是呈现一派血瘀征象。此类疾病应为"表实而里虚"，就像此类疾病的进展方向一样，终虚无实。故而罗师临床论治多以"养阴化瘀，增水行舟"为主，阴分得以补足则阳气

浙江中医临床名家 · 罗秀素

得以濡养安宁，阴阳失调之病机得以逆转解除，则疾病向好。另外，罗师认为骨髓纤维化可从"风"论治，百病从风，纤维化的骨髓，干枯而空乏，做一形象的比喻，好比一块"风干的腊肉"一样，可考虑予以风药清透髓邪，疏风调气，使得骨髓好似春风一拂，大地回暖，生机益然。以此诊治思路临证颇多治验。

以上纯属个人浅见及侍诊罗师时所授后的个人理解，如有不当及有所出入之处，恳请批评指正，谢谢！

## 第七节　薛爱珍

### 一、杏林之路

薛爱珍（1980～），女，湖北天门人，浙江大学校医院内科主治医师。2007年毕业于浙江中医学院中医药防治血液病专业。硕士研究生学历。目前从事中西医结合全科医学。

### 二、医学传承

2004年进入浙江中医学院中医药防治血液病专业学习，临床实习期间能有幸跟随罗老师抄方学习，在有限的8个月时间里，跟随罗老师学习了常见血液系统疾病的中医药治疗，罗师治疗经验丰富，尤其擅治如再生障碍性贫血、恶性淋巴瘤、急慢性白血病、多发性骨髓瘤、血小板减少性紫癜、白细胞减少症、MDS及干细胞移植后康复调理等，学生最为深刻的就是罗师的仁心仁术，苦病人之所苦，急病人之所急，能处处为病人的利益考虑，也很少会去用价格非常昂贵的饮片。罗师奉行"医必求实，勤必有果"的人生格言，这一格言亦时刻勉励着学生，对待医学要严谨、求实，学习要勤奋、努力。

### 三、学术成就

毕来后自己一直在浙江大学校医院从事中西医结合临床工作至今。谨记罗师的仁心仁术，医必求实，勤必有果的谆谆教诲，指导我临床诊疗的全程。目前主持教育厅课题1项（已结题），参与浙江省自然基金2项（前三），发表论文 6 篇。主要的研究方向为中西医结合治疗内科疾病，月经病，皮肤病等。罗师桃李天下，学生无数，因此介绍罗师治疗血液系统疾病经验的文章有很多，诸如慢性粒细胞白血病，急性白血病，血小板增多症，血小板减少性紫癜的中医药治疗等，此处就不再赘述，在此仅就本人印象最深刻的恶性淋巴瘤这一疾病，浅谈罗师的治疗经验，以飨同仁。

当代社会环境污染加重、生活节奏加快、精神压力加大，以及长时间处于手机、电脑等电子辐射环境，频繁染发，家庭使用非环保装潢材料等，导致淋巴瘤的发生率呈不断上升趋势。目前淋巴瘤已成为我国常见的 10 种恶性肿瘤之一，每年新增患者约 2.5 万人。

（一）恶性淋巴瘤病因病机

恶性淋巴瘤早期多表现为进行性增大的肿块，皮色不变，多无自觉症状，中医当归属"瘰病""石疽""失荣""痰核""恶核"等范畴。《医宗金鉴》所述石疽为"生于颈项两旁，形如桃李，皮色如常，坚硬如石，初小渐大，难消难溃，既溃难敛，疲顽之症也"。中医认为"忧怒郁闷，昕夕积累，脾气消阻，肝气横逆，遂成隐核"；忧郁伤肝，思虑伤脾，积想伤心，所愿不得志者，致经络痞涩，聚结成核"，可见其致病与五脏皆相关，由情志不节所致。其基本病理为本虚标实，致邪毒内陷，津液输布失常，痰浊内蕴，阻闭经络则气血涩滞，痰瘀互结，渐积肿核。因此，痰瘀互结积聚是恶性淋巴瘤的重要发病机制。然脾肾为生痰之源，如《景岳全书·杂证漠》云："五脏之病，虽俱能生痰，然无不由乎脾肾。盖脾主湿，湿动则为痰；肾主水，水泛亦为痰。故痰之化无不在脾，而痰之本无不在肾"。又如《医贯·卷四》云："盖痰者病名也，原非人身之所有。非水泛为痰，则水沸为痰……"，指出肾虚水泛为痰；阴虚火动，则水沸腾动于肾肝者，犹雷火之出于地，急风暴雨，水随波涌而为痰。以上为痰之本也。

（二）恶性淋巴瘤辨证分型

根据患者的临床特点，结合"痰"之形成原因，罗师将其主要归属为寒痰凝结、阴虚火旺两型。寒痰凝结，因虚而生痰，主要由于脾气虚，运化无力而生痰浊；阳虚气寒，寒水上泛为痰；因实而生痰，或因郁而成痰，或寒邪凝滞，形成瘤痰。阴虚火旺，灼伤津液，如水沸蒸蒸而上凝聚成痰。另有气滞生痰，如果气机逆乱，则会影响脾胃运化功能而生痰，此处虽不再独立分型，但治疗时应注意考虑用药。

## （三）恶性淋巴瘤治则治法

淋巴瘤的发病与"痰"密切相关。故在治疗上，应着眼于温补脾肾、滋阴降火，辅以软坚散结。使脾肾之阳得到恢复，肝肾之阴得以填补；脾运健、肾之气化有力，湿浊化、火能降，则痰核散之。罗师以消瘰丸为基本方软坚散结，根据不同证型分别结合温运湿浊、滋阴降火、益气养阴之法。注重辨证求本，对证治疗，并结合疾病不同时期的特点，灵活应用中西医治疗，临床收效明显。罗师认为现代医学的放化疗、手术等手段，直接作用于瘤体，对于缩小癌肿、控制病情，有其优势，根据病情需要酌其利弊，积极采用。但这些手段易耗散正气，损伤脏腑，毒副作用也明显，如化疗期间出现胃纳减退，口淡乏味，甚恶心反胃，苔白腻等，须和胃化浊，多选用平胃散加减；出现口干咽燥、咽痛、舌红等，应泻脾胃伏热或养阴清热，多选用泻黄散或青蒿鳖甲汤；大便不通，腹满作胀，舌红、苔黄，则予泻火解毒之法，多选用黄连解毒汤加味。化疗后期应扶正，如化疗结束两周内，患者多呈气血亏虚症候，在原治法之上加用健脾益气养血之品，扶正气以利驱邪；若耗伤津液过重，阴亏较甚，则应加大滋阴降火之力。

## （四）恶性淋巴瘤分型论治

### 1.寒痰凝滞

患者见多处淋巴结肿大，或腹内肿物，形寒，体型略胖，胃纳差，腹胀、便烂，舌淡紫，苔白或白滑，脉细或细滑；拟以温运湿浊，软坚散结，予甘草干姜茯苓白术汤合二陈汤加减或阳和汤化裁。

**案1** 孙某，男，19岁。

2006年因发现无痛性、逐渐增大的双颈部淋巴结就诊，在杭州某三甲医院诊断为非霍奇金淋巴瘤，曾予多次化疗，在末次化疗结束后1个月，双颈部及左锁骨上窝淋巴结仍及肿大，患者因惧怕化疗副反应于2006年6月12日求诊罗师。

症见面色晦暗，形体略胖，胃纳差，时有怕冷，便烂，舌淡紫，苔白腻，脉细滑，拟甘草干姜茯苓白术汤合二陈汤加减：甘草6g，干姜6g，茯苓12g，白术9g，姜半夏12g，炒白芥子12g，橘络9g，象贝9g，天竺黄30g，川芎6g等为主方加减治疗，2周后患者自觉可，纳便调，精神状态好转，坚

浙江中医临床名家·罗秀素

持服用中药。

于 2007 年 3 月再诊时见精神佳，面色有华，纳便调，舌淡紫，苔薄白，脉略细，改为消瘰丸为主方加软坚散结和活血行气之品巩固治疗：乌元参 30g，浙贝 20g，牡蛎（先煎）30g，莪术 20g，瓦楞子 20g（先煎），徐长卿 20g，夏枯草 20g，当归 20g，瓜蒌皮 15g，僵蚕 15g，丹参 15g，川芎 9g，蛇舌草 15g，三叶青 15g 等守方治疗 1 个月，复查生化全套，血常规等无殊，纵隔 CT 及浅表淋巴结对比 1 年前均明显缩小，未见新增病灶。

继续守方加减治疗，患者自觉良好，无不适感，半年余后，复查所有指标未见明显异常，随访至今未见不适，各项指标无殊。

**案 2** 沈某，男，70 岁。

因咽喉不适，伴颌下肿胀，双侧扁桃体肿大经合理抗炎治疗 4 天无效，于 2007 年 1 月 23 日入住某三甲医院，继以抗炎治疗仍无效，行右侧扁桃体切除术并送病理检测，同年 2 月 5 日诊断为右扁桃体弥漫性大 B 细胞淋巴瘤。即予联合化疗 CHOP 方案 3 疗程，末次疗程于 4 月 25 日结束。因化疗期间恶寒、高热，难以耐受，自动放弃化疗，于同年 5 月 10 日就诊于罗师。

症见面色晦暗，畏寒肢冷，颌下肿胀明显，纳一般，便可，舌紫黯，苔白滑，脉细滑，予温补脾肾，化痰散结，拟以阳和汤化裁，熟地 12g，肉桂 4g，干姜 3g，麻黄 6g，鹿角片 12g（先煎），炒白芥子 12g，淡附片 6g（先煎），姜半夏 12g，白术 9g，茯苓 12g，当归 12g，焦山楂 20g，僵蚕 12g，橘络 9g，甘草 6g 等。

服 7 剂后，患者畏寒感好转，守上方治疗 1 个月，患者颌下肿胀明显减退，减淡附片，加用莪术、石见穿、徐长卿等，继续服 1 个月，颌下肿胀完全消退，无不适。

上方加减治疗共 8 个月后渐以软坚散结、活血化瘀为主，兼以健脾补肾巩固治疗 1 年后达完全缓解，随访至今未复发，生活质量良好。

**2. 阴虚火旺**

多处淋巴结肿大，伴见形体消瘦，头昏、耳鸣，自觉身哄热，五心烦热，口干舌燥，或伴两胁胀痛不适，夜寐盗汗，舌红或绛，苔少或薄，脉细数。当拟以滋阴泻火、软坚散结，予大补阴丸或六味地黄丸合消瘰丸加味治疗。

**案 3** 陈某，女，57 岁。

患非霍奇金淋巴瘤 5 年，缓解 4 年，于 2005 年 8 月 21 日经体检发现复发，曾在杭州某大医院完成6疗程联合化疗（其间曾间断服中药），但双侧颈部、腋下、腹股沟仍有多个肿大淋巴结，2006年4月7日B超示上述淋巴结较刚化疗后有明显增大，遂即转诊于罗师。

症见精神萎靡，腰膝酸软，心烦易汗，手足心热，夜寐差，大便偏干，舌红绛，苔少，脉细数，予滋阴清热，化痰散结，方用：熟地12g、炙鳖甲（先煎）15g、天门冬12g、玄参15g、浙贝15g、地骨皮12g、生牡蛎（先煎）30g、夏枯草15g、当归15g、丹参12g、青皮6g、怀山药20g、焦六曲20g等，结合干扰素治疗。

1周后复诊，患者自觉精神较前明显好转，继以上方随症加减治疗10个月余，2007年3月2日B超：仅腹股沟一枚约0.8cm×0.4cm肿大淋巴结外，余肿块全部消失。

继上方随症加减治疗半年后完全缓解，改以成药六味地黄丸，消瘰丸口服巩固治疗，随诊至今无复发。

（五）小结

尚有较多病例，为经多次放化疗后，耗伤正气，损伤阴津，患者出现胃纳差，头发脱落，白细胞明显低下，且难以恢复，少气懒言，畏风怕冷；或者咽干，口唇干燥，寐不佳，便干等。此时需"进补"，分别加用益气扶正之品：黄芪、防风、白术、绞股蓝、鸡血藤、当归等；滋阴降火之品：炙鳖甲、炒麦冬、天门冬等，对改善患者生活质量有很大帮助。还有部分老人因年老体衰，不能坚持化疗，依靠中药治疗，以及罗师还特别提到与药物治疗需并驾齐驱的饮食调理以及情志的调养，使得患者达到临床治愈，安享晚年。另有一些是因经济问题或无法完成化学治疗的患者，依靠口服汤药以及调节饮食生活、情志宣导也达到了无病生存，能够正常生活工作，这里不再一一举例。

经过跟罗师学习，自己深有所感，作为一名新世纪的医务工作者，我们有责任和义务，将老一辈的经验继承下来并发扬光大，使更多的患者能够受益。

# 第八节 王若琼

## 一、杏林之路

王若琼（1989～），女，浙江台州人，宁波市鄞州人民医院住院医师。

浙江中医临床名家·罗秀素

2015年毕业于浙江中医药大学中西医结合血液病临床专业，硕士研究生学历。目前从事急诊科临床工作。

## 二、医学传承

记得高三那年，和发小谈起未来的梦想，她说：你以后长大肯定是要当老师的。我随口反驳：才不是，我将来要当医生！谁知这句无心之语，真的成为我大学报考专业时的一个明确方向，我填报了浙江中医药大学的中药学专业，学了中医基础理论，中药炮制，中药学，药理学等与中医药相关的专业知识。那以后我对中医渐渐产生了兴趣，随后又从药转医，于2012年考取了浙江中医药大学中西医结合血液病学临床专业。就读硕士之时，我有幸师从浙江省名老中医罗秀素老师，跟随她出诊近两年，这两年，我对中医有了更加深刻的印象，开始见证了中医真的可以用来治病救人！我看着她接诊身患血液病的患者，包括白血病、淋巴瘤、骨髓瘤、再生障碍性贫血等的患者，其中有好些常年吃罗老师开的中药，看到这些人的病情和生活质量，相较只接受西医治疗的患者，实在好太多！这也让我深刻地体会到中医中药有着其独特的优势，它能解决很多西医治疗束手无策的难题。虽然毕业之后，我从事西医急诊科的工作，甚至不需要开中药处方。师从名中医罗老师的这两年，罗老师极高的业务水平和她对待病人耐心柔和，充满爱心的品格，至今仍然给我留下深刻的印象，难以忘记。一日为师，终身为父，现罗老入选第六批全国老中医药专家学术经验继承工作指导老师，我很荣幸与罗老结下师徒缘分。

## 三、学术成就

在跟随罗老的学习过程中主要对以下疾病有所感悟。

### （一）对急性白血病的认识

瘟毒内蕴证类似于温病邪在气分或已入营动血，而无卫分见症；其病情来势凶猛，变化快，发展迅速。痰湿瘀阻证为邪毒内伤脾胃，致水湿内停，留滞于肌肤经络之中则积为痰核；痰阻日久，气滞血瘀，痰瘀胶结于腹腔则为癥结；或邪毒阻于经络，气滞血瘀，日久结于腹部则为癥块。正虚证多由于正气不足，复感外邪而发病，或久病成虚，出现诸多虚证证候，最终导致气阴虚或气血虚。

对瘟毒内蕴型患者，治疗上采取清热解毒，凉血止血法；对痰湿瘀阻型患者，采取化痰散结，活血化瘀法；对正虚型患者，采用益气养阴，双补气血法治疗。由于白血病的发病和"邪毒"密切相关，故在疾病各个阶段治疗上都应注重解毒抗癌。罗医师多用白花蛇舌草、半枝莲、猪殃殃、猫爪草、猫人参、三叶青、滴水珠、南方红豆杉、蜈蚣、全蝎、野葡萄根、藤梨根、毛慈菇、石见穿、龙葵、青龙衣、皂角刺等清热解毒中药加减使用。

急性白血病之所以容易复发，是因为常规的联合化疗甚至骨髓移植，都不能使体内的白血病细胞完全消失，而这些残存在体内的少量病灶是白血病复发的主要原因。而中医药可以通过辨证施治纠正化疗药物的不良反应，刺激骨髓正常细胞增殖与分化，消除残留白血病细胞，延长化疗缓解期。目前也有许多研究报道中医药对白血病细胞具有增殖抑制、诱导凋亡、逆转耐药、化疗增敏以及增强免疫等多重作用。

### （二）对恶性淋巴瘤的认识

根据患者的临床特点，结合"痰"之形成原因，罗师将恶性淋巴瘤主要分为寒痰凝结、阴虚火旺两型。寒痰凝结，因虚而生痰，主要由于脾气虚，运化无力而生痰浊；阳虚气寒，寒水上泛为痰；因实而生痰，或因郁而成痰，或寒邪凝滞，形成痼疾。阴虚火旺，灼伤津液，如水沸蒸蒸而上凝聚成痰。另有气滞生痰，如果气机逆乱，则会影响脾胃运化功能而生痰，虽不再独立分型，但治疗时应注意考虑用药。淋巴瘤的发病与"痰"密切相关。故在治疗上，应着眼于温补脾肾、滋阴降火，辅以软坚散结。使脾肾之阳得到恢复，肝肾之阴得以填补；脾运健、肾之气化有力，湿浊化、火能降，则痰核散之。罗师以消瘰丸为基本方软坚散结，根据不同证型分别结合温运湿浊、滋阴降火、益气养阴之法。注重辨证求本，对证治疗，并结合疾病不同时期的特点，灵活应用中西医治疗，临床收效明显。罗师认为现代医学的放化疗、手术等手段，直接作用于瘤体，对于缩小癌肿、控制病情，有其优势，根据病情需要斟酌利弊，积极采用。但这些手段易耗散正气，损伤脏腑，毒副作用也明显，如化疗期间出现胃纳减退，口淡乏味，恶心反胃，苔白腻等，需和胃化浊，多选用平胃散加减；出现口干咽燥，咽痛，舌红等，应泻脾胃伏热或养阴清热，多选用泻黄散或青蒿鳖甲汤；大便不通，

浙江中医临床名家·罗秀素

腹满作胀、舌红、苔黄，则予泻火解毒之法，多选用黄连解毒汤加味。化疗后期应扶正，如化疗结束两周内，患者多呈气血亏虚症候，在原治法之上加用健脾益气养血之品，固扶正气以利驱邪；若耗伤津液过重，阴亏较甚，则应加大滋阴降火之力。

（三）对原发性血小板增多症的认识

罗教授认为阴虚血瘀是其主要病因病机之一，并将阴虚分为真阴亏虚和津液亏虚两类。真阴亏虚和津液亏虚，两者既有区别，又有联系。首先，两者具体的内涵有很大的区别。从病因来看，前者常是内伤真阴，后者则多是外感燥邪；从其临床表现来看，真阴亏虚主要表现为口咽干燥、五心烦热、潮热盗汗、两颧潮红、舌红少苔、脉细数等阴虚阳浮症状，真阴亏虚往往伴随着虚热内生，所以在养真阴同时，也须清虚热，以达到阴平阳秘。罗教授临床中在选用熟地黄、制首乌、女贞子、旱莲草、当归、白芍、山茱萸等养阴药物的同时，也不忘加上黄柏、糯稻根、地骨皮、牡丹皮等清虚热药物。津液亏虚则以口渴、尿少、便干、口、鼻、唇、舌、皮肤干燥等阴液耗损为主要表现；津液亏虚，阴液充足，血液稀释，自然流动顺畅，血行而不瘀。补津液时要以补足补全补到位为要，以达到增水行舟、水顺舟行的目的。临床多选沙参、浙贝母、玉竹、麦冬、生地黄、葛根、天花粉等以生津增液。

# 第九节　李　蕾

## 一、个人介绍

李蕾（1987～），女，籍贯河南安阳，安阳市中医院血液肿瘤科主治医师。2012年毕业于浙江中医药大学临床医学血液学专业，硕士研究生学历。

## 二、从师经历

从小受家人的影响，我对医学并不陌生，高考后也坚定地选择了医学专业，那时候并没有意识到这是一条需要不断努力才能坚持下去的路。从研二开始接触血液科临床，同时在郑智茵导师的安排下开始跟随罗老师学习。血液学是一门很深奥同时也很神奇的学科,跟随罗老师学习期间,她对病人认真负责,不放过任何诊疗细节,患者对罗老师医术的信任对我是很大的激励,也促使我去更加努力学习专业知识;除去医术,罗老师展现出的医德对我毕业后的工作也影响很大,我工作在基层,病人病情相对复杂,并且病人的配合度差,每当我很浮躁甚至想放弃的时候,想起罗老师的医者仁心,并慢慢效仿罗老师的换位思考及深入浅出的沟通方式,感到受益匪浅。一日为师,终身为父,我以跟随罗老师学习为此生幸事,并将在今后的工作中继续努力,以解决患者病痛为己任,回报师恩。

## 三、学术成就

因为研究生课题是针对再生障碍性贫血,在跟随罗老师诊治再障患者过程中,我发现中西医结合治疗再障可以发挥一加一大于二的效果。再生障碍性贫血是一种由多种病因引起的骨髓造血功能衰竭性综合征,以骨髓造血细胞增生减低和外周全血细胞减少为特征。中医归属于虚劳证,虚劳是气血津液病证中涉及脏腑及表现证候最多的一种病证,临床较为常见。中医药在调理阴阳、补益气血、促进脏腑功能的恢复等方面,积累了丰富的经验。历代医籍对虚劳的论述甚多。《素问·通评虚实论》所说的"精气夺则虚"可视为虚证的提纲。而《素问·调经论》所谓"阳虚则外寒,阴虚则内热",进一步说明虚证有阴虚、阳虚的区别,并指明阴虚、阳虚的主要特点。在临床中主要以益气养血为治则,方予八珍汤加减,药予黄芪、当归、人参、熟地、生地、白术、山药等来治疗,如患者心烦、失眠,可加酸枣仁、夜交藤;如患者口干、咽燥,可加沙参、麦冬、玉竹;如头晕耳鸣,可加菊花、枸杞子、女贞子;如胃脘冷痛喜按,嗳气反酸,可加吴茱萸、丁香、半夏、瓦楞子等。

## 第十节 郭艳荣

### 一、杏林之路

郭艳荣(1982~),女,吉林榆树人,浙江台州市中心医院血液内科主治医师。2010毕业于浙江中医药大学内科血液病专业,硕士研究生学历。目前从事西医血液病专业。

## 二、医学传承

相信命运吗？我相信！人人都说命运是掌握在自己手上的，但我觉得命运有时是不受人控制的。18 年前曾幻想着成为一名出色的法律顾问的我，意外的走上了医学之路，从此人生便定格在医生这个神圣的职业上。虽然一直游曳在医学这条大路上，却也是一路颠颠簸簸。我的大学是在长春中医药大学度过，在那 5 年里，我全面学习中国传统医学，背四大经典、记方药、熟经络，从最初的懵懂到后来的熟悉，使我深深认识并体会到中医的神秘。为继续提高自己对中医的认识，能做到术业有专攻，本科毕业后我选择攻读硕士研究生，来到了人间天堂 - 美丽的杭州，选择了浙江中医药大学，然而命运又一次和我开了个玩笑，伸出它无形的脚绊我个措手不及。由于特殊的原因让我在选择专业方面偏离了原来的轨道，走上了西医内科学这条路，现在回想起来，这也许就是我和罗老的缘分之始吧。就在我以为自此离开并放弃中国传统医学的时候，通过导师的介绍我有幸结识了浙江省名老中医罗秀素老师。罗老师自身独特的气质深深吸引着我、精湛的医术深深的折服着我，自此我与罗老结下师徒关系。在读研的三年里，紧紧跟随着罗老师继续学习中医，专攻血液系统疾病中医的治疗，让我对中国传统医学有了更进一步的认识与掌握。

## 三、学术成就

毕来后一直从事血液病的诊治。研究方向主要集中在各种贫血、成人急性白血病、慢性粒细胞白血病、多发性骨髓瘤等方向。发表论文数篇。虽然目前从事的方向是西医血液病学，但临床上会遇到一些西医解决不了的问题，尤其在恶性血液肿瘤饮食、化疗后支持治疗等方面诉求比较多。在跟随罗老学习的过程中及这几年临床经验，主要在以下方面有所感悟。

### （一）对缺铁性贫血的认识

缺铁性贫血是体内长期铁负平衡的结果，体内贮存铁缺乏影响血红素合成所引起的贫血，它是一种综合征，并非一种疾病。患者常表现为面色萎黄或唇甲色淡无华，少气懒言，神倦纳差，头晕耳鸣，舌淡脉弱。故中医常归之于"血虚""痿证""虚劳""虚损""黄肿"等。本病病因较复杂烦琐，与先天失养、饮食不足、吸收不良、慢性失血、大病久病等相关。缺铁性贫血的病机主要责之脾胃亏虚，肾精不足。唐容川所谓"土虚而不运，不能升达津液，以奉心化血"（《血证论·卷一》）。即"中焦受气取汁，变化而赤，是谓血"。中焦脾胃健运，则气血生化无穷；脾胃亏虚，运化失常，则气血生化乏源。《素问·六节藏象论》云"肾者主蛰，……，精之处也"及《侣山堂类》曰"肾为水脏，主藏精而化血"，认为肾精不足，精不化血，亦导致本病的发生。故治疗缺铁性贫血应"先后天共调理"，即在健脾益气、补气养血的基础上，酌加补肾益精之品，养先天而资后天。治疗中常以八珍汤、当归补血汤为底方进行化裁，常用药物如黄芪、炒白术、怀山药、党参、炒当归、山萸肉、菟丝子、仙灵脾、白芍、枸杞子、熟地黄、制黄精、大枣等。

（二）对白血病的认识

白血病是一组异质性恶性克隆性疾病，系造血干细胞或祖细胞突变引起的造血系统恶性肿瘤。可归之于中医"急劳""虚劳""血证""温病"等范畴，常一起病即壮热不退、鼻衄齿衄、斑疹隐隐，甚则神昏失语，舌红脉数，一派热毒浸淫、邪气壅盛之象。总的病因病机归纳为"本虚标实"。《素问·评热病论》云："邪之所凑，其气必虚"。《素问·刺法论》："正气存内，邪不可干"。白血病病位在髓，与脾肾两脏功能虚衰密切相关。《医宗必读》曰："先天之本在肾……后天之本在脾"。肾主藏精，主骨生髓，为先天之本；脾主运化，气血之源，为后天之本。肾精失常，脾运失司，则痰浊内蕴，炼聚成毒。复感外邪，邪毒交织，客于骨髓，则发为本病。治疗原则应本着以病为中心、病证结合、扶正祛邪。化疗期表现以邪毒内蕴为主，兼有气阴亏虚，治疗以清热解毒为主，兼以健脾生津；常用药物有：白花蛇舌草、半边莲、猫人参、败酱草、苦参、穿心莲、白及、浙贝母、山药、白芍、白鲜皮和甘草等，有脾脏肿大者，可加用白茅根；化疗后骨髓抑制期，正气未复，气阴大伤，治疗以益气养阴为主，同时兼以清热祛邪。常用药物有：熟地黄、生地黄、黄芪、白术、麦冬、五味子、补骨脂、陈皮、豆蔻、当归、白花蛇舌草等。

### （三）对淋巴瘤的认识

淋巴瘤起源于淋巴结或淋巴组织，是免疫系统恶性肿瘤，可发生于身体的任何部位，淋巴结、扁桃体、脾及骨髓最易受到累及。无痛性、进行性淋巴结肿大和局部肿块是其特征性的临床表现。中医范畴属"瘰疬""石疽""痰核""失荣"等病症。《疮疡经验全书》中云"此疾初起生于耳下及项间，并颐颔下，至缺盆！……因虚劳气郁所致，宜以益气养荣之药治之，……若不速治，必致丧生也。"。患者常表现为上、中、下几处或多处淋巴结肿大，或腹内有结块，推之不移，不痛不痒，皮色不变，核硬如石，不伴发热或低热，或形体消瘦，胃纳减退，或有盗汗、乏力，或腹部作胀，或小便短赤，舌淡紫、暗红或红绛，苔白或黄，脉细弦或细滑或弦数。《灵枢·寒热》篇曰"寒热瘰疬，在于颈腋者，皆何气使生？岐伯曰：此皆鼠瘘寒热之毒气也，留于脉而不去者也。"指出颈腋淋巴结肿大为寒热毒气留脉不去。本病病因病机在于正虚邪实，常为寒痰凝滞证，气郁痰结证，肝肾阴虚证，气血两虚证，血燥毒热证。故治疗应以温化寒痰、软坚散结，方药以阳和汤加减；疏肝解郁、化痰散结，方药以柴胡疏肝散加减；补肝益肾、养阴散结，方药以大补阴丸合肾气丸加减；益气补血、软坚散结，方药以八珍汤加减；养血润燥、凉血解毒，方药以四物汤合犀角地黄汤加减。

# 第十一节　成　志

## 一、杏林之路

成志（1974～），男，安徽铜陵人，浙江中医药大学附属第二医院中西医结合副主任医师。2004年毕业于浙江中医学院中西医结合血液病专业。硕士研究生学历。目前从事中西医结合血液病专业。现为中国民族医药协会血液病分会、浙江中西医结合血液病专业委员。

## 二、医学传承

也许是命运的选择，当年大学报考专业的时候，随意填了一个医学专业，谁知道就是这个医学专业让我一生都定格在了医生这个神圣的职业上。大学在安徽中医学院度过，但那时的我对中医并不是特别的感兴趣，在学校期间也没有认真的研习中医。后又考入浙江中医学院攻读血液病专业，毕业后仍然从事西医血液病治疗。在自己的临床实践过程中，发现临床有很多的实际问题靠西医并不能完全解决，很多的医学问题西医依然束手无策。临床困扰缠绵，久经思索，苦苦寻求无解。与友人探讨临床困惑时，常感叹临床不易，谈起中医时，才觉得自己应该重拾中医，进行中西医结合治疗疾病。于是苦寻名师，恰逢工作变动，进入浙江中医药大学附属二院工作，重拾中医之必要性更加迫切。于是多次恳求浙江省名老中医罗秀素老师，希望跟随她学习中医血液学。后罗老被我的诚意打动，最终同意我跟随她学习，我也于2016年4月起才正式跟随罗老在浙江省中医院门诊学习。2018年罗老入选第六批全国老中医药专家学术经验继承工作指导老师，我也与罗老结下正式的师徒关系，成为其学术经验继承人，继续跟随她学习中医。

## 三、学术成就

毕业后一直从事血液病的诊治。早期研究方向主要集中在免疫性血小板减少性紫癜。曾主持中医药管理局课题3项，主持杭州市科技局课题1项，发表论文数篇。目前主要的研究方向为中西医结合血液病。在跟随罗老的这几年学术过程中主要在以下疾病有所感悟。

### （一）对多发性骨髓瘤的认识

多发性骨髓瘤是浆细胞的恶性肿瘤，临床以单克隆免疫球蛋白增多，广泛的骨质破坏为特征，以骨痛、贫血、高钙血症、肾功能损害为主要表现。中医认为多发性骨髓瘤可归为"骨痹"、"骨蚀"的范畴。

**1. 以"痹"论治多发性骨髓瘤**

多发性骨髓瘤临床主要表现为骨痛、肾功能损害、贫血等。罗老根据其临床症状把骨髓瘤归为"骨痹"的范畴。《素问·长刺节论》："病在骨，骨重不可举，骨髓酸痛，寒气至，名曰骨痹。"在中医上罗老认为多发性骨髓瘤是由于脏腑虚损、气血亏虚、风寒湿邪毒内侵、痰瘀阻络所致，脏腑亏损，气血不足，加之风寒湿邪毒内侵，遂形成痰、毒、瘀内搏于骨，而形成本病。其源在髓，流注于骨，故中医当以"痹"论治多发性骨髓瘤。故治法中当有祛风通络、活血化瘀之药。罗老常选用独活、络石藤、乌梢蛇、伸筋草、全蝎等祛风通络之药来进行治疗，并加用三棱、莪术、乳香、没药等活血化瘀之药。

**2. 重视"肝、脾、肾"三脏失衡在发病中的作用**

《素问·痹论》曰："五藏皆有合，病久而不去者，内舍于其合也。故骨痹不已，复感于邪，内会于肾；筋痹不已，复感于邪，内会于肝；脉痹不已，复感于邪，内会于心；肌痹不已，复感于邪，内舍于脾"。肝、脾、肾三脏失衡在多发性骨髓发病具有重要的作用。肝主筋而藏血，肾主骨生髓，肝肾同源，肝肾亏虚则筋骨失养，骨痛易折。脾为后天之本，脾虚则运化失司，水谷精微不能化生气血，四肢失养则乏力。脾肾两虚则气化失司，水湿内停，聚湿成痰，气虚则血瘀，痰瘀互结，搏结于骨，易致骨痛。故罗老认为多发性骨髓瘤发病以肝、脾、肾三脏亏虚为本，并根据临床辨证可以把本病分为三型：肝肾阴虚型、脾肾阳虚型、气血亏虚型。肝肾阴虚者当以滋养肝肾、祛风活血通络治之，方可选用独活寄生汤加减。脾肾阳虚者，当以温肾健脾，祛风活血通络治之，方可选自拟之巴仙温肾汤合理中汤加减。气血亏虚者，以益气生血，祛风活血通络治之，方可选八珍汤加减。常用黄芪、太子参、白术、怀山药、女贞子、墨旱莲、巴戟天、仙灵脾、菟丝子、山药、枸杞子、补骨脂、杜仲、牛膝等益气补肝肾药物。

### （二）对原发性血小板增多症的认识

原发性血小板增多症是慢性骨髓增殖性肿瘤中的一种，临床以血小板明显增高为主要表现，因血小板明显增高，临床可有动脉及静脉血栓形成。本病可归为中医"血瘀"之范畴。

罗老认为本病当以"瘀"论治。多因烦劳过度、先天不足、久病体虚所致。患者久病伤肾或房劳过度，则肾阳不足，温煦失司，寒邪入侵，寒凝气滞，气滞则血瘀。或由先天禀赋不足，后天失养等因素导致肝肾阴虚，虚久必瘀，血行不畅，郁而化热，迫营外泄，从而表现为阴虚血瘀之证候。故本病临床多以阳虚血瘀及阴虚血瘀来进行临床辨证分型。阳虚血瘀者表现为形寒肢冷，腰膝酸软，大便溏稀，小便清长，舌淡苔白，脉细沉，阳虚者当以附子汤加活血祛瘀之剂治之。阴虚血瘀者表现为头晕头胀，耳鸣，口干咽燥，失眠多梦，潮热盗汗，舌黯红或红紫，有瘀点瘀斑，苔少，脉细数。阴虚者当以四物汤加黄柏合通窍活血汤加减治之。治疗过程中当以活血化瘀为治疗之根本，并兼顾温肾阳或滋肾阴进行治疗。由于本病为克隆性疾病，故可酌情加用白花蛇舌草、南方红豆杉等抗肿瘤之药。

（三）对免疫性血小板减少症的认识

免疫性血小板减少症是以血小板减少为主要临床表现，是一种因免疫紊乱所致机体内血小板被破坏的一种出血性疾病。本病中医可归为"血证"之范畴。

罗老认为本病多由于感受外邪、劳倦过度或久病体虚所致。根据其临床表现可分为血热妄行型、气虚型、阴虚型、气阴两虚型。血热妄行型多因外邪侵袭机体，郁而化火，伤及血络，溢于肌表。临床表现为起病急骤，出血明显，舌质红，苔薄黄，脉浮数。治当以犀角地黄汤加减。劳倦过度，损及于气，则可致气虚，气虚则不摄血，血溢脉外者则为气虚型。临床多表现面色无华，气短自汗、舌质淡胖，苔薄脉细弱。当以归脾汤加减治疗。久病则伤阴，肾阴不足，则虚火内动，迫血妄行，为阴虚型，临床表现为皮肤紫癜，舌红少苔，脉细数。当以二至丸，六味地黄汤加减治疗。病情进一步发展则表现为气阴两虚，临床以疲倦、乏力，气短，肌表可见紫癜，舌淡红苔白腻，脉细数或细弱。治当以人参养荣汤加减。治疗中根据辨证加以仙鹤草、炒蒲黄、紫草、紫珠叶等止血之药。从中医角度本病之免疫功能紊乱当从毒论治，故临床治疗中可加用白花蛇舌草等清热解毒之中药解毒，从而起到调节免疫紊乱的作用。

血液系统疾病总体应以气血阴阳辨证为基础，以肝脾肾三脏失衡为主要表现，从而导致一系列的临床症状的出现，故临床辨证及治疗需紧紧抓住这些问题来解决。

## 第十二节 苗振云

### 一、杏林之路

苗振云（1992～），女，河南安阳人，浙江中医药大学2016级中西医结合临床专业血液病方向研究生。2016年毕业于河南中医药大学，同年考取浙江中医药大学研究生，目前研三在读，参加全国住院医师规范化培训中。

## 二、医学传承

高考后填报志愿时，在家长的引导下，我踏上了学医这条"不归路"，之所以说是"不归路"，是因为一旦选择了学医，这一生都必须不断学习，不断更新理论知识，并在实践中再次升华，真的是"路漫漫其修远兮，吾将上下而求索"。本科五年期间，学过了中医基础理论、中药学、方剂学、中医诊断学等基础科目，算是铺好了学医路上的一块块基石，然而要真正治病求人，却还差得远呢。于是，在大五的时候我毅然决然地加入了考研大军，顺利地考入浙江中医药大学血液病方向的研究生，并有幸能跟随省级名老中医罗老学习。通过这两年的跟师学习，这才逐渐的将所学的基础理论与诊疗实践结合起来，才慢慢地了解了如何根据患者的舌苔、脉象及临床症状去开方遣药。然而除了医学专业方面的收获，更是被罗老在接诊患者时的认真、负责、耐心的态度，和在学术方面积极进取、永不懈怠的精神深深折服，罗老高尚的医德医风也将激励我在漫漫医路上砥砺前行。

## 三、学术成就

跟着罗老师学习的这两年，整体了解了罗老对白血病、淋巴瘤、再障、ITP、血小板增多等疾病的诊疗思路，稍有研究并撰写成文的是关于原发性血小板增多症这一疾病，下面稍作介绍。

关于原发性血小板增多症，阴虚血瘀是其主要病因病机之一，并可将阴虚分为真阴亏虚和津液亏虚两类。然而真阴亏虚和津液亏虚虽分为两类，却联系密切。真阴和津液统称为"阴虚"，真阴是源泉，津液是溪流，津液源自真阴，而真阴受津液润养，初则常害津液，久必伤及真阴，再逆耗津液而不生。因此，在临床中，也必须要处理好两者的关系，将两者有机地统一起来，不可分离。下面将血小板增多症的治疗原则进行介绍。

### 1. 养阴

通过临证观察可发现，原发性血小板增多病人多有以下症状：五心烦热、潮热、盗汗（睡时出汗，醒时汗止）、口燥咽干，舌质嫩红或红绛，苔少或无苔，脉象细数等。此皆属于真阴亏虚的表现。阴虚则阳亢，阴不涵阳，导致燥热内盛，进而煎灼阴血，使阴血亏损，其血浓稠、黏滞，失去流动畅达之性，滞涩不畅，黏而成瘀。由此可见养真阴在治疗此病过程中的重要性。

**2. 增液**

原发性血小板增多症患者血小板数量异常增多，津液相对减少，导致血管中的血液处于高凝状态，易发血栓。好比河中泥沙过多，则舟船陷于泥沙无法前行，若要改善此状态，唯有将河水稀释。那么，增加津液即可使河水稀释，从而达到增水行舟的目的。

**3. 活血化瘀**

瘀血作为本病病程中的病理产物，同时又是血脉瘀阻，血行不畅，血不循经而出血的病理因素。这就决定了活血化瘀这一原则在治疗过程中的必要性。

# 第十三节　李　赛

## 一、杏林之路

李赛（1993～　），女，河南永城人，浙江中医药大学硕士研究生。2016年进入浙江中医药大学开始研究生阶段学习，专业为中西医结合临床血液病专业。

## 二、医学传承

大四结束后，我随着考研大潮一起懵懂地参加了研究生考试，最后成绩并不理想，由最初的专业型报考志愿调剂成了一名学术型研究生，入学后结束研究生课程，就进入实验室学习，所以接触临床的机会不多，跟罗师学习，成为我接触中医、学习祖国医学的最重要途径。相对于其他同学来说，我的中医基础相对薄弱，跟着罗师学习，不仅是学习如何"望、闻、问、切"，开方看病，更是学习如何成为一位受人尊敬的大夫。罗师事必躬亲，对待病人耐心、细致、真诚，每一次跟诊，都带给我不同的体会。让我感觉到，医者仁心，作为医生，尤其是一名中医传承者，不仅要治病救人，更要将医德医风好好的传承下去。

## 三、学术成就

在跟随罗师的一年里，我有以下体会。

**1. 淋巴瘤**

罗师认为，淋巴瘤当属中医"痰核""瘰疬""癥积"的范畴，多为痰郁血瘀，痰瘀互阻所致，故辨证时以实证为主，又因久病耗伤气血，故有虚相。所以治疗上多用皂角刺、漏芦、穿山甲等化痰散结、调气活血药物。兼以补虚、驱邪。

**2. 骨髓增殖性疾病**

骨髓增殖性疾病包括原发性血小板增多症，真性红细胞增多症，骨髓纤维化等。关于骨髓增殖性疾病，罗师认为主要病机为阴虚阳亢，阴气虚损，无力涵养阳气，则亢阳躁动，刺激骨髓。这类疾病实为"表实里虚证"，所以罗师临床论治多以"养阴化瘀，增水行舟"为主，阴分得以补足则阳气得以濡养安宁，阴阳失调之病机得以逆转解除，则疾病向好。另外，罗师认为骨髓纤维化可从"风"论治，百病从风，纤维化的骨髓，可考虑予以风药清透髓邪，疏风调气，使得风气透达。